KB275492

예수님의  러.브.레.터

김한요

예수님의 러.브.레.터

펴 낸 날	초판 2쇄 2017년 10월 20일
지 은 이	김한요
펴 낸 곳	거꾸로 미디어
펴 낸 이	박병기
편 집 책 임	박병기
교정/교열	김귀옥
편집디자인	박선경
일 러 스 트	김지윤
미 국 협 력	굿뉴스스프레더스
출 판 등 록	2017년 5월 12일 제 353-2017-000014호
주 소	인천광역시 남동구 남동대로 799번길 38, 605호, 제이앤제이 오피스텔 (구월동)
대 표 전 화	010-2562-0692 (한국) 949-486-6613 (미국)
홈 페 이 지	https://gugguronews.com/
전 자 우 편	gugguro21@gmail.com

ISBN 979-11-961443-1-9 (03230)

예수님의
러.브.레.터

추천의 글

〈예수님의 러브레터〉라는 제목 탁월

저는 설교자 김한요 목사님을 참 좋아합니다. 저희 교회에 두 번이나 모셔서 사경회를 열었는데, 또다시 모시고 싶은 마음이 간절합니다. 김한요 목사님은 하나님의 마음을 누구보다 잘 아는 설교자입니다. 그래서 그의 설교에는 하나님의 마음이 잘 담겨져 있고, 그의 설교를 듣고 있으면 하나님과 예수님이 어떤 분이신지 자연스럽게 알게 됩니다. 김한요 목사님의 설교는 참 재미있습니다. 설교를 금방 시작했다 싶은데 어느새 설교가 마쳐집니다. 지루하다고 느낄 새도 없고, 순식간에 짧지 않은 설교 시간이 다 지나 가버리게 하는 탁월한 말씀을 전합니다.

요한계시록을 〈예수님의 러브레터〉라고 표현한 것은 참 탁월합니다. 로마 황제로부터 고난 받는 성도들을 사랑하셔서, 그들이 로마를 이기고, 세상을 이기는 그리스도인들이 되도록, 하나님의 온 마음을 담아서 보낸 편지가 요한계시록이기 때문입니다.

우리 시대의 가장 탁월한 설교자 김한요 목사님의 강해설교를 정

리한 〈예수님의 러브레터〉를 일독하시기를 모든 성도님에게 권해드
립니다. 이 책을 통해 하나님을 더 깊이 알게 되고, 하나님이 앞장서
서 싸우시는 우리의 영적 전투에서, 완전히 승리하는 축복을 누리게
될 것입니다.

박은조 (은혜샘물교회 담임 목사, 은혜샘물기독학교 이사장)

위로와 격려의 메시지 담긴 강해

요한계시록은 악과 어두움의 세력에 대한 예수 그리스도의 궁극적
승리를 선포하는 책입니다. 그리고 예수 그리스도 안에서 우리에게 놀
랍도록 풍성하게 부어진 하나님의 사랑을 드라마틱하게 그려주는 책
입니다. 동시에 요한계시록은 그리스도인이 소유하고 있는 종말론이
어둡고 두려운 종말론이 아니라, 거룩한 신부가 신랑과의 혼인 잔치를
기다리는 밝고 행복한 종말론임을 분명하게 보여줍니다. 이 시대를 대
표하는 탁월한 강해 설교자인 김한요 목사의 요한계시록 강해는 환난
과 핍박 가운데 분투하고 있는 오늘날 모든 그리스도인을 위한 깊은 위
로와 격려의 메시지를 담고 있습니다. 모든 그리스도인에게 적극적으
로 추천합니다.

정성욱 교수 (덴버신학대학원 조직신학)

코끝이 찡해지며 감격의 눈물 흘리게 하는 책

연애편지는 능력이 있습니다. 차갑게 굳어버린 가슴을 다시 쿵쾅거
리며 설레게 만드는 힘이 있고, 인생의 여정에서 겪을 수밖에 없는 상

처들을 치유할 수도 있습니다. 또 미래에 대한 새로운 소망을 하게도 합니다. 저는 치열한(?) 부부싸움을 한 날이면 어김없이 책상 서랍 깊숙한 곳에 숨겨놓은 지나간 연애편지들을 꺼내 보곤 합니다. 아내와 연애하던 시절에, 그리고 뜨거웠던 신혼 초에 서로 주고받았던 편지들입니다. 그 편지들을 읽다 보면 아내를 향한 분노는 어느새 사라지고 눈가에 눈물이 맺히기도 합니다. '아! 내가 이렇게 사랑을 받았구나.' '내가 이렇게 사랑을 했구나.' 그렇게 아내와 나의 사랑을 확인하는 연애편지는 읽는 자체만으로도 큰 행복입니다. 사람의 연애편지도 이럴진대 하나님의 러브레터는 말할 필요도 없습니다. '아! 내가 하나님으로부터 이런 사랑을 받고 있구나.' '하나님이 나를 이렇게 사랑하시는구나.' 그 사랑이 느껴지고 확인되는 사람은 그가 누구든지 지상 최고의 행복을 느끼며 천국 같은 인생을 살아갈 수 있을 것입니다.

김한요 목사님의 요한계시록 강해서인 〈예수님의 러브레터〉를 읽으면 그 하나님의 사랑이 읽힙니다. 그분의 사랑이 피부로 느껴져 소름이 돋고 코끝이 찡해지며, 어느새 감격의 눈물이 터집니다. 인생의 상처들이 치유되고 진정한 마음의 평안을 얻게 되며, 새로운 소망을 가지게 됩니다. 김한요 목사님의 설교는 그 정도로 탁월합니다. 요즘처럼 복음이 메말라가고 황폐한 시기에 이 책은 한여름에 시원하게 내리는 소나기 같은 축복입니다. 이 책을 통해 요한계시록은 이제 더는 어렵거나 무섭지도 않고, 그저 예수님의 은혜와 하나님의 크신 사랑과 성령님의 감동 감화만 가득한 성경이 됩니다. 그래서 이 책을 읽고 있으면 고맙고 감사할 따름입니다. 독생자 예수님을 죽여가면서까지 나를 살리신 하나님의 사랑, 그 구속사적 복음을 요한계시록을 통해 탁월하게 풀어낸 〈예수님의 러브레터〉는 읽고 있는 자체만으로 감격이고 행복입니다. 여러분도 한 번 꼭 읽어보십시오. 특히, 하나님의 사랑이 필요한 사람, 하나님을 사랑하는 사람, 그리고 하나님의 부르심을 입은 사람이라면 꼭 일독해보시길 추천합니다.

주선태 교수 (경상대학교 축산학과 교수, 캠퍼스선교회(CMC) 대표)

계시록 강해의 가이드라인 같은 책

돌이 많으나 보석이 많지 않은 것 같이 요한계시록에 대한 주석서와 서적이 많이 출간되었으나 참된 계시와 계시록에서 나타내고자 하는 중심 진리를 나타내지 못하던 차에 김한요 목사님을 통해서 출간된 〈예수님의 러브레터〉는 양서 중의 양서라고 할 수 있습니다. 그동안 계시록에 대한 그릇된 해석과 오류로 이단이 출몰했고 그들에 의해 비성경적인 그리스도 재림 이전과 이후의 일어날 사건들과 종말론과 천년왕국설이 주장돼 왔습니다. 이 책은 이와 같은 계시록에 대한 혼란스러운 이론들을 바로잡고 종말에 나타날 교회상과 미래에 나타날 종말 현상들을 어두운 길을 밝히는 등불처럼 계시록의 통전적 계시를 잘 밝혀 주고 있습니다.

이 책은 목회자들에게는 말세에 나타날 교회현상들을 바로 파악하여 미래를 대비할 목회 지침서로, 사역자나 교회 교사들에게는 계시록 강해의 가이드라인으로, 평신도들에게는 주님의 재림을 준비하는 정결한 신부로서의 삶의 새 패러다임으로 자리매김할 것입니다.

이 책에 김한요 목사님의 영성과 탁월한 성경해석관과 말씀 배후에 숨겨져 있는 신령한 뜻도 만나게 될 것입니다. 훌륭한 스승이 훌륭한 제자를 만드는 것 같이 김 목사님의 영적 통찰력에 힘입은 계시록의 재조명을 통해 읽는 이들이 재림하실 그리스도를 만나 변화될 것이 믿어집니다.

우리가 성경을 부분적으로 알고 부분적으로 예언하니 온전한 것이 올 때는 부분적으로 알고 부분적으로 예언하던 것이 폐하리라고 했습니다(고전 13:9-10). 계시록에 대해 부분적으로 알고 부분적으로 풀던 모든 이들의 주장은 폐하여지고 이 책을 읽는 이들은 재림하시는 그리스도를 만나 다가올 미래를 대비하는 지혜로운 다섯 신부 같은 교회와 성도들이 될 것입니다.

다시 한번 심혈을 기울여 이 책을 저술한 김한요 목사님께 고맙게 생각하며 칼빈이 기독교 강요를 씀으로 기독교의 기본신조와 교리가 정립됐던 것 같이 〈예수님의 러브레터〉가 새 계시록강요서가 되기를 바라며 적극 추천합니다.

정인찬 총장 (한국 웨스트민스터 신학대학원)

하나님 마음을 경험하는 계시록 읽기

평소에 요한계시록에서 일곱 교회에 보내는 예수님의 편지를 읽을 때면 긴장감을 느꼈습니다. 오래전부터 이 편지들은 훈계와 경고가 가득한 준엄하신 말씀이라는 인상을 받았기 때문입니다. 그런데 〈예수님의 러브레터〉를 읽으면서 새로운 시각으로 요한계시록을 볼 수 있게 되었습니다. 최근 신학자들은 하나님의 마음을 경험하는 성경 읽기를 강조하고 있습니다. 김한요 목사님의 이 책은 독자들에게 우리를 향하신 예수님의 사랑스러운 마음을 느끼며 요한계시록을 읽을 수 있도록 도와줍니다. 심지어 훈계와 경고 뒤에도, 그 무엇으로도 끊을 수 없는 예수님의 한결같고 확고한 사랑이 자리하고 있음을 깨닫게 해줍니다.

김선일 교수 (한국 웨스트민스터 신학대학원 선교학과 주임)

연구의 성실성과 목회적 사랑 동시에 누리는 책

김한요 목사님의 요한계시록 강해는 하나님의 사랑과 예수님의 복음을 순수하고 진정성 있게 풀어낸 목회자의 마음을 담고 있습니다. 설교자에게서 본문에 대한 연구의 성실성과 성도에 대한 목회적 사랑을 함께 찾아내기는 쉽지 않은 법인데, 이 책에서 이 두 가지가 균형 있게 조화를 이루고 있음을 발견하고 기쁨을 누립니다.

김희석 교수 (총신대 신학대학원 구약학)

예수님에 관한 생생(生生) 리포트와 같은 책

김한요 목사님의 요한계시록 강해 설교집을 읽다 보니 웨스트민스터 신학교 신약교수인 포이트레스(Poythress) 박사가 요한계시록을 잘 이해하려면 어린아이 같은 마음으로 판타지 영화를 보듯이 읽어야 한다고 강조한 말이 생각났습니다. 이 책은 예수님이 완성하신 구원의 천국 드라마를 러브레터 형식으로 한 장씩 한 장씩 성도들에게 보내는 책입니다. 뜬구름 잡는 그런 계시록 강해가 아니라 예수님이 얼마나 고맙고 좋으신 분인지 알려주는 생생(生生) 리포트와 같은 책입니다.

정승원 교수 (총신대 신학대학원 현대신학)

저자가 독자들께 전하는 300쪽짜리 사랑의 편지

독자를 사랑하는 마음이 없이 수백 쪽이 넘는 설교 원고를 쓴다는 것은 불가능한 일입니다. 왜냐하면 홀로 앉아 글을 써내려가는 그 긴 시간 동안 마음 한쪽에서는 쓰지 말고 포기하라는 음성이 들리곤 하기 때문입니다. 그럼에도 불구하고, 요한계시록을 알기 쉽게, 그래서 읽기 쉽게 풀어 설명해 주신 김한요 목사님께 감사의 마음을 전합니다. 〈예수님의 러브레터〉는 곧 저자 김한요 목사님이 사랑하는 독자들에게 보내는 300쪽짜리 '사랑의 편지'이기도 합니다.

차인표 & 신애라 (배우)

건전하고 탄탄한 개혁주의 신학이 뒷받침

김한요 목사님의 〈예수님의 러브레터〉를 기쁜 마음으로 추천합니다. 요한계시록을 설교한다는 것은 결코 쉬운 일이 아닙니다. 다른 책보다 더 많은 시간을 들여 연구해야 하고 그것을 쉽게 녹여 내어 풀어야 하는데, 김한요 목사님께서 이 어려운 작업을 훌륭하게 이루어 내셨습니다. 요한계시록이 멀고 두렵게 느껴졌다면 이 책을 보십시오. 이 책은 소망을 불러 일으키는 책이며 고난 당하는 백성들에게 위로를 전달하는 책입니다. 이 책에는 건전하고 탄탄한 개혁주의 신학이 뒷받침되어 있습니다. 저자는 본문을 학문적으로 성실하게 연구하고 깊이 묵상하며 치우치지 않는 건전한 해석을 보여주고 있습니다. 더욱이 성도들을 향한 진실한 목회자의 따뜻한 마음이 설교에 깔려 있으며 이민교회의 상황에서 탁월하게 적용하고 있습니다. 생생한 화보는 이 책에 활기를 불어 넣고 있고 본문의 메시지를 더욱 생생하게 그려내고 있습니다. 독자들이 이 책을 통하여 요한계시록을 더 가까이 하고 확신과 담대함을 얻기를 기대합니다.

김추성 교수 (합동신학대학원대학교 신약학)

*위 추천의 글은 추천사가 들어온 순서대로 소개했음을 알려드립니다

프롤로그

지금도 생생하게 기억나는 '휴거(The Rapture)'라는 영화가 있습니다. 대학교 때 기숙사 로비에서 기독교 영화라고 해서 보았다가 무서워서 제대로 보지도 못했던 영화입니다. 그 이후 종말에 대한 수많은 영화가 만들어졌지만 처음 보았던 그 영화의 충격으로 다시는 보고 싶은 마음이 들지 않았습니다. 한결같이 마지막 때에 대해 공포심을 조장하는 영화였기 때문입니다. 그 이후 요한계시록은 공포심에 사로잡히게 했던 영화와 연관되어 좀처럼 친근해질 수 없었던 책이 됐습니다. 신학교를 가기 전까지 요한계시록 설교를 제대로 들어본 적도 없었던 것 같습니다. 요한계시록에 대한 제 생각이 바뀐 것은 신대원 때 계시록 과목을 수강했을 때입니다. 저는 첫 수업 시간에 경험한 신선한 충격을 잊을 수 없습니다. 당시 웨스트민스터 신학교(Westminster Theological Seminary) 신약학 교수로 계셨던 번 포이트레스(Vern S. Poythress) 교수님께서 '요한계시록은 하나님이 역사의 주관자이시며, 궁극적으로 그리스도께서 이 모든 싸움에서 승리할 것임을 선포하는 책'이라고 말씀하셨습니다. 그 관점에서 계시록을 풀어가는 강의는 사도바울의 눈에서 비늘이 벗겨지듯, 저의 잘못된 선입관을 없애는 계기를 마련해주었습니다.

"예수 그리스도의 계시라…" 계시록 첫 부분에서 밝혔듯이 계시록은 진리를 밝히려는 책이며 메시지를 모든 사람에게 전하기 위한 책입니다. 수많은 암시와 상징 속에 감추어져 있는 것 같지만 근본적으로 계시(revelation)라는 것을 잊지 말아야 합니다. 그리고 머리 좋고 수수께끼를 잘 푸는 사람만 깨닫도록 고안된 책이 아니라, 수많은 상징들을 통해 어린아이들도 아주 간단하게 그 메시지를 파악할 수 있도록 계시된 말씀이 요한계시록입니다.

포이트레스 교수는 그의 책 〈The Returning King〉(한국어 번역서는 '요한계시록 맥 잡기')의 서문에 다음과 같이 밝힙니다.

"계시록은 주요점을 염두에 두고 읽으면 이해 가능한 책이다. 계시록의 모든 자세한 것들을 다 이해하지 못할 수도 있다. 나도 전부 다 모른다. 계시록에서 영적인 유익을 얻기 위해서 모든 부분을 자세히 이해할 필요는 없다."

이상한 듯해 보이는 많은 상징을 다 이해하지 못한다 할지라도 계시록의 메시지는 명확합니다. 이 책을 읽는 그 누구도 놓칠 수 없는 분명하고 명쾌한 메시지를 가지고 있습니다. 오히려 머리를 굴리고 전문가가 되려고 하는 자들이 계시록의 메시지를 놓치기가 쉽다고 포이트레스 교수님은 피력합니다. 왜냐하면, 계시록은 퍼즐 책이 아니라 그림책이기 때문입니다.

계시록이 어렵다는 선입관을 가진 성도들이 많아서 쉽게 접근하지 못하는 것은 참으로 안타까운 일입니다. 그뿐만 아니라 종말에 대한 잘못된 가르침들이 주기적으로 유행처럼 교회를 휩쓸고 다니며 많은 성도가 미혹되는 것을 보는 것도 참으로 마음 아픈 일입니다. 그런 마음이 제 안에 들어왔을 때 저는 어떻게 하면 성도들에게 쉽게 다가가면서 계시록의 메시지를 전할 수 있을까 고민하고 기도하다가 베델교회에서 주일마다 계시록을 설교했습니다. 그 계시록 강해를 이번에 책으로까지 펴내게 되었는데 옛날 잘못된 계시록 영화에서 느끼는 공포심이 아니라, 따뜻하고 정겨운 하나님의 사랑 안으로 들어가 최후의 승리를 보장받은 성도로서 어려움과 환난을 이길 수 있기를 바라는 마음으로 제목을 〈예수님의 러브레터〉로 정했습니다. 이 책을 읽으며 하나님의 사랑을 보시게 된다면 본 책이 세상에 나오는 의미를 다했다 할 수 있을 것입니다.

책이 나오기까지 수고한 많은 분들께 감사드립니다. 관대하게 추천서를 써주신 저명한 교수님, 총장님, 목사님들께 감사를 드리며, 특별히 설교를 듣는 성도 입장에서 기쁘게 추천서를 써주신 차인표, 신애라 집사님께 감사를 드립니다. 또한 계시록의 수많은 그림이 그 자체로 공포심을 주기 때문에 삽화 사용을 꺼렸지만 영감이 있으면서 친근한 애니메이션 풍의 그림으로 삽화를 그려준 김지윤 자매에게 감사의 마음을 전합니다. 그리고 출판사 첫 작품으로 〈예수님의 러브레터〉를 출판하기로 한 거꾸로 미디어의 대표 박병기 목사님께 감사를 드립니다. 계속 꿈을 가지고 섬기는 사역이 〈예수님의 러브레터〉의 계시와 함께 뻗어 나가길 기도합니다. 마지막으로 늘 뒤에서 기도하며 부족한 종을 전적으로 후원하는 베델교회의 모든 가족에게 고개 숙여 감사를 드립니다.

미국 캘리포니아주 얼바인에서
김한요 목사

Table of Contents

■ 추천의 글　　　4
■ 프롤로그　　　12

예수님의 러브레터 **01**/그리스도 계시의 축복
[요한계시록 1:1-8]...................... 18

예수님의 러브레터 **02**/밧모섬과 주일
[요한계시록 1:9-20]...................... 34

예수님의 러브레터 **03**/에베소: 처음 사랑을 버린 교회
[요한계시록 2:1-7]...................... 44

예수님의 러브레터 **04**/서머나: 죽도록 충성한 교회
[요한계시록 2:8-11]...................... 56

예수님의 러브레터 **05**/버가모: 방심한 교회
[요한계시록 2:12-17]...................... 68

예수님의 러브레터 **06**/두아디라: 선을 넘어간 교회
[요한계시록 2:18-19]...................... 80

예수님의 러브레터 **07**/유명하지만 죽은 교회
[요한계시록 3:1-6]...................... 92

예수님의 러브레터 **08**/빌라델비아: 열악하지만 문을 지킨 교회
[요한계시록 3:7-13]......................102

예수님의 러브레터 **09**/라오디게아, 물맛이 간 교회
[요한계시록 3:14-22]......................114

예수님의 러브레터 **10**/최고의 예배를 "올라와 보라"
[요한계시록 계 4:1-11] 124

예수님의 러브레터 11 / 두루마리 인봉을 누가 떼는가?
[요한계시록 5:1-14] 136

예수님의 러브레터 12 / 주여, 어느 때까지 하시려 하나이까?
[요한계시록 6:1-17] 146

예수님의 러브레터 13 / 인침 받은 144,000명
[요한계시록 7:1-8:1] 160

예수님의 러브레터 14 / 일곱 나팔과 금향로
[요한계시록 8:2-9:21] 174

예수님의 러브레터 15 / 입에 달고 배에 쓴 말씀
[요한계시록 10:1-11] 188

예수님의 러브레터 16 / 사흘 반 같은 두 증인의 1,260일
[요한계시록 11:1-14] 198

예수님의 러브레터 17 / 육백육십육(666)
[요한계시록 11:15-13:18] 208

예수님의 러브레터 18 / 이마에 쓰여진 이름: 순결, 찬양, 안식
[요한계시록 14:1-15:4] 226

예수님의 러브레터 19 / 아마겟돈
[요한계시록 15:5-16:21] 238

예수님의 러브레터 20 / 바벨론의 정체를 밝혀라
[요한계시록 17:1-19:10] 250

예수님의 러브레터 21 / 그리스도와 더불어 천 년
[요한계시록 19:11-20:15] 266

예수님의 러브레터 22 / 새 하늘과 새 땅
[요한계시록 21:1-22:5] 278

예수님의 러브레터 23 / 아멘, 주 예수여 오시옵소서
[요한계시록 22:6-21] 292

01 그리스도 계시의 축복

요한계시록 1장 1-8절

[1]예수 그리스도의 계시라 이는 하나님이 그에게 주사 반드시 속히 일어날 일들을 그 종들에게 보이시려고 그의 천사를 그 종 요한에게 보내어 알게 하신 것이라 [2]요한은 하나님의 말씀과 예수 그리스도의 증거 곧 자기가 본 것을 다 증언하였느니라 [3]이 예언의 말씀을 읽는 자와 듣는 자와 그 가운데에 기록한 것을 지키는 자는 복이 있나니 때가 가까움이라 [4]요한은 아시아에 있는 일곱 교회에 편지하노니 이제도 계시고 전에도 계셨고 장차 오실 이와 그의 보좌 앞에 있는 일곱 영과 [5]또 충성된 증인으로 죽은 자들 가운데에서 먼저 나시고 땅의 임금들의 머리가 되신 예수 그리스도로 말미암아 은혜와 평강이 너희에게 있기를 원하노라 우리를 사랑하사 그의 피로 우리 죄에서 우리를 해방하시고 [6]그의 아버지 하나님을 위하여 우리를 나라와 제사장으로 삼으신 그에게 영광과 능력이 세세토록 있기를 원하노라 아멘 [7]볼지어다 그가 구름을 타고 오시리라 각 사람의 눈이 그를 보겠고 그를 찌른 자들도 볼 것이요 땅에 있는 모든 족속이 그로 말미암아 애곡하리니 그러하리라 아멘 [8]주 하나님이 이르시되 나는 알파와 오메가라 이제도 있고 전에도 있었고 장차 올 자요 전능한 자라 하시더라

완전수 일곱

요한계시록은 오늘날로 말하자면 터키에 있는 일곱 교회에 보내는 편지입니다. 그렇다고 일곱 교회에만 제한된 것은 아닙니다. 당시 터키 반도에 있었던 교회는 일곱 개 이상이었습니다. 요한계시록의 일곱(7)이라는 숫자는 상징적인 의미가 있습니다. 성경에서 일곱은 완전수입니다. 일곱에는 충만함이 있고 온전함이 있으며 완전함이 있습니다. 요한계시록의 저자는 일곱 교회뿐만 아니라 모든 교회가 하나님께서 계시하신 말씀을 읽도록 이 글을 썼다고 보면 됩니다. 따라서 요한계시록은 이 땅의 모든 교회에 보내진 편지입니다. 저자는 모든 교회가 요한계시록을 탐독하길 기대합니다.

완전수 일곱에 대해 조금 더 이야기하면, 성령을 이야기할 때도 일곱 영(계 1:4) 이라는 말이 나오는데 일곱 영은 완전한 하나님의 영을 의미합니다. 요한계시록에는 일곱이라는 수가 유난히 많이 나오는데 다시 말씀드리지만 일곱은 완전수입니다. 요한계시록은 따라서 터키 반도의 일곱 교회에만 보내진 것이 아니라 바로 오늘을 살아가는 우리에게도 보내시는 하나님의 '러브레터'라고 할 수 있습니다.

왜 러브레터인가

요한계시록은 보통 무서운 책, 두렵게 하는 책, 읽기 꺼려지는 책으로 여겨집니다. 그런데 제가 왜 이 책에 '러브레터'라는 제목을 붙였을까요?

그 첫 번째 이유는 하나님 사랑의 진지함이 요한계시록에 담겨 있기 때문입니다. 이 책을 계속 읽으시다 보면 여러분도 그것을 느끼게 될 것입니다. 두 번째 이유는 삼위일체의 사랑이 담겨 있기 때문입니다. 삼위일체를 소개하자면 요한계시록이 기록된 당시에는 없었던 표현이지만 본문은 분명하게 삼위일체를 내포하고 있습니다. 성부, 성자, 성령의 삼위일체 개념이 요한계시록 1장 4-5절에 나오는데, 그분은 이제도 계시고 전에도 계셨으며 장차 오실 이로서의 삼위일체로 존재합니다.

본문에는 성령의 일곱 영이 나옵니다. 이는 앞서 설명한 것처럼 완전하고 온전한 하나님의 영입니다. 그리고 땅의 임금들의 머리이신 성자 예수 그리스도가 나옵니다. 성부는 "이제도 계시고 전에도 계셨고 장차 오실 이(Who is, Who was, Who is to come)"로 본문에 소개됩니다. 완전하시고 왕의 왕이 되시며 이제도 계시고 전에도 계셨던 장차 오실 삼위일체 하나님이 성도를 사랑하는 이야기가 요한계시록이기에 저는 '러브레터'라는 제목을 붙인 것입니다. 안수받은 목회자들이 축도할 때 성부, 성자, 성령의 이름으로 성도가 복을 받기를 원한다고 선포하는데, 이는 삼위일체 하나님의 사랑을 선언하는 것이라고 할 수 있습니다.

정리하자면 요한계시록에 러브레터라는 이름을 붙인 이유는 주님의 사랑이 진지하고 완전하실 뿐 아니라 스스로 계신 그분이 성도를 사랑하는 기적 같은 이야기가 담겨 있으므로, 즉 그분이 '사랑'을 강조하셨기 때문입니다.

러브레터: 한결같으신 하나님의 사랑 표현

이제도 계시고 전에도 계셨고 장차 오실 이이신 하나님은 어떤 분일까요? 이와 비슷한 표현이 요한계시록 1장 8절에 나옵니다. 바로 '알파와 오메가(Alpha and Omega)'라는 표현입니다. '이제도 계시고 전에도 계셨고 장차 오실 이' 또는 '알파와 오메가'는 어떤 뜻일까요?

'알파와 오메가'이신 하나님을 설명하기 위해 구약성경의 출애굽기로 거슬러 올라가 보겠습니다. 우리는 모세가 하나님으로부터 명을 받아 애굽에서 종살이하는 이스라엘 백성을 약속의 땅으로 이끌어낸 이야기를 잘 기억하고 있습니다. 그 과정에서 하나님은 자신이 어떤 존재인지 설명해 주십니다. 출애굽기 3장 13-14절을 읽어보면 하나님은 자신을 "나는 스스로 있는 자(I am who I am)"라고 선포하십니다. 하나님이 자신에 대해 "내 이름은 스스로 있는 자"라고 밝히고 계신 것입니다. 요한계시록은 이 말씀을 바탕으로 "이제도 계시고 전에도 계셨고 장차 오실 이(Who is, Who was, Who is to come)"라고 하나님을 소개하고 있습니다.

한국어 번역을 보면 "스스로 있는 자"와 "이제도 계시고 전에도 계셨고 장차 오실 이"가 연결이 안 되는 것 같아 보입니다. 우리는 외국어 공부를 하면 스트레스를 받기 때문에 양해를 구하며 잠시 영어와 히브리어 공부를 하도록 하겠습니다. 외국어를 통하면 이해가 조금 더 쉽기에 인내하고 읽어주시면 감사하겠습니다. 만약 외국어에 어려움이 있으시면 아래 설명은 잠깐 스쳐 지나가서도 되겠습니다. 최선을 다해 쉽게 설명해 드리도록 하겠습니다.

‘스스로 존재한다’를 영어로 하면 ‘I am(아이 엠)’입니다. 여기까지는 어렵지 않지요? 사실 이는 굉장한 말입니다. ‘스스로 존재한다(I am)’를 히브리어로 하면 ‘야훼’입니다. 우리가 보통 ‘여호와 하나님’이라는 표현을 많이 쓰는데 그때 사용하는 ‘여호와’ 또는 ‘야훼’에 바로 ‘스스로 존재한다’라는 의미가 담겨있습니다. 여기까지 이해가 안 되셨다 해도 괜찮습니다. 다음 내용부터 집중하시면 됩니다.

‘스스로 존재하는 하나님’께서 그 전에는 어떠하셨을까요? 물론 스스로 존재하셨습니다. 과거형 ‘스스로 존재했다.’를 영어로 하면 어떻게 표현할 수 있을까요? 중학교 영어를 한 분이면 답을 아실 것입니다. 맞습니다. ‘I was(아이 워즈)’입니다. 그렇다면 ‘미래에도 스스로 존재할 것이다’를 영어로 하면 뭐라고 할 수 있을까요? 정답은 ‘I am to be(아이 엠 투 비)’입니다. ‘스스로 존재한다’라는 표현의 현재, 과거, 미래형을 아시겠죠?

그렇다면 다음 질문이 자연스럽게 나와야 합니다. “ ‘이제도 어제도 장래에도 스스로 존재하는(I am, I was, I am to be) 하나님’이라는 이름이 왜 우리에게 축복이 되고 사랑으로 표현됩니까?”, “이제도, 어제도, 장래에도 스스로 존재하신 그분의 이름과 그분의 사랑이 무슨 연관이 있습니까?” ‘스스로 존재한다’라는 표현에는 피조물의 행동에 영향을 받지 않고 한결같다는 의미를 내포하고 있다는 게 중요한 연관 포인트입니다. 다음 문장을 꼭 기억하시기 바랍니다.

아멘입니까? 하나님은 우리가 군대 생활할 때만 역사하셨던 하나님, 즉 힘들고 어려웠을 때만의 하나님이 아니라 우리가 10대였을 때에도, 20대였을 때에도, 장년기에도, 노년기에도 모든 삶의 구석구석에 계시는 한결같으신 분입니다. 하나님은 지금까지 모든 시대에 걸쳐 한결같으셨습니다. 즉 그가 한 번 사랑하시면 절대 변하지 않으십니다. 스스로 존재하시는 분이시기에 그렇습니다. 한번 선택하시면 끝까지 놓지 않으십니다. 하나님은 한번 사랑하면 처음이나 나중이나 한결같으십니다. 스스로 존재하시는 분이기에 그렇습니다.

엘리야의 하나님이 엘리사의 하나님이기에 엘리야 때 갈라진 요단강이 엘리사 때에도 갈라졌습니다. 하나님은 이전에도 계셨고 지금도 계시며 장차 오실 분이기에, 즉 스스로 계시기에 변함이 없습니다. 여러분의 삶 속에서 단 한 번도 불필요한 적이 없으셨던 하나님입니다. 내가 잘나가고 잘할 때만 일하셨던 하나님이 아닙니다. 잘나가든지, 무언가로 인해 막히든지, 건강하든지, 중병으로 투병생활을 하든지, 어떤 상황에 있든지 우리 하나님은 '스스로 지금도 계시고, 스스로 이전에도 계셨고, 스스로 존재하시며 곧 오실(Who is, Who was, Who is to come)' 분입니다. 그는 현재, 과거, 미래에 우리를 사랑하신(실) 분입니다. 그래서 요한계시록은 러브레터입니다. 아멘! 스스로 존재하시는 그분을 찬양합니다.

스스로 존재하시는 분 = 가장 권세 있는 분

스스로 존재하는 그분은 삼위일체로 계십니다. 즉 충만한 일곱 영으로 완벽하신 성령, 모든 임금의 머리되신 성자, 모든 이름 위에 뛰어난 이름 성부로 존재하십니다. 삼위일체 하나님은 권위와 권세가 있는 분입니다.

스스로 존재하시는 권위와 권세가 있는 삼위일체 하나님 중에서 성자 하나님이 어떤 분인지 잠시 살펴 보겠습니다. 옛날 임금들은 "내가 법이다."라고 했습니다. 그런데 성경은 그 권세 위에 있는 분이 예수님이라고 선포합니다. 땅의 권세 있는 임금들의 머리가 예수님입니다. 그러므로 그분을 안다는 것은 엄청난 힘입니다. 그분이 우리의 맏아들이 되신다면 놀라운 권세가 우리에게 있는 것입니다. 아는 분 중에 권세 있는 사람이 있으면 시쳇말로 '빽'을 쓸 수 있습니다. 어떤 분이 저에게 "제가 청와대에 좀 아는 사람이 있습니다."라고 말했습니다. 무슨 의도로 그렇게 말했을까요? "제가 힘이 좀 있습니다."라는 의미입니다. 지금 세상에서 누가 가장 힘 있는 대통령인가요? 성경은 가장 힘 있는 대통령이 누구든 그의 머리가 되신 분이 바로 우리 주 예수 그리스도라고 선포합니다. 여러분, 그 힘을 쓰십시오. 그 '빽'을 쓰십시오. 혹 지금은 밥을 굶고 힘든 일이 있을지라도 내가 잘 아는 그분, 우리 형제 중 맏아들이신 그분은 바로 모든 대통령의 머리이십니다.

성자 예수님은 바로 보좌에 앉아계신 권세 있는 분입니다. 보좌는 영어로 'Throne'이라고 하는데 이 표현이 그의 권세를 알려줍니다. 우리 한국인에게는 자리가 중요합니다. 심방을 가면 배석에 신경을 씁니다. 우리의 개념에는 어떤 자리에 앉는지가 중요합니다. 임금에게도 자리는 중요합니다. 임금이 앉는 자리를 왕좌 또는 옥좌라고 합니다. 거기에는 권력과 힘이 있습니다. 상궁이 그 자리에 앉아 있다가 걸리면 죽습니다. 석학들은 석좌에 앉습니다. 탁월한 학문적 업적이 있으면 연구비를 그에게 투자합니다. 석좌에 있으면 권세가 있는 것입니다. 그런데 성자 예수님은 보좌에 앉아계십니다. 진정한 권세는 옥좌, 석좌, 상좌에서 나오는 게 아니라 '보좌'에서 나옵니다.

개인적으로 "구원하심이 보좌에 앉으신…"이라는 가사의 찬양을 좋아하는데, 성도는 바로 그 보좌에 앉으신 예수님 앞으로 나아올 수 있습니다. 이것은 엄청난 축복이고 권세입니다. 그래서 그분의 보좌 앞에 나오는 예배의 자리는 축복과 권세의 자리가 되는 것입니다. 예배의 자리는 이제도 계시고 전에도 계셨으며 장래에도 오실 하나님의 축복과 권세가 흘러나오는 자리입니다. 예배의 자리가 아니면 축복을 어디서 받겠습니까? 축복과 권세는 세계 최고의 권세를 가졌다 하는 미국 대통령이 거하는 워싱턴 D.C.에서 흘러나오는 게 아니라 하나님이 앉아계시는 보좌에서 나옵니다. 그 축복이 선언되는 곳이 바로 예배의 자리입니다.

요한계시록이 러브레터인 첫 번째 이유를 기억하시나요? 주님 사랑의 진지함이 담겨 있기 때문이라고 했습니다. 두 번째 이유를 기억나시나요? 삼위일체의 한결같은 사랑이 담겨 있기 때문이라고 했습니다.

요한계시록이 러브레터인 세 번째 이유는 예수 그리스도를 받아들이는 송영 때문입니다. 성도가 예수님이 보내신 사랑의 메시지에 사랑의 마음으로 반응하는 것이 송영입니다. 송영은 하나님의 영광을 간절하게 표현한 것입니다. 러브레터는 삼위일체 하나님의 사랑 표현이기도 하지만 성도들의 사랑 표현이기도 합니다.

예수님의 사랑의 편지에 송영으로 반응하기

또 충성된 증인으로 죽은 자들 가운데에서 먼저 나시고 땅의 임금들의 머리가 되신 예수 그리스도로 말미암아 은혜와 평강이 너희에게 있기를 원하노라 우리를 사랑하사 그의 피로 우리 죄에서 우리를 해방하시고 그의 아버지 하나님을 위하여 우리를 나라와 제사장으로 삼으신 그에게 영광과 능력이 세세토록 있기를 원하노라 아멘[요한계시록 1:5-6]

감격스럽지 않습니까? 이 본문에는 예수 그리스도께서 우리를 사랑하사 그의 피로 우리 죄에서 우리를 해방하셨다고 기록되어 있습니다. 그 크신 하나님이, 그 어떤 것에도 영향받지 않는, 세상 어떤 권력보다 위에 계신 하나님이 우리를 죄악의 구렁텅이에서 해방시켜 주셨는데 감격하며 그를 높이고 싶은 마음이 들지 않겠습니까? 진정한 사랑의 편지를 받은 자는 반응을 하게 되어 있습니다.

사랑의 편지를 받은 자들의 반응하는 방식은 참으로 다양합니다. 저는 미국의 초대형 슈퍼볼 이벤트를 볼 때마다 송영(예수님에 대한 최고의 반응)에 대해 가끔 상상해봅니다. 슈퍼볼(Super Bowl)은 미국에서 단연 최고의 스포츠 이벤트입니다. 프로 미식축구의 우승팀을 가리는 결승

전인데 한국으로 말하자면, 2002 한·일 월드컵에서 한국이 4강전에서 독일과 맞대결을 벌였을 당시의 고조된 분위기를 연상하면 됩니다.

매년 미국 최고의 인기 경기인 만큼 슈퍼볼은 미식축구를 평소에 보지 않는 분들도 관전하지 않을 수 없게 만드는 큰 행사입니다. 슈퍼볼이 열릴 때마다 40-50만 명의 관광객이 주최 도시로 몰려들어 교통난이 극심해짐과 동시에 그로 인한 지역 도시에 미치는 경제효과가 약 6억 달러(한화 약 6,800억 원) 이상이라고 합니다. 입장료도 엄청나게 비쌉니다. 경기장 입장권은 한 자리에 3,000달러(한화 약 350만 원)에서 30,000달러(한화 약 3,500만 원)까지 있습니다. 더 놀랄 일은 슈퍼볼 TV 광고료가 30초에 무려 400만 달러(한화 약 45억 원)가 넘는다는 점입니다. 그래서 슈퍼볼이 열리는 2월만 되면 미국은 나라 전체가 난리가 난 것 같은 느낌을 받습니다. 어느 날 문득 엉뚱한 생각이 제 뇌리를 스쳐 지나갔습니다.

'우리도 슈퍼볼 TV 광고 자리를 사서 예수 그리스도를 알리는 일에 400만 달러를 한 번 써봐?'

예수 그리스도를 그렇게 만방에 알리는 일을 하고 싶다는 마음이었습니다. 현실적이지는 않지만 예수 그리스도께서 그 정도 가치 이상으로 훨씬 높으신 분이기에 가졌던 마음이었습니다. 성도는 그 정도로 예수 그리스도를 높이는 송영에 가진 것을 아끼지 않습니다. 그것이 러브레터에 반응하는 성도의 마음입니다.

예수 사랑하심은 거룩하신 말일세
우리들은 약하나 예수 권세 많도다

우리는 이 찬송을 통해서도 사랑의 편지에 반응할 수 있습니다. 예수님께서 오늘도 우리를 죄에서 해방시키시고 우리를 사람답게 회복시키시며 가치 있는 일을 위해 우리 인생을 쓰게 하시고, 우리 시선을 하나님 나라에 고정하게 하시기 때문입니다. 예수 그리스도께서 우리를 위해 피 흘려 죽으시고 끝까지 우리를 이끌고 가시는 사랑의 편지에 우리는 송영으로 반응하게 됩니다.

독생자를 죽이시고 죄인들을 살리신 사랑

개인적으로 잊지 못하는 교수님이 있습니다. 경상대 축산학과 주선태 교수님입니다. 미국 동부 코네티컷대에 교환교수로 오신 교수님은 예수를 믿지 않는 분이었습니다. 교수님은 '골프와 엔터테인먼트의 천국'인 미국에 와서 골프를 하러 다니면서 미국을 즐겼습니다. 주일에 가족은 교회로 보내고 혼자 놀러 다녔던 것입니다.

주 교수님을 뵐 기회가 있었던 저는 이렇게 말했습니다.

"교수님, 교수님의 딸이 교회에서 아비 없는 자식처럼 여겨지고 있습니다."

교수님은 제 말에 충격을 받은 듯했습니다. 얼마 후 초신자 초청의 날에 교수님이 교회에 오게 되었고 그날 설교를 듣고 고꾸라졌습니다. 주 교수님은 "기독교인들을 환자라고 불렀던 제가 환자가 됐다."고 고백했습니다. 그 은혜의 여정을 적은 체험기가 「아름다운 시작」이라는 책입니다. 이후 여러 책을 쓰셨는데 이 중 「필로 교수의 예수쟁이로 살아가기」의 내용 일부를 소개합니다.

주 교수님이 축산학과 회식에서 학교 총장님과 함께 자리했다고 합니다. 총장님은 회식 자리에서 자신은 세례받고 예수 믿는 사람이 되었다고 고백했습니다. 축산학과 분위기 자체가 예수 믿는 것과 맞지 않던 상황이었습니다. 그 총장님은 은혜를 받긴 했지만 마태복음 1장을 볼 때마다 힘들다고 말했습니다. 마태복음 1장에는 '낳고', '낳고', '낳고'가 계속 나오고 요셉 이야기가 나오더니 예수님이 성령의 잉태하심으로 태어났다고 적혀 있습니다. "요셉에게서 나왔으면 족보를 따지는 게 당연한데 성령으로 잉태했고 마리아에게서 태어났으니 요셉이 아닌 마리아의 족보를 말해야 하는 게 아니냐?"는 질문이었습니다. 주선태 교수님은 이에 대해 다음과 같이 답했다고 합니다.

"… 성경에는 그것 말고도 인간의 이성이나 상식으로는 도저히 이해할 수 없는 것들이 나옵니다. 정말 믿기 어려운 일들이지요. 특히 우리 같은 과학자들에게는요. 그런데 더욱 믿기 힘든 것은 우리 같은 사람에게도 성령 하나님께서 찾아오시면 그것이 믿어진다는 것입니다. 성경에 나와 있는 비과학적인 모든 것들이 믿어집니다. 그건 인간의 힘으로 안 되는 것입니다. 오직 성령 하나님께서 도우실 때 가능하지요. 그러니까 총장님도 성령 하나님께 믿음을 달라고 기도해보세요. 그리고 굳이 과학적으로 따지고 들자면, 예수님은 요셉의 유전자뿐 아니라 마리아의 유전자도 가지고 있지 않답니다. 마리아의 난자가 자가발전한 처녀 수정이 아니고 하나님의 복제거든요. 하나님께서는 인간들이 하도 그분의 사랑을 의심하니까 가장 인간적인 방법으로 그 사랑을 입증해 보이신 거랍니다. 자신을 복제해 예수님이라는 아들을 만드시고 인간적인 방법으로 마리아의 몸을 통해 세상에 보내신 후, 그 아들을 죽이심으로 인간의 죗값을 대신해 주신 거지요. 그러니까 무슨 이야기냐 하면, 인간에게 자신의 목숨보다 귀중한 것이 자식이지 않습니까? 자기

요한계시록이 왜 하나님의 러브레터입니까? 당신의 독생자 예수 그리스도를 십자가에서 죽이시기까지 우리의 죄를 해결하고자 하는 하나님의 간절한 사랑을 담고 있기 때문입니다. 그 사랑의 이야기가 성도의 가슴을 뜨겁게 하기 때문입니다. 하나님의 러브레터에 눈물이 날 수밖에 없는 이유입니다.

러브레터 저자 앞에 엎드려 흘리는 눈물

요한계시록 1장 7절에는 눈물 이야기가 나옵니다. 정확하게는 주로 말미암아 애곡한다고 합니다. 요한계시록은 주님에 대해 초림 때에도 감동을 주셨지만, 다시 오실 재림 때에도 감동을 주실 분으로 기록하고 있습니다. 모든 사람이 주님의 오심을 보게 된다고 말합니다. 어떤 분은 "지구 반대편으로 오시면 안 보일 텐데…?"라고 말할 지 모릅니다. 예수님은 온 우주에 방영되는 라이브 방송의 주인공으로 오실 것입니다. 예수님을 십자가에서 찌른 자도 주님의 오심을 보게 될 것이고, 땅의 모든 족속이 주님으로 말미암아 애곡하게 될 것입니다.

모든 족속이면 우리도 포함되는데, 저도 울게 될지 한번 생각해 보았습니다. 예수님께서 문을 열고 들어오신다고 상상하면, 그분이 저벽

저벅 걸어나오신다고 상상하면 어떻게 반응해야 할까요? "주님, 오셨어요? 하이파이브! 오늘 야구 경기 함께 보실래요?"라고 할까요? 아니면 납작 엎드릴까요, "사인해 주세요!" 그럴까요?

저는 울어버릴 것 같습니다. 모든 족속 또한 주님이 오심을 보고 울 것 같습니다. 내 죄를 보면 그럴 수밖에 없습니다. 예수 믿은 후에도 지었던 죄를 생각하며 울 것입니다.

여러분 중에 예수님을 믿고 흠 없이 사는 분이 있으신가요? 정말 하나도 흠이 없으신가요? 부족함이 없으신가요? 아니요! 예수님을 믿으면서도 불충하고, 언어를 절제하지 못하고, 생각도 제어하지 못하고, 수틀리면 상대방을 못된 놈으로 만들어 버리는 저는 하나님 앞에 바로 살지 못한 그것 때문에 울 것 같습니다. 부끄러워서 엎드릴 것 같습니다. 주님이 재림하시면 더 이상 천국의 문은 열리지 않습니다. 주님이 오시면 다시는 기회가 없습니다. 그래서 울 것 같습니다. "아이고! 우리 아들, 우리 어머니!" 하며 가족과 친구들이 생각나서 슬피 울 것 같습니다. 성경 여러 곳에서 나오는 "슬피 울며 이를 갊이 있으리라"(마 22:13, 24:51, 25:30, 눅 13:28)의 "슬피 울며"는 애곡이라고 할 수 있는데 온 족속이 슬피 우는 모습을 상상해 보십시오. 우리가 우리 자신의 연약함과 부족함으로 인하여 애곡하며 어찌할 바를 모를 때 주님은 요한계시록 1장 8절을 통해 말씀하십니다.

8절 후반부에 하나님은 '전능한 자', 즉 '엘샤다이(El Shaddai)'라고 말씀하십니다. 우리가 의지하고 바랄 분은 전능한 자, '엘샤다이' 그분입니다. 러브레터를 쓰게 하신 그분은 우리 앞의 모든 장애물들을 치워 주십니다.

전능자 하나님 앞으로 나아가십시오.

여러분 중에 상처받고 어찌할 바를 몰라 아무도 나를 돌아보지 않는다고 느끼시는 분이 있습니까? 엘샤다이! 전능자 하나님 앞으로 나아가십시오. 복음을 증거할 때마다 오그라드는 나를 보며 한탄하는 분이 있습니까? 엘샤다이! 전능자 하나님 앞에서 위로와 힘을 얻으십시오. 죄를 짓고 괴로워하는 여러분, 엘샤다이! 전능자 하나님 아버지 앞에서 용서하심을 구하십시오. 이것이 예수님의 러브레터를 받아보는 하나님 백성들의 진정한 모습입니다.

예수님의
러.브.레.터

02 밧모섬과 주일

요한계시록 1장 9-20절

[9]나 요한은 너희 형제요 예수의 환난과 나라와 참음에 동참하는 자라 하나님의 말씀과 예수를 증언하였음으로 말미암아 밧모라 하는 섬에 있었더니 [10]주의 날에 내가 성령에 감동되어 내 뒤에서 나는 나팔 소리 같은 큰 음성을 들으니 [11]이르되 네가 보는 것을 두루마리에 써서 에베소, 서머나, 버가모, 두아디라, 사데, 빌라델비아, 라오디게아 등 일곱 교회에 보내라 하시기로 [12]몸을 돌이켜 나에게 말한 음성을 알아보려고 돌이킬 때에 일곱 금 촛대를 보았는데 [13]촛대 사이에 인자 같은 이가 발에 끌리는 옷을 입고 가슴에 금띠를 띠고 [14]그의 머리와 털의 희기가 흰 양털 같고 눈 같으며 그의 눈은 불꽃 같고 [15]그의 발은 풀무불에 단련한 빛난 주석 같고 그의 음성은 많은 물 소리와 같으며 [16]그의 오른손에 일곱 별이 있고 그의 입에서 좌우에 날선 검이 나오고 그 얼굴은 해가 힘 있게 비치는것 같더라 [17]내가 볼 때에 그의 발앞에 엎드러져 죽은 자같이 되매 그가 오른손을 내게 얹고 이르시되 두려워하지 말라 나는 처음이요 마지막이니 [18]곧 살아 있는 자라 내가 전에 죽었었노라 볼지어다 이제 세세토록 살아 있어 사망과 음부의 열쇠를 가졌노니 [19]그러므로 네가 본 것과 지금 있는 일과 장차 될 일을 기록하라 [20]네가 본 것은 내 오른손의 일곱 별의 비밀과 또 일곱 금 촛대라 일곱 별은 일곱 교회의 사자요 일곱 촛대는 일곱 교회니라

아무렇게나 정해지지 않은 주일

유대인들에게는 토요일이 안식일입니다. 그리고 초대 교회 성도들에게는 일요일이 주일입니다. 사도행전과 고린도전서에 그 기록이 나옵니다. 토요일이 일요일로 바뀐 것은 무엇을 의미합니까? 어떤 분은 '바뀔 수 있지 그게 뭐 대수인가?'라고 생각할 수도 있겠습니다. 그러나 역사적인 배경을 보면 그렇지 않습니다.

오래전 이스라엘에서 5주 정도 머문 적이 있습니다. 이스라엘은 일주일 중 정식 공휴일이 일요일이 아닌 토요일입니다. 그들은 예로부터 지금까지 토요일을 안식일로 지켰습니다. 그날이 나라 전체적으로 공휴일입니다. 그래서 그들은 일요일날 직장에 가고 학교에 갑니다. 이스라엘에도 예수님을 믿는 사람들이 있는데 그들도 주일을 토요일로 지킵니다. 일요일에는 학교에 가야 하기 때문입니다. 우리의 주일(일요일)은 그들에게 일과 공부를 시작하는 날인 것입니다. 그래서 이스라엘 기독교인들은 어쩔 수 없이 토요일에 주일 예배를 드립니다.

2천 년이 지났음에도 이스라엘은 예배의 날이 바뀌지 않은 것입니다. 지난 2000년 미국 대통령 선거 당시 민주당의 대선주자 앨 고어는 조 리버만을 부통령 러닝메이트로 뽑았습니다. 리버만은 유대주의자로 엄격하게 안식일을 지키는 사람이었습니다. 그는 미국 대통령 선거 기간 토요일에는 유세에 참여하지 않았습니다. 뉴욕 타임스에 따르면 리버만은 이혼남이었는데 왜 이혼을 했냐는 기자의 질문에 "종교적인 이유"라고 답했습니다. 그의 전 아내가 안식일을 지키는 것에 동참하지 않아 협의이혼을 했다는 것입니다. 미국에서 태어나 미국에서 자라고 미국에서 공부한 이 정치인이 하는 말이 "나는 아직 토요일을 안식일로 지킨다"였고 그는 매주 회당을 찾아 예배를 드렸습니다. 그의 이런 모습은 안식일이 바뀌기가 쉽지 않다는 것을 보여줍니다.

우리가 드리는 예배의 날은 편의상 정해진 게 아닙니다. 초대 교회가 토요일이 아닌 일요일을 주일로 지킨 것은 혁명과 같은 일이었습니다. 한국은 국민 정서상 구정이 설입니다. 이 날이 바뀔 수 있을까요? 안 바뀝니다. 음력 생일과 양력 생일을 지키는 것, 좀처럼 쉽게 바뀌지 않습니다. 그런데 2천 년 전 이스라엘 땅에서 놀라운 사건이 터졌습니다. 토요일 대신 일요일을 예배의 날로 지키는 무리가 생겨난 것입니다. 그들은 왜 일요일을 주일로 지켰을까요?

주일에 계시의 말씀을 받은 사도 요한

바로 그렇게 혁명적으로 바뀐 주의 날에 사도 요한이 계시의 말씀을 받았습니다. 토요일, 월요일, 화요일이 아니라 주의 날(일요일)이었습니다. 사도 요한은 특별한 날에 성령의 감동으로 계시의 말씀을 받았습니다.

요한계시록 1장 10절을 영어 성경에서 보면 "On the Lord's Day, I was in the Spirit"(NIV)이라고 번역되어 있습니다. "주의 날에 성령 안에서"라는 의미인데, 성령의 충만한 감동 안에 있었던 날 사도 요한은 계시를 받았던 것입니다. 주일은 다른 기독교인들에게도 예배의 날이 되었습니다. 요한 혼자만 계시를 받은 게 아니라 당시 유배돼 있던 다른

 예수님의
러·브·레·터

성도들과 함께 있을 때, 요한이 다른 성도들과 함께 주일(일요일)에 예배를 드리는 가운데 하늘 문이 열리며 하나님의 말씀이 주어졌던 것입니다. 그 말씀이 주어지면서 당시 한주를 시작하는 일요일은 하나님께 예배드리는 날, 즉 주의 날로 구별되게 되었습니다. 주의 날에 예배를 드리는 것이 그리스도인들에게 있어 가장 중요한 일이 된 것입니다. 초대 교회 당시 안식일을 파격적으로 바꾸면서까지 일요일을 주일로 정한 이유는 성령의 감동으로 예배를 드리도록 구별된 날이었기 때문입니다. 그때 하나님의 메시지가 주어졌습니다.

성도들은 무엇보다 이날을 지켜야 합니다. 미국 부통령 러닝메이트도 자기가 원하는 토요일을 안식일로 지킵니다. 하물며 삼위일체 하나님을 믿는 주의 자녀가 혁명적인 이날, 십자가에 못 박히신 예수님이 완성하신 주일을 예배의 날로 지키는 것은 지당한 일입니다.

주일은 하나님이 만드신 놀라운 걸작품으로서 우리가 하나님께 나아가는 날입니다. 우리는 그런 마음으로 예배의 날을 반드시 지켜야 합니다.

핍박이 극심했던 시대의 유배지에서 작성된 글

하나님으로부터 메시지를 받았던 사도 요한이 요한계시록을 기록했던 당시의 배경을 살펴보겠습니다. 요한이 계시를 받은 때는 도미티안 황제 때였습니다. 당시 요한은 체계적이고도 구체적으로 핍박을 받았습니다. 그리스도인들에게도 매우 광범위한 핍박이 있었고 교회 또

한 강력하게 위협을 받던 상황이었습니다. 그러한 시대 속에서 밧모섬에 유배되었던 사도 요한에게 하나님이 계시의 문을 여셨는데 그날이 바로 주일이었습니다.

지금의 상황도 크게 다르지 않습니다. 미국은 예수님을 전하면 안되는 법이 만들어져 있습니다. 성경대로 말씀을 선포하면 혐오죄에 걸려 감옥에 가야 하는 기막힌 상황입니다. 수많은 이단 사조들이 일어나고, 도덕적 해이로 흥청망청 쓸려 내려가는 위험천만한 시대를 우리는 살아가고 있습니다. 이런 시대 속에서 '교회가 제대로 설 수 있을까?', '교회가 구원의 방주 역할을 할 수 있을까?'라는 질문을 던져 봅니다. 우리는 어쩌면 2천 년 전과 다를 바 없는 상황에 맞닥뜨리고 있는지 모릅니다. 이를 어떻게 헤쳐갈 수 있을지에 대한 질문을 하지 않을 수 없습니다. 우리 또한 주의 날에 주님의 메시지를 받아야 이 환난을 잘 극복해 나갈 수 있습니다. 그래서 주일은 너무 중요합니다. 이날에 우리는 누구를 예배합니까? 우리 주 예수 그리스도를 예배합니다.

주의 날에 우리가 온 맘 다해 예배하는 예수님은 어떤 모습일지 궁금할 때가 있습니다. 사복음서에 예수님이 어떻게 생겼다고 나오지 않아 참 아쉽습니다. 콧날이 오똑했는지, 눈매가 어땠는지, 입술은 앵두 같았는지, 광대뼈가 있었는지 등의 표현이 없습니다. 그런데 감사하게도 요한계시록에 예수님의 모습이 기록되어 있습니다. 인상파 화가가 그림을 그리듯이 묘사되어 있습니다.

'만왕의 왕'이신 예수님의 모습

발에 끌리는 옷을 입고, 가슴에 금띠를 띠고, 머리털은 양털과 눈처럼 희고, 발은 풀무불에 단련한 빛난 주석 같고, 오른손에는 일곱 별이 있고, 입에서는 좌우에 날선 검이 나오고, 얼굴은 해가 힘 있게 비치는 것 같다고 사도 요한은 예수님에 대해 묘사하고 있습니다.

그의 오른손의 일곱 별을 일곱 천사라고 말하는 분도 있는데 요한계시록 1장 20절에 나온 '사자(메신저)'가 더 맞는 것 같습니다. 사자를 손에 올려 놓고 있다는 말은 올려 세울 수도 있고, 던질 수도 있고, 바닥에 내팽개칠 수도 있다는 말입니다. 하나님의 뜻이라면 말이죠. 주의 종은 하나님의 손 안에 있습니다. 도미티안 황제 당시의 상황을 소개하면 사도 요한에게 내려진, 요한계시록 1장 13-16절에 있는 계시의 말씀이 좀 더 상세히 이해가 될 듯합니다.

도미티안 황제 시대의 동전 (출처: Classical Numismatic Group, Inc.)

도미티안 황제 시대에 통용되던 로마 동전이 발견되었는데, 특별히 이전 페이지 그림에서 오른쪽 동전을 유심히 살펴보시길 바랍니다. 오른쪽 동전에 보면 7개의 별이 보이실 것입니다. 예수님의 오른손에 일곱 별이 있다는 것을 말씀에 적고 있는데 여기서 일곱 별은 영어로 'Major Seven Stars(주요 일곱개 별)'로 이 일곱 별들을 당시 로마 황제였던 도미티안이 지배하고 있었습니다. 하나님은 그러나 로마 황제가 일곱 별을 쥐락펴락하는 자가 아니라고 선언하십니다. 하나님은 일곱 별을 쥐고 있는 자는 로마 황제가 아니라 예수 그리스도라고 요한계시록을 통해 말씀하고 있습니다. 예수 그리스도는 만왕의 왕이 되시는 분입니다. 예수님이 어떤 분인지 계속 살펴봅시다.

촛대 사이에 인자 같은 이가 발에 끌리는 옷을 입고 가슴에 금띠를 띠고
[요한계시록 1:13]

예수 그리스도에 대해 "인자"와 같다고 표현되어 있습니다. 여기서 인자는 다니엘서 7장 13절에 나오는 그 "인자"입니다. 다니엘서의 "인자"는 만인의 제사장이요, 만군의 여호와요, 모든 임금 위에 뛰어난 임금이요, 만주의 주요, 살아계신 하나님입니다.

다시 말씀드리면 요한이 환상을 보면서 "인자 같은 이"라고 표현한 부분은 다니엘서에 나오는 그 "인자"와 같습니다. 인자는 온 우주 만물을 당신의 뜻에 따라 움직이시는 하나님의 모습이기도 합니다. 역사의 주인이신 그분께서 모든 일을 주관하신다는 사실을 사도 요한은 두루마리에 받아 적고 있습니다.

여러분도 누군가의 지시에 의해 무언가를 작성해보신 적이 있을 것입니다. 회사에서 상사가 무언가 기록으로 남기라고 할 때는 그것이 중요한 일이기 때문일 것입니다. 기록을 안 하면 문제가 터질 수도 있기 때문입니다. 주님께서 요한에게 계시의 말씀을 두루마리에 쓰라고 하신 것은 '터키반도의 일곱 교회와 그밖의 주님의 교회에 반드시 전하라'는 그분의 강한 의지가 담겨 있습니다. 교회에 전하라고 하시니 교회가 가장 먼저 계시를 듣게 되는데, 그렇다면 하나님의 계시를 교회가 먼저 읽는다는 것은 무엇을 의미할까요?

교회가 제대로 안 하면 심판

이 계시의 말씀을 교회가 먼저 읽는다는 것은 감사하고 좋은 일입니다. 하지만 먼저 읽은 자가 제대로 순종하지 않는다면 심판이 따른다는 것을 주님은 말씀하십니다. 교회가 먼저 심판을 받는다는 의미입니다. 교회에 먼저 알려주고 읽게 하셨기 때문에 제대로 안 하면 교회가 먼저 야단을 맞습니다.

요즘 교회가 두들겨 맞는 것이, 어쩌면 제대로 하지 않아서 그런 게 아닐까요? 교회는 요즘 위기입니다. 교회가 먼저 심판을 받는다(벧전 4:17)는 말씀을 간과해서는 안 됩니다. 하나님은 교회부터 먼저 심판하십니다. 교회에 가장 먼저 메시지를 남기셨기 때문입니다.

그러나 거꾸로 뒤집으면 다르게 생각할 수도 있습니다. 그래도 교회가 먼저라는 말입니다. 그래도 교회가 소망이라는 의미입니다. 아프

가니스탄에 파송된 단기선교팀이 탈레반에 붙잡힌 이야기를 기억하실 겁니다. 당시 분당샘물교회는 엄청난 욕을 먹었습니다. 교회 안에서도 비판이 들끓었습니다. 사람들은 말했습니다. "그런 데로 왜 보냈느냐?"고. 샘물교회의 담임목회자였던 박은조 목사님이 한참 후에 책을 쓰셨는데 책 제목이 「그래도 교회가 희망입니다」였습니다. 저는 그 말에 전적으로 동의합니다.

교회가 욕을 먹고 썩었다는 지적을 받는 이 시대에 '교회는 이제 끝났나 보다. 라이언스 클럽을 만들어보자', '교회는 포기하고 좋은 학교를 세워서 승부를 보자.'고 하는 것이 아니라 심판의 첫 대상이 '하나님의 집'인 교회이기에 여전히 교회에 희망을 두어야 합니다.

우리는 교회가 두들겨 맞는 부끄러운 시대에 살고 있습니다. 그래도 심판하시는 하나님 앞에서, 교회는 여전히 희망입니다. 풍전등화와 같았던 초대 교회 시대, 많은 그리스도인들이 복음을 전하다 투옥되고 목숨을 잃던 그 시대에 하나님은 밧모섬에 있던 요한에게 "교회가 소망이다."라고 하나님은 말씀하셨던 것입니다.

오늘날 교회는 이 시대의 밧모섬입니다. 주일 예배 때 하나님께서 붙들고 있는 일곱 별(메신저)을 통해 메시지를 주시는 밧모섬의 계시의 강단은 너무나 중요합니다. 목회자들은 어쩌다보니 직업으로 복음의 메시지를 전하는 게 아닙니다. 하나님의 메시지를 쏟아붓고 알려서 '뜨거운 칼이 버터를 가르듯이' 말씀으로 복음을 전하는 것입니다.

오래전 미국 서북부에 있는 큰 도시 시애틀에서 말씀 집회를 한 후에 그 교회의 젊은 장로님과 식사를 했던 기억이 납니다. 미국 이민 1.5세이신 그분은 섬기던 교회의 한국어 및 영어 예배에 모두 참석하고 있었습니다. 그는 캐나다 밴쿠버에서 2시간을 운전해서 국경을 넘어 시애틀에 있는 교회에 출석했습니다. 저는 그 장로님께 "왜 이렇게 멀리서 오세요?"라고 물었습니다. 그는 "좋은 교회는 멀어도 갑니다."라고 답했습니다. 참 마음에 와 닿는 말이었습니다. 맛있는 식당은 멀어도 갑니다. 좋은 대학교는 정말 멀어도 갑니다. "하버드대 너무 멀어서 안 가겠다."고 하는 사람은 없습니다. 그렇다면 좋은 교회는…? 멀어도 갑니다.

제가 과거 성지순례를 했었을 때 밧모섬을 가지 못한 이유는 가는 게 멀고, 오는 게 멀고, 가도 볼 게 없다는 것이었습니다. 이 시대 주일 강단이 바로 밧모섬입니다. "우리 교회는 너무 멀어", "가도 볼 게 없어", "별 볼일 없어"와 같은 말이 나오기 시작한다면 제가 가지 못했던 밧모섬과 다를 바 없습니다. 아무리 힘들어도 "I was in the Spirit on the Lord's Day(주일에 성령충만함이 있었어)."라고 말할 수 있어야 합니다. 우리는 그리스도 안에서 이미 승리했습니다. 따라서 아무리 어려워도 그 승리를 위해 생명의 말씀을 붙잡고 나아갈 수 있습니다. 그가 허락한 메시지를 붙들고 전진할 수 있습니다.

우리의 교회는 모두 별 볼일 '있는' 교회입니다. 가면 은혜 받고, 가면 힘을 얻고, 가면 하나님의 말씀을 받고, 가면 다시 새롭게 출발하는 곳입니다. 우리의 교회가 계속해서 꿈과 소망의 처소가 될 것을 믿습니다.

03 에베소: 처음 사랑을 버린 교회

요한계시록 2장 1-7절

[1]에베소 교회의 사자에게 편지하라 오른손에 있는 일곱 별을 붙잡고 일곱 금 촛대 사이를 거니시는 이가 이르시되 [2]내가 네 행위와 수고와 네 인내를 알고 또 악한 자들을 용납하지 아니한 것과 자칭 사도라 하되 아닌 자들을 시험하여 그의 거짓된 것을 네가 드러낸 것과 [3]또 네가 참고 내 이름을 위하여 견디고 게으르지 아니한 것을 아노라 [4]그러나 너를 책망할 것이 있나니 너의 처음 사랑을 버렸느니라 [5]그러므로 어디서 떨어졌는지를 생각하고 회개하여 처음 행위를 가지라 만일 그리하지 아니하고 회개하지 아니하면 내가 네게 가서 네 촛대를 그 자리에서 옮기리라 [6]오직 네게 이것이 있으니 네가 니골라 당의 행위를 미워하는도다 나도 이것을 미워하노라 [7]귀 있는 자는 성령이 교회들에게 하시는 말씀을 들을지어다 이기는 그에게는 내가 하나님의 낙원에 있는 생명나무의 열매를 주어 먹게 하리라

러브레터의 '추신'

하나님께서 사도 요한에게 계시해 주신 것 중 본격적인 내용은 계시록 4장부터 나옵니다. 2장과 3장까지는 아직 본격적인 내용이 나오지 않습니다. 편지를 쓸 때 'P.S.'가 있는데 이는 Postscript(추신)의 약자입니다. 요한계시록 2장 1-7절까지의 본문은 P.S.라고 말할 수 있습니다. 즉 예수님 러브레터의 P.S.라는 말입니다.

각 교회에 예수께서 하시는 말씀은 "귀 있는 자는 성령이 교회들에 하시는 말씀을 들을지어다."입니다. 요한계시록 3장까지 이 말씀이 반복됩니다. 주님은 에베소 교회를 포함한 다른 교회들까지도 이 말씀을 듣게 하십니다. 더 나아가 오늘날의 교회들도 귀를 열고 듣기를 원하십니다.

에베소 교회에 보내는 추신의 메시지에는 예수 그리스도가 오른손에 있는 일곱 별을 붙잡고 일곱 금 촛대 사이를 거니시는 이로 소개됩니다. 당시 소아시아에서 에베소가 차지하는 비중은 상당했습니다. 오늘날도 에베소로 성지순례를 가보면 터키 한인회에서 번역한 한국어 안내판이 있을 정도입니다. 한마디로 소아시아의 뉴욕과 같은 곳이라 할 수 있습니다. 에베소에는 전통이 있고 역사가 있습니다. 이 도시에 약 20만 명이 거주했다고 하니 결코 작은 도시가 아니었다는 것을 짐작할 수 있습니다. 에베소는 성경의 여러 곳에 등장하는데 사도 바울의 경우 에베소 없이는 그의 사역을 설명할 수 없을 정도입니다. 바울의 강론 장소로 유명한 두란노서원도 에베소에 있었다고 합니다.

당시 담임 목회자가 쟁쟁했던 에베소 교회

사도행전 19장 24절부터 보면 '아데미'라는 신이 등장합니다. 에베소는 아데미 신을 섬겼고 아래 사진과 같은 거대 아데미 신전도 있었습니다. 이 외에 에베소에는 원형경기장, 셀수스 도서관도 있었는데 이는 문화와 경제적으로 발전된 도시였다는 의미입니다.

재건축된 아데미 신전의 전경

에베소에 대한 기록은 디모데전서에도 있습니다. 디모데전서에는 바울이 에베소 교회를 디모데에 맡기는 내용이 나옵니다. 또한 빌레몬서에 보면 노예 오네시모가 나오는데, 시리아 안디옥의 주교였던 이그나시우스가 에베소에 보낸 편지에 따르면 오네시모는 감독으로 소개됩니다. 사도 바울과 디모데와 사도 요한과 오네시모, 역대 에베소 교회를 거쳐간 담임 목사들입니다. 이 쟁쟁한 이름들만 보더라도 에베소가 얼마나 중요한 곳이었는지 알 수 있습니다.

당시 로마로 가는 관문이었고 번영하던 최대의 도시 에베소에 세워진 교회, 주님께서 그 에베소 교회에 다음과 같이 말씀하십니다.

에베소 교회에 대한 칭찬

첫 번째, 주님이 에베소 교회를 향해 "네 수고를 내가 안다(I know you)."라고 말씀하십니다. 여기서의 "수고"는 기진할 정도의 수고를 말합니다. 대충의 수고가 아닌 기진맥진(exhausted)한 수고입니다. 에베소 교회가 성장하기까지 성도들의 수고와 숨은 봉사가 있었을 것입니다. 참고 인내하지 않고는 교회가 그렇게까지 잘될 수 없습니다. 인내가 무너지면 교회도 무너집니다. 성도들의 인내와 수고가 대단했던 교회가 에베소 교회였습니다.

두 번째, 예수님은 에베소 교회가 모든 이단 사조들로부터 진리를 지켰다고 말씀하십니다. 교회가 깨어지는 원인 중 하나가 이단입니다. 교회가 교회되기 위해서는 많은 이단 사조들로부터 강단을 지켜내야 합니다. 에베소 교회는 자칭 사도라고 하는 대단한 사람이 와도 그가 어떤 사람인지 주의하며 살펴봤습니다. 에베소 교회는 강단을 그렇게 굳건히 지켰습니다.

세 번째, 예수님은 에베소 교회가 눈물과 결단으로 교회의 순수성을 지킨 것에 대해 칭찬하셨습니다. 인내로 섬기고 이단 사조를 몰아내고 순수를 지켰던 에베소 교회였습니다. 그런데 그것이 전부가 아니었습니다. 그 다음으로 주시는 말씀이 매우 중요합니다. 예수님은 "그러나"라는, 긴장감을 불러일으키는 말씀으로 이어가십니다.

에베소 교회에 대한 책망

그러나 너를 책망할 것이 있나니 너의 처음 사랑을 버렸느니라 [요한계시록 2:4]

주님은 에베소 교회를 책망하십니다.

"너는 처음 사랑을 버렸다. 너무나 열심인데, 그러나 너는 처음 사랑을 버렸다."

주님이 말씀하신 "처음 사랑"이란 무엇일까요?

처음 사랑을 이렇게 정의하면 좋겠습니다.

'모든 사랑을 진짜 사랑되게 만드는 참 진짜 사랑!'

모든 것을 새롭게 하고, 모든 것을 거듭나게 하고, 모든 것을 변화시키고, 모든 것에 힘을 주는 원초적이고 근본적인 첫사랑을 버렸다며 주님은 에베소 교회를 책망하십니다. 여러분은 그런 사랑을 체험한 적이 있으신가요? 거듭났을 때를 기억하시나요? 주님의 사랑을 처음 경험했을 때를 지금도 기억하고 계시나요? 눈이 퉁퉁 부을 정도로 울었던 그 날을 기억하고 계신가요? 회개하고 눈을 떴더니 온 우주 만물이 다르게 보이고, 사람들이 다르게 보이고 아름다워 보였을 때를 기억하시나요? 모든 것을 새롭게 보게 하는 힘이 바로 처음 사랑입니다. 짜증 나고 힘들었던 환경을 새로운 눈으로 보게 하는 능력, 그 처음 사랑을 버렸다고 주님은 에베소 교회에 이야기하고 계십니다.

예수님의 수제자였던 사도 베드로는 예수님을 부인했습니다. 물론 예수님을 잡아가는 병사의 귀를 칼로 내리칠 정도로 용기도 지니고 있었습니다. 그러나 그는 예수님을 세 번이나 부인했습니다. 예수님이 부활하시고 베드로를 만나셨을 때 저 같았으면 "베드로야, 네가 어떻게 내게 그럴 수 있니? 끝까지 나를 따라올 수 없었니?", "위기일발의 순간에 칼을 뽑았던 그 용기로 끝까지 나를 따라올 수는 없었니?"라고 다그쳐 물었을 것입니다. 그런데 주님은 베드로에게 이런 질문을 던지십니다.

요한의 아들 시몬아, 네가 이 사람들보다 나를 더 사랑하느냐?[요한복음 21:15]

이때 주님께서 말씀하시는 "사랑"이 에베소 교회가 버린 그 처음 사랑입니다. 예수님은 베드로에게 "네게 그 처음 사랑이 있느냐?"라고 물으신 것입니다. "너는 왜 용기와 끈기와 지조가 없냐?"고 묻지 않으시고, "나를 사랑하느냐?"고 물으셨습니다. 예수님께는 그 사랑이 가장 중요했습니다.

이르시되 빚 주는 사람에게 빚진 자가 둘이 있어 하나는 오백 데나리온을 졌고 하나는 오십 데나리온을 졌는데 갚을 것이 없으므로 둘 다 탕감하여 주었으니 둘 중에 누가 그를 더 사랑하겠느냐[누가복음 7:41-42]

누가복음에 나오는 "누가 더 사랑하겠느냐?"라는 말씀에서 "사랑"도 처음 사랑을 잃어버린 에베소 교회를 향한 주님의 질책에 나오는 그 '사랑'과 같은 사랑입니다. 너무나 헌신적이었던 에베소 교회에 주님은 오히려 사랑에 대한 질문을 하셨습니다. 에베소 교회는 앞서 말한 것처럼 게으른 사람은 낄 수도 없는 교회였습니다. 오늘날로 말하자면 모델이 되는 교회입니다. 대단한 업적을 가진 대단히 큰 교회임에도 불구하고 주님은 그 교회가 사랑을 버렸다고 책망하셨습니다.

사도 바울이 고린도 교회에 전하는 말씀입니다. 고린도 교회는 도시 고린도에 세워진 교회로, 미국 조지아주에 있는 애틀랜타 정도로 비교할 수 있지 않을까 생각합니다. 애틀랜타는 새로운 이민자들을 받아들인 도시인데 고린도가 바로 그런 곳이었습니다. 사도 바울은 에베소 교회처럼 '대단한' 교회인 고린도 교회를 향해서도 "너희는 대단한 교회이지만 사랑이 없으면 울리는 꽹과리와 같다."라고 말합니다.

사랑 없는 칼

에베소 교회는 요즘 식으로 말하면 정통 보수교회였습니다. 정통성을 강조하며 보수적으로 강단을 지켰던 교회입니다. 즉 복음의 순수함을 지켰던 교회입니다. 주님은 그런 교회에 사랑 없음을 단호한 어조로 책망하셨습니다.

사도 바울은 담임 사역자였으니 에베소 교회를 잘 알았습니다. 그가 보낸 서신 에베소서 4장 15절을 보면, "그는 오직 사랑 안에서 참된 것을 하라."고 말했습니다. 이것은 다시 말해 에베소 교회가 정통성의 칼을 갖고 있는 것은 좋은 일이지만 사랑 없이 칼을 쓰는 것은 문제가 있다는 지적을 내포하고 있습니다.

사랑 없는 칼은 강도의 칼입니다. 사랑 있는 칼은 의사의 손에 있는 집도의 칼입니다. 여러분은 어떠신가요? 스스로가 진리를 얘기한다고 생각하시나요? 사랑 안에서 하지 않으면 아무것도 아닙니다. 사랑이 없으면 그것은 난도질이지 진리가 아닙니다.

저는 어렸을 때부터 정통적인 신학을 배웠습니다. 주일에 학교 공부하면 안 되고, 시장도 가면 안 되었습니다. 그래서 주일 자정이 지나고 나서야 공부를 시작했습니다. 저에게는 그것이 주님을 사랑하는 방법이었습니다. 저는 그 정신이 좋습니다. 그래서 토요일에 자동차 휘발유를 넣습니다. 주일에 휘발유를 넣는 법이 없습니다. 헌금은 토요일에 준비합니다. 헌금을 다리미로 다리기도 합니다. 어린 시절 저는 부모님이 헌금을 위한 헌금을 다리미로 다리시는 것을 자주 봤습니다. 그래서 주일에 미리 헌금을 준비하지 않는 자는 지옥에 떨어질 사람이라고 생각했습니다.

저와 같은 분이 아직도 있을 것입니다. 저는 그렇게 생각하는 분들의 마음을 이해합니다. 주님을 섬기고 예배가 예배되게 하려는 것입니다. 그래서인지 지금도 가끔 교회 입구에서 누군가 급하게 헌금 집어넣는 것을 볼 때 마음이 불편합니다. 친한 사람이 그렇게 하면 핀잔을 주고 그를 판단합니다. 주일에 주유소에서 주유를 하는 집사님을 보면,

마음으로 판단합니다. '주일성수도 안 하고 사는구먼.' 저는 그렇게 난도질하는 사람이 되었습니다. 주님은 바로 그런 사람들에게 책망의 말씀을 하십니다. 종교적 관록만 남은 자들을 책망하시는 것입니다.

주님은 그런 우리들을 향해 처음 사랑을 회복하기 위한 세 가지 방법을 알려주십니다.

Remember(기억하라)!
Repent(회개하라)!
Redo(다시 하라)!

첫사랑을 생각하면서 각종 데이로 일컬어지는 기념일에 대해 생각해 보았습니다. 예를 들어 올해의 발렌타인데이는 어떠셨나요? 혹시 열 받는 날이셨나요? 연애할 때만 해도 그런 기념일은 달콤한 날이었습니다. 부부관계는 또 어떤가요? 죽고 못 사는 사이였는데 혹시 죽지 못해 사는 사이가 되진 않았습니까? 지금은 어떤 기대도 없이 그저 부부의 도만 지키고 계십니까? 바람 안 피우고 돈만 벌어다 주면 된다고 생각하십니까? 밥만 해주면 된다고 생각하십니까? 부부사이가 그렇게 되셨다면 우리는 이제 어떻게 해야 합니까? 그 첫사랑이 어디서부터 떨어졌는지를 기억해야 합니다. 영어로 "Remember(기억하라)!"입니다.

신학대학원에 다니던 시절 한 교수님이 학생에게 질문했습니다.

"자네는 아내를 사랑하나?"

"물론입니다!"

교수님이 다시 물으셨습니다.

"왜 사랑하나?"

어떻게 답했을까요? 여러분이라면 어떻게 답하시겠습니까? 그 질문에 학생은 다음과 같이 답했습니다.

"아내를 사랑하기 때문에…"

학생의 대답에 교수님은 "정답!"이라고 힘주어 답했습니다.

우리는 대부분 "당신은 청소를 잘하니까 사랑해", "이쁘니까 사랑해", "피부가 고와서 사랑해", "능력 있어서 사랑해"라고 생각하거나 말합니다. 그것이 진정한 사랑일까요? 그것이 사랑의 본질일까요? 만약 그게 진짜라면 늙으면 차버리겠다고 말하는 것과 마찬가지입니다. 능력이 없으면 차버리겠다는 것입니다. 피부가 나빠지면 차버리겠다는 것입니다. 장애우가 되면 차버리겠다는 것입니다.

"사랑하니까 사랑한다!"

이것이 정답입니다.

우리는 어디서 첫사랑이 떨어졌는지 생각해봐야 합니다. 혹시 예수님이 나에게 잘해줘서 사랑하고, 형통하게 해주셔서 사랑하고, 내 건강을 회복시켜 주셔서 사랑하고 있지 않은가요? 예수님이 우리에게 이렇게 물어보시는 것 같습니다.

"그냥 나를 사랑해줄 수 없겠니?", "이용 가치가 있으니까 사랑하는 게 아니라 그냥 사랑하면 안 되겠니?", "비즈니스가 잘 될 뿐만 아니라 어려울 때도 나를 사랑하면 안 되겠니?"

그러므로 어디서 떨어졌는지를 생각하고 회개하여 처음 행위를 가지라 만일 그리하지 아니하고 회개하지 아니하면 내가 네게 가서 네 촛대를 그 자리에서 옮기리라[요한계시록 2:5]

"첫사랑을 기억하고(remember), 마음을 바꾸고(repent), 처음 행위로 돌아가라(redo)!"라고 주님은 지금 우리에게 회복을 명령하십니다.

주님은 마지막 권면의 말씀을 잊지 않습니다. 그렇게 회복되는 자는 하나님의 낙원에 있는 생명나무를 먹게 된다고 하십니다. 우리는 창세기 3장 24절의 말씀을 생생히 기억합니다.

아담과 하와 이후로 생명나무의 길은 막혔습니다. 그런데 요한계시록 2장의 말씀을 통해 그 생명나무를 먹게 하시겠다고 했습니다. 어떻게 그럴 수 있을까요? 스가랴 13장에 힌트가 있습니다.

이는 생명나무로 근접할 수 없었던 자들에게 유일한 방법을 예언해 주시는 대목인데, 하나님이 제시하신 유일한 방법은 목자를 치는 것이었습니다. 목자는 예수 그리스도입니다. 그 목자를 치면 흩어지는 양들이 있기는 하지만 '작은 자들'은 그의 보호를 받게 된다고 합니다. 가리워진 길을 뚫고 생명나무의 열매를 먹을 수 있는 유일한 방법은 목자를 치는 것입니다. 검이 우리 목자를 칩니다. 그때 흩어지지 않는 우리는 생명나무의 열매를 맛보게 됩니다.

성도들은 이미 생명나무의 열매를 맛본 자들입니다. 예배에서 생명나무의 열매를 맛본 성도로서 천국을 경험하지 못하면 천국에 갈 수 있을까요? 이 땅에서 천국이 어떤지를 모르는데 천국에 갈 수 있을까요?

게으른 적 없고 누구보다 열심히 섬겼지만 혹시 처음 사랑을 버린 적은 없습니까? 올바로 섬기려고 애를 썼지만 그 애씀이 칼날이 되어 남을 찌르고 해하고 있는 것은 아닙니까? '사랑 안에서' 실천했습니까? 제대로 사랑하지 못한 것을 회개합니다. 그럼에도 불구하고 홀로 칼을 맞으시면서까지 생명나무 열매를 먹을 수 있게 하시는 우리 주 예수 그리스도께서 우리를 이끄시니 감사하기만 합니다.

로마제국 시절 무려 12,000권의 책을 보관했던 에베소의 셀수스 도서관.

04 서머나: 죽도록 충성한 교회

요한계시록 2장 8-11절

[8]서머나 교회의 사자에게 편지하라 처음이며 마지막이요 죽었다가 살아나신 이가 이르시되 [9]내가 네 환난과 궁핍을 알거니와 실상은 네가 부요한 자니라 자칭 유대인이라 하는 자들의 비방도 알거니와 실상은 유대인이 아니요 사탄의 회당이라 [10]너는 장차 받을 고난을 두려워하지 말라 볼지어다 마귀가 장차 너희 가운데에서 몇 사람을 옥에 던져 시험을 받게 하리니 너희가 십 일 동안 환난을 받으리라 네가 죽도록 충성하라 그리하면 내가 생명의 관을 네게 주리라 [11]귀 있는 자는 성령이 교회들에게 하시는 말씀을 들을지어다 이기는 자는 둘째 사망의 해를 받지 아니하리라

2천 년 전의 서머나 교회

서머나는 일곱 교회가 있던 도시 중 가장 아름답다고 할 수 있는 항구 도시입니다. '아시아의 면류관'이라 불릴 정도였습니다. 서머나는 당시 로마에 충성했던 도시로, 로마에 바치는 신전이 곳곳에 있었습니다. 또한 요한계시록을 쓴 사도 요한의 제자이자 순교자 폴리캅이 목회한 곳이기도 합니다. 저 개인적으로도 서머나를 생각하면 떠오르는 분들이 있습니다. 바로 서머나(현 이즈미르)에 거주하며 성경을 배포한 세 명의 형제들입니다. 이들은 성경을 배포하며 선교활동을 했다는 이유로 살해를 당했습니다.

그 중에 한 분은 네자티 형제인데 서머나 출신입니다. 네자티는 젊은 이슬람교도 다섯 명에게 칼로 99번 찔림을 당하며 처참하게 죽어갔습니다. 또 한 분은 독일의 틸만 선교사로, 그는 무려 156번이나 칼로 찔림을 당했습니다. 우구르라는 선교사는 찔린 횟수를 셀 수 없을 정도로 난자당했습니다.

이슬람 청년 교도들은 이들을 찌르고 몸의 부분 부분을 잘라내는 것도 모자라 마지막에는 목을 베는 잔인한 만행을 벌였습니다.

너는 장차 받을 고난을 두려워하지 말라 볼지어다 마귀가 장차 너희 가운데에서 몇 사람을 옥에 던져 시험을 받게 하리니 너희가 십 일 동안 환난을 받으리라 네가 죽도록 충성하라 그리하면 내가 생명의 관을 네게 주리라[요한계시록 2:10]

'처음이요, 마지막이요, 죽었다가 살아나신 이'이신 예수님이 이 말씀을 주신 이유는 당시 서머나 교회가 핍박을 받았기 때문입니다. 죽었다가 부활하신 그분이 핍박받는 서머나 교회에 이 말씀을 전하고 있습니다.

이 말씀을 읽으며 새롭게 받은 도전이 있습니다. 당시 환난과 핍박을 당했던 서머나 성도들뿐만 아니라, 2천 년 후 일어난 이즈미르(구 서머나) 핍박의 현장에 있었던 크리스천들에게 메시지를 전하실 때도 주님은 위로보다는 더 강하게 성도들을 붙잡고 계십니다. 마치 달리는 말에 채찍질을 하시는 것 같습니다.

실제 이즈미르 지역은 이들의 순교로 부흥되기는커녕 주민들의 두려움으로 인해 기독교인의 수가 크게 줄었다고 합니다.

핍박을 이겨내는 방법

여러분 같으면 핍박받는 성도들에게 어떻게 말하시겠습니까? "이런 일이 왜 일어났는지 모르겠지만 힘내라!" 하고 말할 것 같지 않으십니까? 그런데 요한계시록에 나타난 예수님의 말씀은 이 핍박을 당연한 것으로 여기고, 오히려 그 핍박을 이겨내는 방법을 알려주는 소리로 다가옵니다. 위로라기보다는 복음을 위해 고난을 겪는 서머나 교회를 자랑스럽게 여기시며 어려움에서 끄집어내려고 하시지 않습니다. 복음을 위해 당하는 고난은 당연한 것이고 그것을 특권처럼 여기게 하는 주님의 말씀은 마치 핍박을 이겨내는 노하우를 말씀하시는 것처럼 들리기도 합니다.

오늘날 교회가 돌팔매질을 당하고 있습니다. 무엇 때문일까요? 저는 교회가 편하고 쉬운 길을 찾으려고 하기 때문은 아닌가 생각해 봅니다. 교회가 추구하는 것이 세상이 추구하려는 가치와 별 차이가 없어 보입니다. 분명히 말하지만, 우리가 추구하는 가치와 세상이 추구하는 가치는 달라야 합니다. 성도가 추구하는 기쁨과 세상이 추구하는 기쁨은 달라야 합니다. 우리가 세상에 던지는 복음은 다른 메시지입니다. 혹시 우리가 추구하고 있는 것들이, 주님이 원하는 것과는 멀어져 있는 것은 아닌지 생각해봅니다. 우리들의 교회가 세상과 별 차이가 없는 교회라 돌팔매질을 당하고 있는 것은 아닌지 생각해봅니다. 진정한 크리스천이라면 반드시 핍박을 받는다고 성경은 말씀하고 있습니다. 예수를 믿으면 핍박은 당연하며 경건하게 사는 자는 박해를 받을 것이라고 말씀합니다. 예수님을 믿는데 어려움이 없으십니까? 환란이 없으십니까? 어쩌면 그것은 예수 안에서 경건하게 살지 않기 때문인지도 모릅니다. 요한계시록을 쓴 사도 요한은 요한복음에서 이렇게 말합니다.

이것을 너희에게 이르는 것은 너희로 내 안에서 평안을 누리게 하려 함이라 세상에서는 너희가 환난을 당하나 담대하라 내가 세상을 이기었노라 [요한복음 16:33]

"너희가 환난을 당하나"의 영문 표현은 "You will have trouble. But…"입니다. 사도 요한이 요한일서에 쓴 글을 읽어보겠습니다.

예수께서 하나님의 아들이심을 믿는 자가 아니면 세상을 이기는 자가 누구냐
[요한일서 5:5]

성경은 예수님이 하나님의 아들이심을 믿는 우리가 세상을 이길 수 있는 자라 말합니다. 대충대충 살아가는 자가 아니라, 탁류를 거슬러 올라가는 우리가 바로 세상을 이길 자라는 말입니다.

서머나에 찾아온 핍박

그렇다면 서머나 교회는 어떤 고난을 당하고 있었을까요? 서머나는 로마에 헌신된 도시였습니다. 서머나는 '우리 황제가 곧 주님'이라고 고백하도록 강요받았습니다. 그리고 이것을 따르지 않는 자에게는 환난과 궁핍이 있었습니다. 서머나 교회의 성도들은 황제의 명을 따르지 않았습니다. 그들은 예수님을 잘 믿었기에 궁핍했습니다. 당시 초대 교회에는 서민층이 훨씬 많았던 것 같습니다.

형제들아 너희를 부르심을 보라 육체를 따라 지혜로운 자가 많지 아니하며 능한 자가 많지 아니하며 문벌 좋은 자가 많지 아니하도다[고린도전서 1:26]

상황을 짐작해 보면 당시 초대 교회에는 세상적으로 유명한 그리스도인들보다는 사회적으로 소외된 형제들이 많았던 것 같습니다.

크리스천 엄마들이 학부모 모임에서 왕따를 당한다고 생각해 보십시오. 크리스천 기업인들이 비즈니스 네트워크에서 배제되었다고 생각해보십시오. 얼마나 마음이 아프고 슬프겠습니까? 땅이 꺼지는 듯한 한숨이 나오지 않겠습니까? 그런 일들을 서머나 교인들이 당한 것으로 보입니다. 또한 그들은 각종 비방과 중상모략을 당했을 것으로도 짐작됩니다. 자기 뜻과 맞지 않으면 거짓된 이야기로 사람을 넘어뜨리는 악함이 당시에도 존재했을 것입니다. 서머나 교회의 성도들은 이처럼 사회에서 소외될 수밖에 없는 입장이었습니다.

예수님을 빌라도 법정 앞에서 못 박은 사람들은 바로 유대인들입니다. 앞서 말씀드린 이즈미르 순교 현장에서도 유대인들이 쫓아와 비방과 물리적인 핍박을 가하는 일이 있었습니다. 서머나 교인들도 그렇게 어려움을 당했을 것입니다. 제 경우는 비방을 견뎌내는 것이 제일 힘듭니다. 명예를 훼손시키는 것, 비방해서 사람을 나락으로 빠뜨리는 것은 괴로움 그 자체입니다. 대부분의 목사들이 명예로 살아가는데 사람들이 그 명예를 넘어뜨리려고 하면 마음이 아픕니다. 명예와 자존심으로 목회하는데 이것이 꺾임을 당하면 눈물로 침상을 적시게 됩니다. 당시 서머나 교회의 성도들도 그런 상황에 있었습니다. 요즘 '개독교'라는 말을 많이 듣는데, 그런 식으로 당시 교회와 성도들도 비방당하는 아픔을 겪었습니다.

앞으로 다가올 고난과 처방

너는 장차 받을 고난을 두려워하지 말라 볼지어다 마귀가 장차 너희 가운데에서 몇 사람을 옥에 던져 시험을 받게 하리니 너희가 십 일 동안 환난을 받으리라 네가 죽도록 충성하라 그리하면 내가 생명의 관을 네게 주리라[요한계시록 2:10]

서머나 교회의 성도들에게는 핍박이 기다리고 있었습니다. 성경에는 그들이 10일 동안 환란을 당할 것이라고 나와 있는데 여기서 10일은 문자 그대로의 10일이 아닙니다. 요한계시록을 읽을 때 숫자를 문자 그대로 해석하면 참으로 곤란합니다. 상징적으로 해석해야 합니다. 여기서의 10일은 긴 기간을 의미합니다. 즉 성도들이 오랫동안 고난을 받을 것이라는 말입니다. 오랜 시간 고난과 핍박을 받게 될 서머나 교회에 예수님이 주시는 처방은 무엇일까요?

본문 10절에 보면 "장차 받을 고난을 두려워하지 말라."고 주님은 말씀하십니다. "두려워하지 말라(Do not fear)."를 긍정문으로 바꾸면 "용맹스러워져라(Be brave). 용기를 내라(Be courageous)."는 의미입니다. 핍박당하고 억울한 누명을 쓰고, 명예훼손을 당하고, 개독교라는 비방을 듣고, '교회만 크면 되냐'는 손가락질을 당할 때 우리는 더욱 용기를 가져야 합니다. 당당해져야 합니다.

사업이나 진학 등의 새로운 일을 시작할 때 우리는 용기가 필요합니다. 운동할 때도 마찬가지입니다. 과거 피겨스케이팅의 스타 김연아 선수가 은반 위에서 연기하는 것을 보면 용기를 내어 스케이트를 탄다는 생각이 들었습니다. 보는 사람도 초조하고 땀이 나는데 얼음 위에서 전 세계인들이 지켜보는 가운데 퍼포먼스를 하는 사람은 얼마나 힘들었겠습니까? 하지만 김연아 선수는 그때마다 흔들리지 않고 용기를 내어 놀라운 연기를 보여줬습니다.

우리는 이처럼 많은 일에 용기를 내면서 살아가지만 정작 신앙에는 용기를 내지 않을 때가 있습니다. 왜 신앙에는 비겁하게 되는 걸까요? 왜 뒤로 처지게 되는 걸까요? 부디 우리 모두 용기를 냅시다! 이것이 주님의 간단명료한, 환난에 대한 처방입니다.

힘을 내세요~ 힘을 내세요~

주님은 성도들 중 몇 사람이 감옥에 던져질 테지만 그래도 겁내지 말고 용기를 내라고 말씀하십니다. 사도 바울과 실라가 감옥에서 용기를 내었던 것처럼 거짓에 넘어가지 말고 힘을 내라고 말씀합니다.

핍박을 받는 성도들이 어떻게 그 고통을 이겨낼 수 있을까요? 그들은 "죽도록 충성하면 생명의 면류관을 주리라."는 말씀을 마음에 품습니다. 성도는 생각을 잘 해야 합니다. 생각을 잘하는 것이 믿음입니다. 무엇을 생각해야 할까요? 하나님의 말씀, 곧 그분의 약속을 생각해야 합니다. "죽도록 충성하면 생명의 면류관을 네게 주리라."는 약속을 붙잡아야 합니다.

주님은 언제 죽을지 모르는 성도들에게 "죽도록 충성하라."고 말씀하십니다. 죽음에 대한 두려움으로 떠는 성도들에게 "두려워하지 말고 용기를 내라."고 말씀하십니다.

중국에 있는 모 교회는 성경공부를 마치는 졸업생들에게 다음과 같이 말한다고 합니다.

"나가 죽으라!"

그들은 전도하다 뺨을 맞으면 영광이라고 생각합니다. 순교하면 영광이라고 합니다. 저는 주일 예배에 빠진 적이 없었는데, 어느 날 세상이 빙빙 도는 것처럼 어지러워서 교회에 가고 싶지 않은 적이 있었습니다. 그때 어머니가 "교회 가다가 죽으면 순교"라고 말씀하셔서 자리에서 일어나 교회로 향했던 기억이 납니다.

요즘 부모님들은 아이가 아프면 교회 가지 말라고 합니다. 시험 기간에도 교회에 가지 않는 것이 당연하게 여겨집니다. 언제부터 그리스도인들이 이리 나약해진 걸까요? 죽도록 충성하라고 하셨는데 말입니다. 지금부터라도 어금니를 꽉 무시고 생명의 면류관을 주실 주님을 생각하며 신앙에 용기를 내기 바랍니다.

면류관을 씌어 주십니다

생명의 면류관은 임금이 쓰는 왕관이 아닙니다. 고통스러운 훈련을 이겨내고 올림픽에서 승리한 사람들이 쓰는 면류관, 즉 '스테파노스'입니다. 이 스테파노스에서 나온 이름이 '스데반'입니다. 스데반 집사가 쓴 면류관이 바로 스테파노스입니다. 스테파노스는 요한복음 19장에 나오는 "가시관"을 표현할 때도 쓰입니다. 죽도록 충성한 자만이 얻게 되는 면류관, 그것이 곧 스테파노스입니다.

그러나 두려워하는 자들과 믿지 아니하는 자들과 흉악한 자들과 살인자들과 음행하는 자들과 점술가들과 우상숭배자들과 거짓말하는 모든 자들은 불과 유황으로 타는 못에 던져지리니 이것이 둘째 사망이라[요한계시록 21:8]

본문에 나오는 "둘째 사망"이란 말에 주목할 필요가 있습니다. 둘째 사망이 있다면 첫째 사망도 있지 않겠습니까? 첫째 사망은 이 땅에서 살아가는 삶의 끝을 의미합니다. 둘째 사망은 사탄이 영원한 불못으로 던지우게 되는 때인데, 예수를 믿지 않는 자들은 둘째 사망을 겪어야 합니다. 영원한 지옥 앞에 서야 합니다.

그러나 성도들은 둘째 사망의 해를 받지 않을 것입니다. 가시 면류관을 쓰신 주님 때문에 우리 성도들은 둘째 사망을 뛰어 넘어 영생으로 가는 자가 될 것입니다. 이 약속을 믿고 이행한 자가 폴리캅이었습니다. 그는 죽어가면서 다음과 같이 말했습니다.

"나는 86년간 예수 그리스도를 섬기고 믿어 왔습니다. 그분은 나에게 아무런 잘못도 하지 않으셨으며, 하물며 나의 주인이시며 왕이요 구세주이십니다. 나를 구원해주신 나의 왕을 내가 어떻게 배신함으로 모독할 수 있다는 말입니까?”

2007년 서머나(현 이즈미르)에서 순교했던 독일 선교사 틸만은 46세로 다복한 가정의 가장이었습니다. 틸만 선교사의 부인(수산나)이 남편이 살해당한 직후 앙카라 TV와 인터뷰를 했는데 “저는 그들을 용서합니다. 왜냐하면 그들은 그들이 한 일이 무엇인지 진실로 모르기 때문입니다.”라고 말했습니다. 정말 놀라운 고백입니다.

앞서 거론했지만 함께 순교를 당한 두 형제 중 네자티라는 형제는 서머나 출신입니다. 많은 크리스천들이 그의 장례식에 왔습니다. 크리스천들이 소위 ‘커밍아웃’을 한 것입니다. 사실 웬만한 용기가 아니고서는 나오지 못할 상황이었습니다. 무슬림들은 몰래 이들의 사진을 찍었습니다. ‘다음 차례는 바로 너다’라고 협박하는 것이었죠. 그때 네자티의 부인이 이렇게 말했습니다.

“그는 그리스도를 위해 살았고 죽었기에 그의 죽음은 정말 의미 있는 죽음이었습니다. 나는 그와 인생을 함께한 것을 영광스럽게 생각합니다. 나는 영광의 관을 쓰게 되었습니다.”

그녀의 말대로 생명의 면류관을 받아 쓰는 약속이 그대로 이루어질 것을 우리는 압니다. 이러한 일은 옛날이야기가 아닙니다. 지금도 전 세계의 핍박받는 크리스천들에게 실제로 일어나고 있는 일입니다. 핍박받는 수많은 성도들에게는 현재 진행형입니다. 우리에게도 다가올 일입니다. 틀림없습니다. 예수를 잘 믿는다는 이유로 자유민주주의를 표방하는 나라에서 핍박받는 날이 실제 올 수도 있습니다. 그래서 이 메시지는 오늘을 사는 우리 모두에게 필요한 메시지입니다.

사도 요한을 통해 예수님이 주신 권면을 다시 상기해 보겠습니다.

손해 보는 것 같아도, 핍박을 받을지라도, 그날이 올지라도 용기를 내십시오(Be courageous). 신앙에 관해서는 절대 양보하지 마십시오. 죽도록 충성하십시오. 그러면 우리가 죽는다 해도 둘째 사망의 두려움이 없는 천국으로 직행입니다.

그러나 우리가 만약 타협하고 신앙을 버린다면, 우리에게는 둘째 사망이 기다릴 것입니다. 심판대가 기다릴 것입니다.

죽기까지 충성하면 둘째 사망이 우리를 해할 수 없습니다. 우리 모두가 생명의 면류관을 쓰고 천국문 앞에서 활보할 것을 믿습니다.

예수님의
러.브.레.터

05 버가모: 방심한 교회

요한계시록 2장 12-17절

[12]버가모 교회의 사자에게 편지하라 좌우에 날선 검을 가지신 이가 이르시되 [13]네가 어디에 사는지를 내가 아노니 거기는 사탄의 권좌가 있는 데라 네가 내 이름을 굳게 잡아서 내 충성된 증인 안디바가 너희 가운데 곧 사탄이 사는 곳에서 죽임을 당할 때에도 나를 믿는 믿음을 저버리지 아니하였도다 [14]그러나 네게 두어 가지 책망할 것이 있나니 거기 네게 발람의 교훈을 지키는 자들이 있도다 발람이 발락을 가르쳐 이스라엘 자손 앞에 걸림돌을 놓아 우상의 제물을 먹게 하였고 또 행음하게 하였느니라 [15]이와 같이 네게도 니골라 당의 교훈을 지키는 자들이 있도다 [16]그러므로 회개하라 그리하지 아니하면 내가 네게 속히 가서 내 입의 검으로 그들과 싸우리라 [17]귀 있는 자는 성령이 교회들에게 하시는 말씀을 들을지어다 이기는 그에게는 내가 감추었던 만나를 주고 또 흰 돌을 줄 터인데 그 돌 위에 새 이름을 기록한 것이 있나니 받는 자 밖에는 그 이름을 알 사람이 없느니라

핍박과 유혹 속에 믿음을 지켜내야 하는 버가모

몇 년 전 일본을 방문한 적이 있습니다. 일본에는 50만 명 정도의 기독교인이 살고 있다고 들었습니다. 일본이라는 나라의 정서를 생각해 볼 때 꽤 부흥했다고 할 수 있습니다. 일본은 기독교 선교사들을 핍박했던 나라입니다. 26명의 선교사들을 박해하고 죽였습니다. 뿐만 아니라 무려 15,000명의 순교자가 나왔습니다. 이후로 일본에는 기독교가 들어가지 못했는데, 200년 후 선교사들이 들어가 봤더니 몰래몰래 신앙을 유지해온 사람의 수가 예상보다 많았다고 합니다. 인도자 없이 오랫동안 신앙을 이어온 까닭에 정통신앙에서 약간 벗어난 모습도 있었지만 그래도 참 감사한 일이 아닐 수 없습니다.

일본의 순교 기념관을 방문했을 당시, 저는 일본이 선교가 잘 안 되는 나라라고 해도 여전히 수많은 순교자들의 피가 뿌려진 이 땅에 소망이 있다고 생각했습니다. 일본 선교사님들과 대화를 하면서도 '고통스런 핍박 속에서 어떻게 신앙을 지킬 수 있었을까?'라며 마음의 질문을 던졌습니다. 기독교인들에게 찾아오는 크고 작은 핍박과 환란 속에서 믿음을 지키는 모습이 일본에도 있었다는 것이 강한 울림으로 제 안에 남게 되었습니다.

버가모 교회는 에베소와 서머나 교회 다음으로 주님께서 편지를 보내신 교회입니다. 개인적으로 버가모 교회가 핍박의 상황 속에서 믿음을 저버리지 않았다는 점에서 일본 교회와 비슷하다는 생각이 들었습니다.

버가모는 소아시아의 수도였습니다. 경제적으로는 에베소라는 도시가 더 컸지만, 수도라는 지정학적 위치 면에서 누리는 것이 있었습니다. 미국의 로스엔젤레스가 큰 도시이지만 그보다 작은 새크라멘토가 캘리포니아주의 주도로서 누리는 게 있는 것처럼 말입니다. 새크라멘토에는 주청사가 있고 행정적인 시스템이 잘 되어 있습니다. 버가모의 경우가 그랬습니다. 로마 제국의 행정수도가 버가모였기 때문에 교육 기관이 많았고 도서관들이 있었습니다. 당시 수도에서 도서관은

중요한 기관이었습니다. 양피 가죽에 쓴 장서들이 있는 도서관이 있었기 때문입니다. 또한 당시는 황제를 신격화하고 황제 숭배가 강요되던 시대였기에 버가모에는 신전이 많았습니다. 그 중 인상적인 신전은 아스클레피오스(왼쪽 사진)라는 신을 섬기는 신전이었습니다. 아스클레피오스는 그리스 신화에 나오는 치료의 신입니다.

한 기자가 아스클레피오스에 관해 쓴 내용인데 잠깐 살펴보겠습니다.

믿음을 지켜내려 했던 순교자 안디바

로마 신전의 중심지, 학문의 중심지였던 버가모는 하나님과 멀어져 가는 곳이었습니다. 그곳에서 믿음을 지켜가는 하나님의 자녀들이 있었는데 본문에 나오는 '안디바'도 그 중 한 명이었습니다. 그는 주의 이름을 붙들면서 순교를 당했습니다. 그에게 얼마나 힘든 일이 있었는지, 그가 어떤 사람이었는지 성경에 자세한 기록은 없지만 힌트는 얻을 수 있습니다. 요한계시록 2장에 보면 나중에 이기는 자에게 주시는 권면이 있습니다.

귀 있는 자는 성령이 교회들에게 하시는 말씀을 들을지어다 이기는 그에게는 내가 감추었던 만나를 주고 또 흰 돌을 줄 터인데 그 돌 위에 새 이름을 기록한 것이 있나니 받는 자밖에는 그 이름을 알 사람이 없느니라[요한계시록 2:17]

안디바는 그 이기는 자 중의 한 명이었을 것입니다. 안디바처럼 이기는 자에게는 이름이 새겨진 '흰 돌'을 주시겠다는 말씀입니다. 그것을 토대로 추측을 해본다면 흰 돌이 어떤 패스(특권)와 같은데, 당시 생활 속에서 스포츠가 인기 있었고 그 스포츠에서 이기는 자에게는 면류관을 주었습니다. 아마도 '흰 돌'이 그런 게 아니었을까 하는 생각이 듭니다. 요즘도 올림픽에서 메달을 주는데 오늘날이나 옛날이나 메달은 특권을 상징합니다. 금메달을 따면 특권을 누리는 것처럼, 이 '흰 돌'이라는 패스만 있으면 임금이 있는 궁정에 들어갈 수 있었습니다.

안디바는 운동선수였을지도 모릅니다. 오늘날에도 운동선수가 메달을 딴 소감을 말할 때 꼭 "하나님께 이 영광을 돌립니다."라고 말하는 사람이 있는데 안디바가 그런 인물이 아니었을까 추측해봅니다. 오늘날도 그렇지만 당시에도 하나님께 영광을 돌리는 것은 사회 분위기에도 맞지 않았고 그런 말을 하는 사람을 좋아하는 사람도 없었습니다. 한국 축구에 김신욱이라는 선수가 있습니다. K리그에서 3관왕을 차지한 선수인데 MVP상을 받았을 때 "모든 영광을 하나님께 돌린다."라고 수상 소감을 말했습니다. 곧이어 아나운서가 이렇게 물었습니다.

"지금 떠오르는 게 있다면 무엇인가요?"

"예수님이요."

예상 못한 답변에 당황한 아나운서는 서둘러 인터뷰를 마쳤습니다. 중국계 미국인 NBA 농구 선수 제러미 린은 전 세계를 들썩거리게 할 정도로 대단한 활약을 펼친 바 있는 선수입니다. 그 역시 인터뷰를 할 때마다 하나님을 찬양하고 예수님께 영광을 돌리는 사람입니다. 안디바가 스포츠 선수였다면 제러미 린, 김신욱과 같은 사람이 아니었을까 하는 생각이 듭니다. 버가모에서 스포츠로 우승한 안디바가 소감을 말할 때 로마 황제에게 영광을 돌리는 것이 당시 법이었는데, 그 순간에 예수께 영광을 돌리자 처형된 것은 아닐까 하고 상상해 봅니다.

안디바가 스포츠 선수였는지 정치인이었는지 확실히 알 수 없지만, 분명한 것은 그가 순교자였다는 것입니다. 주님은 그런 순교자가 있던 교회임에도 불구하고 버가모 교회를 책망하셨습니다. 그것은 "좌우에 날선 검을 가지신 이"의 책망이었습니다.

안디바와 발람 사이

주님은 발람 이야기를 하십니다. 발람 이야기가 익숙하지 않은 분들은 민수기 22-24장까지를 읽어보시기 바랍니다. 모압 왕 발락이 발람을 매수해서 이스라엘을 저주하라고 하지만 발람은 하나님이 말씀하신 것만 전합니다. 발람은 그렇게 잠시 쓰임을 받았습니다. 그러나 신약은 발람의 삶에 대해 전반적으로 불의의 삯을 따라간 사람이라고 평가합니다. 발람은 이스라엘의 저주를 위해 자신을 매수하려는 발락 왕에게 하루만 시간을 달라며 기도해 보겠다고 말합니다.

그 기도의 답은 무엇이었을까요? 유다서 1장 11절에 보면 "삯을 위하여 발람의 어그러진 길로 몰려갔다."라고 기록되어 있습니다. 목사를 나쁘게 말할 때 "삯꾼"이라고 표현하는데 여기서 나온 말입니다. 주님은 그 이야기를 하시는 것입니다.

주님은 "너희 안에는 안디바와 같은 순교자가 있는데 어찌 발람과 같은 선지자를 쫓아가느냐?"라고 말씀하십니다. 그리고 그런 자들과 싸우겠다고 하십니다. 저는 이 말씀이 그냥 지나가는 말로 들리지 않습니다. 교회 지도자이기 때문입니다. 주님께서 "내가 교회 안에 있는 그 누구와는 싸우겠다."라고 하십니다. 예수님이 만약 우리 교회에 이렇게 말씀하신다면 누구와 싸우겠다고 하실까요? "내가 반드시 싸우겠다."라는 선언은 엄중하게 들립니다. 주님은 행음하는 자들, 즉 우상숭배를 하는 자들과 반드시 싸우겠다고 말씀하십니다.

주님께서 지난 2천 년 동안 싸우신 기록이 실제 있습니다. 교회 안에 들어온 자들을 무조건 포용하시는 게 아니라, 때로 주님이 교회 안에 들어온 자들과 싸우시는 역사가 있다는 것입니다. 교회를 미혹하게 하고, 잘못된 생각과 이단 사조가 흐르게 하고, 잘못된 도덕적 가치관으로 행음하게 하는 자들과 주님이 반드시 싸우겠다는 것입니다. 이런 말씀을 들으면 정말 떨립니다. 한 교회 안에 안디바와 같은 순교자와 우상숭배와 행음하는 자들이 공존할 수 있을까요? 저는 다음과 같은 이야기를 가끔 듣습니다.

"저희는 3대째 믿음의 집안인데, 걱정입니다. 저는 신앙생활을 제대로 못 해서 복을 못 받을 것 같습니다."

대충대충 신앙생활을 하면서 이런 고백을 하는 성도들을 자주 만납니다. 교회 안에는 목숨을 걸고 순교자가 될 만큼 믿음이 투철한 자도 있지만 해이함과 나태함으로 일관한 자, 잘못된 가르침 속에서 행음으로 떨어진 자도 함께 있습니다. 버가모 교회도 이와 같았습니다. 우리가 주님의 사랑과 은혜를 고백하고 감사하는 성도임에도 불구하고 또 다른 면에서 해이해지는 모습은 없는지 점검해 보아야 할 것입니다.

여러분은 자녀들의 공부와 성적에 신경을 쓰는 만큼, 천국 가는 것에 대해서도 신경을 쓰고 계신가요? 자녀들의 대학과 사회생활에 대해 관심을 두는 만큼 신앙생활에도 관심을 두고 계신가요? 솔직히 말해 내 자녀가 신앙생활을 제대로 하는지, 예배의 중요성은 아는지, 하나님을 잘 믿는 성도인지에 대해서는 관심이 없고 돈은 잘 버는지, 공부는 잘 하는지에만 관심이 있지 않으신가요?

안디바가 될 것인가, 발람이 될 것인가

교회에서 잘 섬기고 있지만 뒤돌아보면 방심하고 해이해진 사람들을 많이 보게 됩니다. 미국이 마치 버가모 교회 같다는 생각이 듭니다. 몇 년 전 캘리포니아에서 '남녀 화장실 공동 사용 주민발의안'이 나와 이것을 반대하기 위해 60만 명이 서명했는데 무효표가 10만 표가 나와 이 법안을 뒤집지 못했습니다. 남자가 여자 스포츠팀에 들어가도 제재를 못 하는 상황이 되었습니다. 어떤 법도 저지하지 못하게 되었습니다. 수술로 외모를 바꾸지 않아도, '나는 정체성이 여자'라고 선언하고 여성 그룹에 들어가도 그것을 막지 못한다는 것입니다.

미국 화폐를 보면 "In God we trust(하나님을 믿습니다)"라고 씌어 있습니다. 이렇게 하나님을 신뢰하던 나라가 도덕적으로 해이한 법을 만드는 나라가 되었습니다. 청교도가 세운 나라, "하나님 아래 하나 된 나라, 미국을 축복하소서(One Nation under God, God bless America)."라고 외치던 나라가 왜 이렇게 되었습니까? 버가모 교회와 닮아가기 때문입니다. 기독교 사상이 있고, 기독교 명절을 지내고, 종교란에 기독교인이라고 쓰지만 실상은 달랐습니다.

여러분 중에는 우상숭배나 행음과 같은 중죄가 자신과 별 상관이 없다고 생각하는 분이 있을 것입니다. 그런데 신앙의 나태와 해이함, 음담패설, 음란한 영상이나 글 및 사진을 보는 것 등에 대해서는 일상에서 그럴 수도 있는 일이라 여깁니다. 주님은 그것에 대해 엄중하게 책망하십니다. 크리스천이 대수롭지 않게 그런 일을 한다면 그것이 바로 행음자의 모습입니다. 그것은 그리스도인으로서 함부로 사는 모습입니다.

뒤에서 남을 흉보는 것, 다른 성도들에 대해 함부로 말하는 것도 마찬가지입니다. 성도는 교회의 거룩을 지키는 자가 되어야 합니다. 찬송을 부르는 자의 입술에서 험담과 음담패설이 나올 수 없고, 말씀을 보는 눈으로 음란한 영상을 볼 수 없습니다.

회개하지 않으면 그가 우리와 싸우신다

우리는 주님을 따라가는 제자들입니다. 괜찮다고 생각할지 모르지만, 우리도 모르게 우리 삶 속에 벌레처럼 기어들어오는 우상들이 있습니다. 하나님을 대체하고 있는 그 무엇이 있습니다. 여러분에게는 무엇이 우상입니까? 운동, 취미, 자녀교육입니까? 그것이 무엇이든 정확하게 버가모의 모습이라고 보면 됩니다. 주님은 그런 버가모 교회에게 말씀하십니다.

주님은 버가모 교회가 회개하지 않으면 싸우겠다고 선언하십니다. 그러나 동시에 격려의 말씀도 주십니다.

하나님은 싸워서 이기는 자에게 감추었던 만나와 흰 돌을 주신다고 말씀하십니다.

일본에 가서 아주 맛있는 우동을 먹었던 기억이 납니다. 한국 돈으로 5-6천 원짜리 우동이었는데 그렇게 맛있는 우동은 처음 먹어본 것 같습니다. 우동 안에 어묵이 들어 있는데, 진짜 제대로 된 어묵이었습니다. 식감은 쫄깃쫄깃하고, 순수 다시마로 맛을 내어 국물은 시원했습니다. 과장된 표현일 수 있지만 주님이 이렇게 맛있는 우동을 이기는 자에게 주신다고 한다면 저는 힘을 낼 수 있겠다는 생각이 들었습니다. 그런데 주님은 그것과 비교도 안 될 정도로 귀한 "흰 돌"을 주겠다고 하십니다. 그 흰 돌 위에는 "새 이름(new name)"이 씌어 있는데 주님과 그 이름의 주인공만 알 수 있는 이름입니다. 주님은 새 이름이 적힌 그 흰 돌을 이기는 자에게 주실 것이라 말씀하십니다. 그는 그 흰 돌을 들고 천국을 무료 통행하게 될 것입니다. 흰 돌이 "우림과 둠밈(금속으로 만들어진 일종의 주사위 모양의 물건)"이라고 말하는 신학자도 있습니다. 무엇인지 확실히는 모르지만, 그 이름의 주인공이 나라면 주님과 나만이 알고 있는 이름이 있다는 게 참으로 감사할 것입니다.

내 이름이 새겨진 흰 돌

연애할 때 여자친구(지금의 아내)에게 불러줬던 애칭이 있습니다. 그 애칭은 아무도 모릅니다. '자기야' 이런 것 말고, '우동', '덤벙이', '우장창…'과 같이 반지 안쪽에 새겨 놓는 이름이 있습니다. 어느 누구와도 나누지 않는 이름, 즉 나만 아는 이름입니다. 이처럼 주님과 나만 아는 이름이 흰 돌에 씌여 있다고 생각해 보십시오. 하나님이 그것을 이기는 자들에게 약속하셨습니다.

개인적으로 아끼던 펜이 하나 있었는데 그것을 잃어버렸을 때 속이 많이 상했습니다. 여러 개의 펜을 잃어버렸는데도 유독 그 펜이 자꾸 생각나는 이유는 다른 사람들은 모르는, 그 펜에 새겨진 나의 이름 때문이었습니다.

좌우에 날선 검을 가지신 주님의 말씀을 기억하며 우리의 신앙에 해이해진 부분이 없는지 점검해 봅니다. 발람과 같은 선지자들의 미혹에 빠져서 하나님이 아닌 돈을 섬기고 있지는 않은지, 다른 것을 우선으로 삼지는 않았는지 생각해 봅니다. 나의 도덕적, 영적 해이함이 없지는 않은지 살펴봅니다. 방심하면 들어오는 해이함에서 우리 모두 깨어나야 합니다. 깨어나면 천국의 맛을 보게 될 것입니다. 그러면 우리는 흰 돌을 갖고 특권을 누리게 됩니다. 이 말씀을 붙잡고 그리스도인 된 우리 모두가 주 안에서 승리하기를 바랍니다.

버가모 교회

06 두아디라: 선을 넘어간 교회

요한계시록 2장 18-29절

¹⁸두아디라 교회의 사자에게 편지하라 그 눈이 불꽃 같고 그 발이 빛난 주석과 같은 하나님의 아들이 이르시되 ¹⁹내가 네 사업과 사랑과 믿음과 섬김과 인내를 아노니 네 나중 행위가 처음 것보다 많도다 ²⁰그러나 네게 책망할 일이 있노라 자칭 선지자라 하는 여자 이세벨을 네가 용납함이니 그가 내 종들을 가르쳐 꾀어 행음하게 하고 우상의 제물을 먹게 하는도다 ²¹또 내가 그에게 회개할 기회를 주었으되 자기의 음행을 회개하고자 하지 아니하는도다 ²²볼지어다 내가 그를 침상에 던질 터이요 또 그와 더불어 간음하는 자들도 만일 그의 행위를 회개하지 아니하면 큰 환난 가운데에 던지고 ²³또 내가 사망으로 그의 자녀를 죽이리니 모든 교회가 나는 사람의 뜻과 마음을 살피는 자인 줄 알지라 내가 너희 각 사람의 행위대로 갚아 주리라 ²⁴두아디라에 남아 있어 이 교훈을 받지 아니하고 소위 사탄의 깊은 것을 알지 못하는 너희에게 말하노니 다른 짐으로 너희에게 지울 것은 없노라 ²⁵다만 너희에게 있는 것을 내가 올 때까지 굳게 잡으라 ²⁶이기는 자와 끝까지 내 일을 지키는 그에게 만국을 다스리는 권세를 주리니 ²⁷그가 철장을 가지고 그들을 다스려 질그릇 깨뜨리는 것과 같이 하리라 나도 내 아버지께 받은 것이 그러하니라 ²⁸내가 또 그에게 새벽 별을 주리라 ²⁹귀 있는 자는 성령이 교회들에게 하시는 말씀을 들을지어다

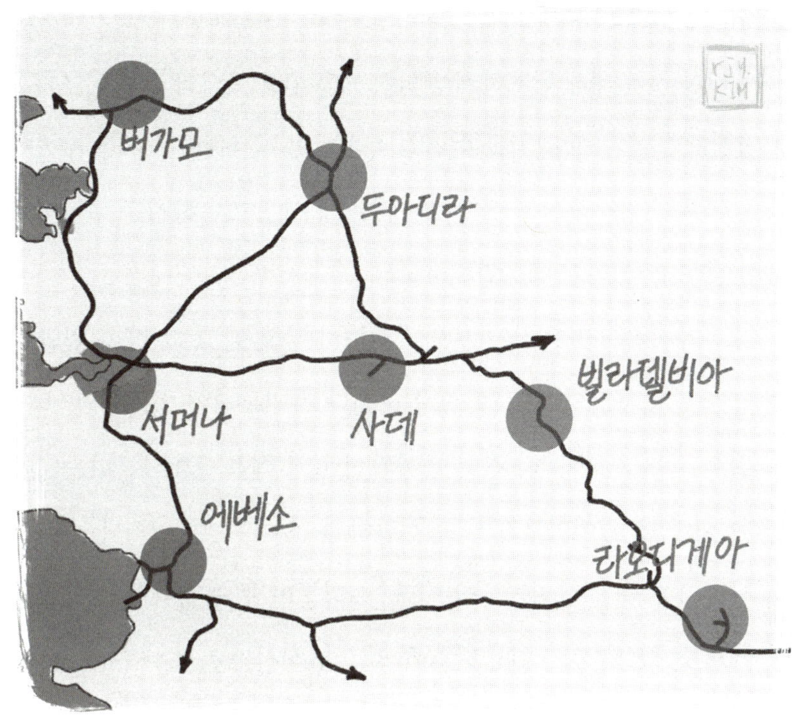

상업이 발달한 도시 두아디라

두아디라는 버가모에서 동남쪽으로 64km 정도 거리에 위치한 곳으로 요한계시록에 나오는 주요 일곱 도시 중 가장 작은 도시입니다. 당시 두아디라에는 길드(상인·수공업자의 특권적 동업자 조합)라는 조직이 형성돼 있었는데 이것은 상업이 발전했음을 의미합니다. 자주색 염색업으로 상류층을 상대했고 사도 바울을 통해 복음을 받아들인 루디아라는 여인도 이 도시 출신입니다(행 16:14). 지금도 이 도시에는 염색업이 남아 있습니다.

두아디라에는 교회를 통해 이루어가는 복음의 열매에 반작용을 하는 이세벨이라는 여자가 있었습니다. 주님은 두아디라 교회가 이세벨을 용납한 것에 대해 단호하게 책망하셨습니다. 주님의 강한 어조가 느껴짐에도 우리가 이 편지를 여전히 예수님의 러브레터라고 할 수 있는 것은 교회를 사랑하시고 아끼시며 바르게 세우고자 하시는 주님이 마음이 잘 드러나 있기 때문입니다.

요한계시록 2장 18절에 보면 "그 눈이 불꽃 같고 그 발이 빛난 주석과 같은 하나님의 아들"이 말씀하신다고 기록되어 있습니다. 여기서 '불꽃 같다'는 말은 더 깊이 들어가면 결국 속을 들여다본다는 것입니다. 내 속을 들여다보고 나를 심판하실 분이라는 말입니다. 예수님은 사람의 마음을 살피는 분입니다. 여러분이 무슨 생각을 하고 있으며 어떤 뜻으로 무엇을 하는지 능히 알고 밝히시는 분이 예수님입니다.

"발이 빛난 주석과 같은 하나님의 아들"이라는 표현은 예수님께 권세가 있음을 의미합니다.

예수께서 나아와 말씀하여 이르시되 하늘과 땅의 모든 권세를 내게 주셨으니 그러므로 너희는 가서 모든 민족을 제자로 삼아 아버지와 아들과 성령의 이름으로 세례를 베풀고[마태복음 28:18-19]

하늘과 땅의 모든 권세를 가지신 주님이 두아디라 교회를 향해 말씀하십니다.

내가 네 사업과 사랑과 믿음과 섬김과 인내를 아노니 네 나중 행위가 처음 것보다 많도다[요한계시록 2:19]

예수님은 사역과 사랑과 믿음, 섬김과 인내가 있는 두아디라 교회를 칭찬하셨습니다. 이전에도 잘했지만 갈수록 더 잘하는 교회가 바로 두아디라 교회였습니다. 예배의 기쁨이 있고 성도들의 사랑이 넘치며 섬김과 인내가 있었습니다. 시간이 흐를수록 더 성장하고 주님을 향한 섬김이 투철했던 교회가 두아디라 교회였습니다. 지금도 이런 교회는 흔치 않습니다. 그런데 이런 교회가 사탄에게 넘어가 복음 사역이 중단된다면 말이 안 되는 일입니다. 하나님이 이것을 내버려 두실 리 없습니다. 그래서 주님은 안타까운 심정으로 교회를 책망하십니다. 해당 본문을 보면 두아디라 교회에 대한 칭찬은 한 절인 반면 책망은 네다섯 절에 걸쳐 나옵니다.

다른 교회와 비교해볼 때 주님이 가장 많은 분량의 편지를 두아디라 교회에 쓰시고 있다는 사실에 주목해볼 필요가 있습니다. 놀라운 복음의 열매를 망가뜨리지 않기 위한 주님의 간절함과 엄격함이 담긴 책망이 길게 전해집니다.

사랑하는 교회에 하시는 첫째 책망

그러나 네게 책망할 일이 있노라 자칭 선지자라 하는 여자 이세벨을 네가 용납함이니 그가 내 종들을 가르쳐 꾀어 행음하게 하고 우상의 제물을 먹게 하는도다
[요한계시록 2:20]

앞서 언급한 것처럼 두아디라 교회를 향한 주님의 첫 번째 책망은 선지자 이세벨을 용납한 것입니다. 용납은 긍정적인 표현으로 인식됩니다. 예를 들어 "나를 귀찮게 하고 힘들게 한 그 사람을 용납했다."라는 문장에서의 "용납"은 좋은 의미로 표현되어 있습니다. 그런데 주님이 두아디라 교회를 책망하실 때의 의미는 '너무' 용납했다는 것, 즉 용

납해야 할 선을 넘었다는 것입니다. 한마디로 넘지 말아야 할 선을 넘은 것입니다. 이세벨을 받아들인 것이 넘지 말아야 할 선이었습니다.

내용상으로 볼 때 이세벨은 상징적인 인물 같습니다. 이세벨은 구약시대 이스라엘 역사 속에서 엘리야 선지자와 맞닥뜨렸던 악한 왕비로, 이스라엘을 우상숭배로 이끌었던 인물입니다. 주님이 책망하시는 이세벨이 본명일 수도 있지만 그보다 상징적으로 이름을 말씀하신 게 아닌가 생각됩니다. 순수 복음을 이단적 복음으로 바꾸어 교회를 망가뜨리게 한 장본인, 악의 축과 같은 여인이 이세벨이었다고 할 수 있습니다. 어쩌면 겉보기에 이세벨은 모든 조건을 갖춘 자였을지 모릅니다.

그렇다면 이세벨이 두아디라 교회의 성도들을 어떻게 미혹했을까요? 2천 년 전 초대 교회는 도덕적으로 매우 해이해져 있었습니다. 교회는 그런 해이해짐을 용납해 갔고 종국엔 그 선을 넘는 데까지 오게 된 것입니다.

미국 필라델피아 인근에 유명한 교회가 있는데 그 교회 담임 목사님이 병으로 소천하시기 수년 전, 강단에서 자신이 감정적 간음을 했다고 성도들에게 고백했습니다. 그는 자발적으로 징계를 받고 2년 간 사역을 내려놓은 후 컴백해서 다시 교회를 건강하게 이끌었습니다. 당시 존경받던 목사님이 감정적 간음을 했다는 고백에 많은 사람이 충격을 받았습니다.

여러분은 감정적 간음(Emotional affair)에 대해 들어보셨나요? 이해를 돕기 위해 예를 들어보겠습니다. 여러분에게 무슨 일이 생겨서 기도제목을 나누고 싶다면 제일 먼저 누구랑 나누시겠습니까? 혹시 교회의 모여집사나 남집사가 제일 먼저 떠오르십니까? 아내나 남편과 대화하는 것보다 그들과 대화하는 것이 더 좋다고 느껴지십니까? 그랬다면 앞서 말한 감정적 간음을 한 것입니다.

"에이~ 목사님, 그런 것까지는 괜찮지 않나요?"라고 말하는 분도 있을 것입니다. 그런데 괜찮지 않습니다. 그것이 이세벨이 허문 두아디라 교회의 경건의 선이었기 때문입니다. 복음적 기준을 가지고 엄격히 경계하지 않고 이런 일쯤은 괜찮겠거니 하며 대수롭지 않게 넘겨버리던 사이 자기도 모르게 두아디라 교회의 질서는 허물어지고 있었습니다. 우리는 이것을 늘 조심해야 합니다.

자칭 선지자를 조심하라!

이세벨은 "자칭 선지자"라고 했습니다. 저는 자칭 목사가 아닙니다. 제가 속한 교회 사역자들도 자칭 목사, 자칭 전도사가 아닙니다. 우리는 한국에서 미국으로 오는 비행기 안에서 안수받은 사람이 아닙니다. 정규 과정을 밟은 사람입니다. 이세벨은 정규 과정을 밟은 사람이 아니었습니다. 그녀는 스스로 선지자라고 했습니다. 스스로 말씀 증거자라고 했습니다. 옛날에도 그런 사람이 있었구나 하는 생각이 듭니다. 물론 그 옛날 정규 과정이 있을 리 없지만 그렇다고 아무나 교회 지도자가 되는 것은 아니었습니다. 설교하고 싶다 해서 아무나 강단에서 하나님의 메시지를 전할 수 없었습니다.

이세벨은 매력, 재력, 영향력이 있었던 상징적 존재로 보입니다. 그 존재는 주무기를 통해 강단을 노렸습니다. 예를 들면 "어젯밤에 기도하는데 하나님이 내게 말씀하셨습니다."와 같은 말로 시작했을 것 같습니다. 실제 우리 주변에서도 이런 분들을 낯설지 않게 만날 수 있습니다. 어쩌면 그 의도는 경건하다고 할 수 있습니다. 요한계시록이 말하는 자칭 선지자 이세벨과 같은 의도는 아닐 수도 있습니다. 그러나 우리는 "하나님이 나에게 이렇게 하라고 말씀하셨어(God told me to do this)." 라고 말하는 것을 조심해야 합니다. 그런 말은 함부로 하면 안 됩니다. 만약 여러분 중에 그런 말을 한 적이 있다면 그 말이 성경 말씀과 상충할 경우 이단이 됩니다. 우리는 성경 66권의 완전 계시를 믿습니다. 성경의 완전 계시를 믿는다는 말은 하나님이 어젯밤 내게 나타나셔서 말씀하실 필요가 없다는 뜻입니다. 성경이 완전하지 않아서 하나님이 특별히 다른 계시를 주시는 걸까요? 그런 일은 결코 없습니다. 그렇기 때문에 우리는 자칭 선지자라는 이세벨을 조심해야 하고, 우리 안에도 이런 사람이 있으면 안 됩니다.

또 내가 그에게 회개할 기회를 주었으되 자기의 음행을 회개하고자 하지 아니하는도다[요한계시록 2:21]

주님께서 그에게 회개할 기회를 주셨다고 합니다. 잘 들으십시오. 이 말씀은 하나님께서 잘못되고 어그러진 길로 가는 교회를 향해, 교회의 거룩과 순결을 지키기 위해 회개할 수 있는 권한을 주셨다는 말입니다. 회개할 권한을 준다는 의미는 무엇일까요? 교회는 사랑이 많으면서도 동시에 권면과 징계가 있어야 합니다. 누군가 제게 "뭐가 교회냐?"라고 묻는다면 저는 교회 개혁자들이 했던 말로써 답하겠습니다. 그들은 교회를 개혁하면서 복음이 제대로 선포되고, 성례가 제대로 집행되어야 교회라고 했습니다. 또 하나는 교회 안에 권징이 살아 있느냐는 것입니다. 권징을 못하면 교회가 아닙니다. 이 세 가지 중 두 가지는 어느 정도 지켜지고 있다고 생각합니다. 그런데 현대 교회에서 권징은 생소하게 여겨집니다. 권징을 하면 너무 쉽게 다른 교회로 가버립니다. 과거에는 교회를 옮길 때 이명 증명을 받게 되어 있었습니다. 요즘은 그런 게 사라졌습니다. 목사님들끼리도 고충을 털어놓는 부분 중 하나가 권징입니다. 그러나 주님은 교회에 이세벨과 같은 이가 있는데도 왜 권징하지 않느냐고 단호하게 말씀하십니다. 권징이 없는 교회는 곧 권위와 신뢰를 잃게 됩니다.

권징을 하지 않은 두아디라

교회의 권징에 대해 예를 들어 설명해 보겠습니다. 만일 강도가 들어가서 내 딸과 아들을 범하고 폭행한다면 아버지로서 어떻게 하겠습니까? 그냥 내버려둘리 없지 않습니까? 누가 내 자식을 겁탈하면 당장에 징계하지 않겠습니까? 마치 그와 같이 교회의 순결과 거룩을 지키라는 말입니다. 그것이 권징의 정신입니다. 그런데 두아디라 교회는 교회의 순결과 거룩을 지키지 않았고, 권징대신 용납을 택함으로써 선을 넘어섰습니다.

선을 지키는 자에게 주님은 만국을 다스리는 권세를 주시겠다고 하십니다. 만국을 다스린다는 것은 하나님 나라의 확장을 의미합니다. 선교지의 확장이고, 섬기는 영역의 확장입니다.

예전에 터키 이곳 저곳을 다녀본 결과 가장 형편 없는 교회가 두아디라 교회였습니다. 예전의 모습은 사라지고 돌무덤만 남은 교회의 흔적을 보며 생각했습니다.

'회개하지 않으면 질그릇처럼 부서지리라'는 하나님의 말씀이 두아디라 교회에 임했던 것은 아닐까? 지금의 교회들도 회개하지 않으면 놀라운 열매대신 저 돌무덤처럼 잡초만 무성한 교회가 될 수도 있겠구나!

주님은 돌무덤으로 남아버린 두아디라 교회를 통해 오늘날 교회가 이렇게 되면 안 된다고 경고하시는 것 같았습니다.

주님은 끝까지 주의 일을 지키며 이기는 자에게 새벽별(Morning Star)을 약속하십니다. 하늘에서 가장 반짝이는 별이 새벽별이라고 합니다.

요한계시록 22장에는 다음과 같은 말씀이 있습니다.

나 예수는 교회들을 위하여 내 사자를 보내어 이것들을 너희에게 증언하게 하였
노라 나는 다윗의 뿌리요 자손이니 곧 광명한 새벽 별이라 하시더라
[요한계시록 22:16]

여기서 주님은 자신을 새벽별이라고 표현하셨습니다. 요한계시록 2장의 말씀과 연결지어 보면 이 말씀은 곧 자기 자신을 주시겠다는 것입니다. 이기는 자에게 주시는 약속이 물질과 건강의 복이 아니라 예수님 자신입니다. 진리를 지키는 자에게, 선을 지키는 자들에게, 그렇게 하시겠다는 것입니다. 도로에서 자동차가 차선을 지키지 않으면 죽을 수도 있습니다. 마찬가지로 교회도 주님의 말씀에 순종함으로써 지켜야 할 선을 지켜야 합니다. 선을 지키는 자에게는 예수님 자신을 주실 것입니다.

선을 지키는 자에게 주시는 축복

수년 전, 제게 무슨 일이 일어나면 아내가 불쌍하다는 생각이 들어 생명보험을 들었습니다. 어느 날 아내가 이런 말을 했습니다.

"그래도 나는 생명보험 혜택보다 당신이 더 좋아!"

새벽별이 바로 그런 것 아닐까요?

예수님 자신을 주시겠다는 약속은 그 어떤 보험 혜택보다 좋고, 어떤 황금보다 좋습니다. 주님 한 분만으로 만족하는 삶이 이 땅에서 누리는 그 어떤 삶보다 크고 값진 것임을 알기 원합니다.

우리에게 감정적인 간음은 무엇일까요? 주님보다 다른 것을 더 원

하는 것, 그것이 감정적 간음이 아닐까요? 감정적 간음이 만연한 세대, 황금을 줘야 감동이 된다는 이 세대를 향해 주님은 경고의 말씀과 함께 새벽별을 약속해 주십니다. 이기는 자에게, 선을 지키는 자에게 새벽별, 즉 예수님 자신을 주시겠다는 그 위대한 약속을 잊지 마십시오. 두아디라 교회를 향한 이 메시지는 오늘을 살아가는 우리에게도 동일하게 주어집니다.

일부만 남은 비잔틴 양식의 두아디라 교회 건물

07 유명하지만 죽은 교회

요한계시록 3장 1-6절

[1]사데 교회의 사자에게 편지하라 하나님의 일곱 영과 일곱 별을 가지신 이가 이르시되 내가 네 행위를 아노니 네가 살았다 하는 이름은 가졌으나 죽은 자로다 [2]너는 일깨어 그 남은 바 죽게 된 것을 굳건하게 하라 내 하나님 앞에 네 행위의 온전한 것을 찾지 못하였노니 [3]그러므로 네가 어떻게 받았으며 어떻게 들었는지 생각하고 지켜 회개하라 만일 일깨지 아니하면 내가 도둑 같이 이르리니 어느 때에 네게 이를는지 네가 알지 못하리라 [4]그러나 사데에 그 옷을 더럽히지 아니한 자 몇 명이 네게 있어 흰 옷을 입고 나와 함께 다니리니 그들은 합당한 자인 연고라 [5]이기는 자는 이와 같이 흰 옷을 입을 것이요 내가 그 이름을 생명책에서 결코 지우지 아니하고 그 이름을 내 아버지 앞과 그의 천사들 앞에서 시인하리라 [6]귀 있는 자는 성령이 교회들에게 하시는 말씀을 들을지어다

유명한 교회 사데

제가 성지순례를 다니면서 보았던 일곱 교회 중 가장 쾌적해 보였던 교회가 사데 교회입니다. 사데는 페르시아, 희랍, 로마 제국으로 바뀌면서 영향을 받긴 했지만 외부의 침략은 거의 없었고 이단이 들끓는 지역도 아니었습니다. 잘못된 이단 교리로 교회가 흔들리는 법도 없었습니다. 사데는 아주 강하고 부유하며 큰 도시였습니다. 유적지, 체육관, 회당의 유적물을 보면 사데가 얼마나 크고 부유했는지 알 수 있습니다.

사데 교회는 명성이 높은 교회였습니다. 그런데 어쩐 일인지 주님은 소문이 자자할 만큼 유명한 이 교회를 향해 "내가 너희들을 들여다봤더니 죽었다."라고 선언하고 계십니다.

> 내가 네 행위를 아노니 네가 살았다 하는 이름은 가졌으나 죽은 자로다 그러나 사데에 그 옷을 더럽히지 아니한 자 몇 명이 네게 있어 흰 옷을 입고 나와 함께 다니리니 그들은 합당한 자인 연고라 [요한계시록 3:1,4]

저는 이 말씀을 읽으며 교회는 큰 규모나 교인수 때문이 아니라 성도 몇 명으로 인해서도 좋은 소문이 날 수 있겠구나 하는 생각이 들었습니다. 교회에 오는 분들의 이야기를 들어보면 어떤 분은 교회가 따뜻하다고 하고, 어떤 분은 냉정하다고 말합니다. 따뜻하다고 말하는 사람은 따뜻한 성도들을 만났을 것이고, 교회가 냉정하다고 말하는 사람은 그런 성도들을 만났기 때문일 것입니다. 저는 교회의 크기와 '교회의 온도'는 다르다고 말하고 싶습니다. 사람들이 느끼는 교회의 이미지는 성도 몇 명에게 달려 있습니다.

사데 교회가 유명했던 이유도 바로 몇 명의 성숙한 성도들 때문이지 않았을까요? 사데 교회의 명성은 사랑이 넘치고 성실하게 교회를 섬기며 경건한 몇 안 되는 성도들 때문이었을 것이라고 봅니다. 그런데 주님은 그 몇 명 외에는 모두 죽었다고 선언하셨습니다. 영어 성경에는 "You are dead!"라고 기록되어 있습니다. 여러분이 병원에 가서 MRI(자기공명영상)를 찍었는데 건강할 것이라는 예상을 깨고 뇌종양 말기라는 진단이 나왔다고 가정해 봅시다. 이 결과를 받아든 사람은 살아 있는 것 같지만 죽은 것과 같은 심정이지 않을까요? 지금 사데 교회가 그런 상황입니다.

암 말기 환자와 같은 사데

사데 교회는 사람 몸으로 치면 암 말기와 같은 상태입니다. 주님은 그 교회를 불꽃 같은 눈으로 보고 계십니다. 요한계시록 3장 2절에 보면 주님은 "너는 일깨어 그 남은 바 죽게 된 것을 굳건하게 하라."고 말씀하십니다. '일깨어'는 영어로 'Wake up(웨이크 업)'입니다. 이는 '(잠자고 있으니) 깨어나라.'는 의미입니다. 사데 교회는 영적 태만증에 걸려 있었습니다. 주님이 여러분의 영적 상태를 MRI로 촬영하신다고 가정해보면 어떤 결과가 나올까요? 만약 진단 결과가 영적 태만증으로 나왔다면 어떨까요? 영적 태만이란 이런 것입니다.

"옛날에는 하나님을 찬양하고 기도할 때마다 눈물이 멈추질 않고 마음도 정말 뜨거웠어요. 그런데 어느 날부터 그런 것들을 전혀 못 느끼고 있다는 것을 깨달았어요. 찬양을 부르는데 그 내용이 하나도 들어오질 않고 나와 상관없이 느껴져요. 말씀과 기도생활에도 관심이 없고, 한다 해도 형식적이거나 별 생각 없이 할 때가 많아요."

이처럼 내가 지금 뭘 하고 있는지, 어떤 삶을 살고 있는지 자각하지 못한 채 제자리만을 맴돌고 있다면 그것이 바로 영적 태만입니다.

아무리 노래를 모르고 음악을 싫어해도 연애하는 남녀는 사랑을 노래하는 유행가 가사에 눈물을 흘린다고 합니다. 제가 전도사 시절 제 아내(당시 애인)에게 구애하려고 송창식의 '사랑이야'를 부른 적이 있습니다. 그 전에는 그런 유행가 가사가 전혀 귀에 들어오지 않았는데 그때는 왜 그리 마음에 와닿던지요. 사랑을 할 때는 유치해 보이는 유행가 가사도 감동적으로 들립니다.

영적 태만증과 기억상실증에 걸린 사데 그리고 나?

사랑을 잊은 혹은 신앙생활에 익숙해진 성도들에게 가장 많이 걸리는 병 중 하나가 영적 태만증입니다. 교회를 평생 다닌 분들이 제일 잘 걸리는 병이기도 합니다. 모든 것을 당연시 여기는 것에 익숙해진 나머지 가슴에서 나오는 것이 없습니다. 영적 눈에 비늘이 싸여 하나님을 보지 못합니다. 은혜의 현장, 기적의 현장을 보지 못합니다. 천상의 예배가 진행되고 있는 현장에 있지만 영적 감각이 둔해져 아무런 느낌이 없습니다.

우리 몸의 건강 상태가 어떤지를 알려면 입맛을 보면 알 수 있습니다. 입맛이 떨어지면 몸이 좋지 않은 것입니다. 하나님을 예배하고 찬양하는데 가슴이 뜨거워지지 않는다면 병, 즉 영적 태만증에 걸린 것입니다.

주님이 우리의 영적 상태를 MRI로 찍으신다면 나올 수 있는 또 다른 증상은 영적 기억상실증입니다. 요한계시록 3장 3절에 나오는 "어떻게 받았으며 어떻게 들었는지 생각하고"란 말씀은 어떻게 말씀을 받았는지 생각 좀 하라는 의미입니다. "왜 모두 잊어 버렸느냐? 어떻게 그 은혜를 잊어버릴 수 있느냐? 어쩌다 그렇게 그냥 종교인처럼 가슴이 황량한 사막처럼 차갑게 되었느냐?"라고 물으시는 것입니다. 그리고 우리에게 명령하십니다.

"기억하라(Remember)!"

저는 이 말씀을 들을 때마다 영화 '라이언 킹'이 생각납니다. 밀림의 왕이 사자인데 왕의 후계자인 심바는 아직 어려서 시시한 존재로 비춰집니다. 이 때문에 왕국을 떠나 멀리 달아난 어린 사자 심바가 밀림의 왕으로 돌아오는 계기가 있었습니다. 아버지가 그의 꿈 속에 나타난 것입니다. 심바의 아버지는 아들에게 "기억하라(Remember)!"고 말합니다. 그것은 곧 "왕답게 살아야 한다."는 것입니다.

주님은 믿는 자들에게 말씀하십니다.

"너희가 어떻게 왕처럼 살아왔는지 기억해야 한다."

우리가 기억상실증에서 깨어나기 위해, 어떤 은혜가 수천 년을 통과해 우리에게 흘러왔는지 기억해야 합니다. 그러기 위해서는 대수술이 필요합니다.

대수술이 필요한 사데 그리고 우리

영적 태만중과 기억상실중이라는 진단이 나왔다면 우리는 바로 수술에 들어가야 합니다. 여기서 수술은 회개입니다. 요한계시록 3장 3절에서 주님이 명령하신 회개는 단순히 "미안해요, 죄송해요(I am sorry)."가 아닙니다. 회개는 180도 돌아서서 '주님에게서 멀리 떠나온 만큼 다시 돌아가는 과정'입니다. 자기 자리로 가는 게 아니라 주님에게로 복귀하는 과정입니다. 거듭 강조하지만, 회개는 "미안합니다."라고 말하고 다음 단계로 바로 넘어가는 것이 아닙니다.

영적 수술, 즉 회개는 그에 따른 회복 기간이 필요합니다. 이 회복 기간을 잘 지내야 합니다. 여러분 중에 큰 수술을 받고 바로 퇴원하는 분이 있으신가요? 수술 환자에게는 회복기가 필요합니다. 건강식을 먹으면서 회복기를 가져야 합니다. 회개도 회복기가 필요합니다. "미안해요, 하나님(I am sorry God)!"이라고 기도하고 '이제 다 해결됐다'라고 생각하는, 얄팍한 넘김이 회개가 아닙니다. 그것은 얄팍한 기독교입니다. 하나님으로부터 멀어진 만큼 다시 돌아가는 고통의 과정이 회개임을 기억해야 합니다. 중요한 것은 수술을 받으면 회복된다는 것입니다. 수술 직후에는 나았다는 느낌이 없을지 몰라도, 어느 정도의 회복 기간을 지나고 나면 건강을 되찾게 됩니다. 이런 수술을 우리 모두가 받아야 하지 않겠습니까?

교회에 왔다가 어떤 이유에서든 떠난 성도들이 있습니다. 그들은 지금 다 어디에 있을까요? 여러분은 그들에게 진심어린 관심을 가져

본 적이 있으십니까? 그들이 다시 돌아와 회복되기를 간절히 바라십니까? 만일 떠난 그들에 대해 이런 관심이 없다면 이 또한 영적 태만증에 걸린 것입니다.

어떤 분이 대형 교회들이 더 커지는 이유를 밝힌 적이 있는데, 그 첫 번째가 큰 교회는 교인수가 많기 때문에 이일 저일로 귀찮게 하는 사람도 없고 있는 듯 없는 듯 편하게 다닐 수 있다는 것입니다. 정말 그렇게 생각한다면 그 또한 영적 태만이자 영적 기억상실입니다. 신앙생활은 그렇게 쉽게 하는 게 아닙니다. 신앙생활 대충해도 되니까, 교회에서 맘 편히 있어도 되니까 큰 교회로 나가신다면 정말 심각한 일입니다. 성도 여러분, 우리는 섬기는 일에 함께 참여해야 합니다. 그냥 단순히 교회 일 시키려고 하는 게 아닙니다. 성도인 줄 알았는데, 영적 MRI를 찍어 봤더니 죽었다는 진단을 받을까 봐 그렇습니다. 그런 진단 결과를 받는다면 너무 가슴 아픈 일입니다

영적으로 죽었다는 진단을 받을까 두려워

무난하게 교회 잘 다녔다고 생각했는데 마지막 때에 주님으로부터 "너는 영적으로 죽었다."라는 진단을 받는다면 여러분은 어떻겠습니까? 내 건강은 문제없다 생각하고 살아왔는데 갑자기 암 선고를 받아든 것처럼 청천벽력 같은 일이지 않겠습니까? 우리들이 주님께 그런 심판을 받을까봐 두렵습니다. 교회 안에 '쉽게', '대충대충', '헌신하지 않아도 되니까' 하는 마음으로 몰려드는 무리가 없기를 바랍니다. 주님 앞

에 헌신의 칼날을 세우고 예수 그리스도의 제자로 헌신하는 분들이 교회의 전부가 되기를 바랍니다.

예수님이 십자가에 못박혀 돌아가시기 전, 유월절 만찬 자리에서 "너희 중 한 사람이 나를 팔 것이다."라고 말씀하시자 제자들은 일제히 "나는 아니죠?", "설마 제가 배반하나요?"라고 질문합니다(마 26:22). 이때 가룟 유다만큼은 자신과 배신이 별 상관 없다고 생각했을 것입니다. 혹시 이 글을 읽는 분들 중에도 "혹시 나보고 하는 말인가?" 하고 생각하는 분이 있습니까? 회개를 말하면 회개할 필요가 적어 보이는 분들이 더 도전을 받습니다. 여러분은 어떻습니까? "회개하라."는 말씀에 어떻게 반응하고 계십니까? 여러분의 영적 상태를 정직하게 점검해 보시길 바랍니다.

주님은 비록 사데 교회에 충격적인 진단을 내리셨지만 교회를 향한 격려의 메시지를 빼놓지 않으십니다.

한겨울 산에서 길을 잃은 두 사람이 추위에 떨고 있다고 생각해 보십시오. 그 중 한 사람이 잠이 든다면 옆에 있던 사람이 "일어나! 잠들면 죽어!"라고 소리치지 않겠습니까? 주님은 요한계시록을 통해 사데 교회와 우리들을 향해 그렇게 말씀하고 계십니다. 잠들지 않고 깨어 있으면 "흰 옷을 입히고 생명책에서 지우지 않을 것이다!"라고 외치시며 말입니다. 이 말씀이 시시하게 들리십니까? 혹시 "겨우 그거예요?"라고 생각하고 있지 않습니까? "깨어 있는 자는 생명책에서 지우지 않겠다."라는 선언은 정말로 흥분되는 말씀입니다.

혹시, 어떤 시험의 합격자 발표를 보신 적이 있으신가요? 예전에는 합격자 발표가 있던 날 직접 가서 확인을 했는데, 제일 먼저 수험번호나 이름을 찾습니다. 여러분 중에 합격자 명단에 본인의 이름이 없던 경험을 해본 적이 있으신가요? 시험에 항상 합격하는 분들은 무슨 소리 하나 싶겠지만, 합격자 명단에 내 이름이 없으면 얼마나 가슴이 쓰린지 경험자들은 다 아실 겁니다. 명단에 내 이름이 없으면 그야말로 충격입니다. 얼마나 고통스러운지 모릅니다. 마찬가지로 생명책에 여러분의 이름이 없다고 상상해 보십시오. 정말 끝입니다. 완전 절망입니다. 반대로 생명책에 내 이름이 있다면, 오~ 할렐루야! 하나님의 은혜입니다.

구약시대 출애굽한 이스라엘 백성들이 광야에서 금송아지를 만들었습니다. 그들은 금송아지가 자신들을 출애굽하게 한 신이라며 음란한 기도를 했습니다. 이에 크게 진노하신 하나님은 "이 사람들과 계속 못 가겠다. 너랑 나랑 다시 시작하자!"라고 말씀하셨습니다. 하나님 입장에서는 이 배은망덕한 백성들과 가나안 땅에 함께 갈 이유가 하나도 없었습니다. 그런데 이때 모세는 모세다운 기도를 합니다.

···그들의 죄를 사하시옵소서 그렇지 아니하시오면 원하건대 주께서 기록하신 책에서 내 이름을 지워 버려 주옵소서 [출애굽기 32:32]

정말 멋진 리더입니다! 백성의 이름 대신 자기 이름을 지워 달라는 것은 죄를 대신 뒤집어쓰겠다는 의미입니다. 그러나 하나님은 이 기도를 듣지 않으셨습니다. 불순종으로 어그러진 길을 가는 방자한 백성들의 이름을 생명책에서 지우시지 않고자 모세보다 더 아름답고 더 존귀한 이름을 준비하셨기 때문입니다. 바로 예수 그리스도입니다.

주님이 모세의 이름 대신 준비하신 이름은 바로 예수입니다. 생명책에 우리들의 이름이 기록돼 있다면 그것은 우리들 대신 죽으신 주님이 있기 때문입니다. 이 사실만으로도 찬양을 부를 때 우리의 가슴은 감격으로 벅차오르고 말씀을 듣는 귀가 열리며 우리의 예배는 하나님의 임재가 있는 천상의 예배가 됩니다.

이런 은혜가 한국 교회를 비롯한 모든 교회에 있기를 원합니다. 이름만 교회가 아니라 실재(reality)가 교회인 우리가 되기를 원합니다. 이름과 걸맞은 성도, 즉 장로답고, 집사답고, 권사답고, 목사답고, 교회다운 우리 모두가 되기를 원합니다. 겉과 속이 같은, 이름과 실재가 같은 우리가 되기를 간절히 원합니다.

사데 교회

08 빌라델비아: 열악하지만 문을 지킨 교회

요한계시록 3장 7-13절

7빌라델비아 교회의 사자에게 편지하라 거룩하고 진실하사 다윗의 열쇠를 가지신 이 곧 열면 닫을 사람이 없고 닫으면 열 사람이 없는 그가 이르시되 8볼지어다 내가 네 앞에 열린 문을 두었으되 능히 닫을 사람이 없으리라 내가 네 행위를 아노니 네가 작은 능력을 가지고서도 내 말을 지키며 내 이름을 배반하지 아니하였도다 9보라 사탄의 회당 곧 자칭 유대인이라 하나 그렇지 아니하고 거짓말 하는 자들 중에서 몇을 네게 주어 그들로 와서 네 발 앞에 절하게 하고 내가 너를 사랑하는 줄을 알게 하리라 10네가 나의 인내의 말씀을 지켰은즉 내가 또한 너를 지켜 시험의 때를 면하게 하리니 이는 장차 온 세상에 임하여 땅에 거하는 자들을 시험할 때라 11내가 속히 오리니 네가 가진 것을 굳게 잡아 아무도 네 면류관을 빼앗지 못하게 하라 12이기는 자는 내 하나님 성전에 기둥이 되게 하리니 그가 결코 다시 나가지 아니하리라 내가 하나님의 이름과 하나님의 성 곧 하늘에서 내 하나님께로부터 내려오는 새 예루살렘의 이름과 나의 새 이름을 그이 위에 기록하리라 13귀 있는 자는 성령이 교회들에게 하시는 말씀을 들을지어다

빌라델비아는 어떤 곳?

빌라델비아는 사데에서 동쪽으로 45km 되는 지점에 위치해 있습니다. 이 도시를 생각할 때 기억해야 할 몇 가지가 있는데 그 중 하나가 지진이 자주 발생했다는 점입니다. 당시 터키 반도에는 지진이 잦았는데 빌라델비아는 늘 그 영향권에 있었습니다. 지진이 자주 발생했다는 것은 도시가 자주 무너졌음을 짐작케 합니다. 빌라델비아에는 여진도 많았습니다. 지진과 여진을 경험해본 분은 아시겠지만 기분이 썩 좋지 않습니다. 빌라델비아에는 수십 년 동안 지진과 여진이 계속됐습니다. 로마 황제는 잦은 지진으로 무너진 빌라델비아를 재건하기 위해 재난 구호금을 보내주기도 하고, 도시가 재건되기까지 세금을 면제해 주기도 했습니다. 그래서 '시저(Caesar)의 새 도시'라는 별명을 갖게 되었습니다.

요한계시록 3장 8절을 보면 "네가 작은 능력을 가지고서도"라는 말씀이 나옵니다. 빌라델비아 교회가 능력이 작은 이유도 교회가 위치한 곳이 지진으로 인해 불안정했기 때문입니다. 세우면 무너지고 세우면 무너지고를 반복하면서 상당수의 거주자들이 빠져나갔을 것이고, 도시는 축소되어 경제력을 잃을 수밖에 없었습니다. 도시는 공동화(becoming hollow)현상이 일어나서 교회 역시 그 영향을 받았을 것이 분명합니다. 그래서 주님은 빌라델비아 교회가 작은 능력의 교회가 될 수밖에 없었다고 보신 것입니다. 교회의 재원도 부족했고 성도들 수나 규모도 작았을 테니 말입니다.

이 작은 능력을 가진 교회를 향해 먼저 선포된 말씀은 다름 아닌 주님이 어떤 분인지에 대한 것입니다. 주님은 본문에서 거룩하고 진실하신 분, 다윗의 열쇠를 가진 분으로 그려지고 있습니다. 다윗의 열쇠를 가진다는 것은 예수 그리스도의 절대적인 주권과 그리스도 왕국에서의 영원한 통치를 상징합니다. 이사야서에도 이 내용을 뒷받침해주는 말씀이 기록되어 있습니다.

이 말씀이 기록된 당시는 히스기야 왕의 통치하에 있던 남유다가 앗수르 왕 산헤립의 공격을 받고 풍전등화에 처한 상황이었습니다. 당시 전권을 갖고 산헤립을 만나 협상을 한 사람이 유다 왕궁의 책임자 엘리아김이었습니다. 하나님은 엘리아김이 "다윗의 열쇠를 가졌고 전권을 쥐고 있다."라고 말했습니다. 엘리아김은 예수 그리스도의 예표(antitype)라고 할 수 있습니다. 옛날부터 열쇠는 어떤 힘이나 권세를 상징합니다. 예를 들어 시어머니가 며느리에게 열쇠를 넘겨주면 그것은 집안 살림에 대한 전권을 물려주는 것이나 마찬가지였습니다. 다윗의 열쇠를 가지신 예수 그리스도 역시 전권을 가진 분으로 설명되고 있습니다. 누구도 넘볼 수 없는 권세, 즉 메시아 왕국의 열쇠를 쥐고 있는 분이 바로 예수님입니다.

주님은 이어 빌라델비아 교회에 "내가 네 앞에 열린 문을 두었다."고 말씀하십니다. 여기서 "열린 문"이 의미하는 것은 무엇일까요? 문이 열렸다는 것은 기회가 열렸다는 의미로 복음의 기회, 선교의 기회가 열렸다는 것입니다.

열린 문 앞에 있는 빌라델비아 교회

여기서 주님이 말씀하시는 "하늘에 열린 문"은 하나님 아버지를 만나는 문입니다. 인간은 하나님과 원수되어 그에게로 가는 문이 막혀 있는데 이럴 때 유일하게 열린 문이 있다는 걸 알게 되면 답답한 마음이 확 풀릴 것입니다. 그 문이 바로 예수 그리스도입니다.

예수님은 자신을 일컬어 '양의 문'이라고 하셨습니다. 그분은 막힌 담을 통과하게 하는 열린 문이자 양의 문입니다. 양의 문에서 '양'은 이스라엘 백성 또는 오늘날의 성도를, '문'은 예수 그리스도 자신을 상징합니다. 이 문을 통과해야만 다음 영역으로 갈 수 있습니다.

예수 그리스도께서는 자신이 문이라고 말씀하시며, 이 문은 막혀 있는 담을 통과할 수 있는 유일한 문이고 이 문을 지나야만 구원에 이를 수 있다고 말씀하십니다. 구원을 위해서는 반드시 예수님을 통과해야 한다는 것입니다.

그의 문을 지나야만 구원의 영역에 이를 수 있고, 그의 길로 가야만 하나님 아버지께로 갈 수 있습니다. 그런데 왜 주님은 빌라델비아 교회에게 이 열린 문에 대한 말씀을 주셨을까요?

빌라델비아 교회에 문이 열려 있다고 알려 주시고자 하는 것입니다. 빌라델비아 교회는 진리를 붙들고 있었던 교회였습니다. 진리를 붙들었다는 말은 복음을 전하는 일과 연관되어 있습니다.

빌라델비아 교회는 환경적인 이유로 규모도 작고 약했습니다. 그들의 형편과 모습을 볼 때 복음을 전하는 데 있어 할 수 있는 일이 별로 없어 보였을 것입니다. 만약 그들이 열린 문에 대해 몰랐다면 복음을 전하는 일을 제대로 맡지 못했을 것입니다. 이것은 마치 어떤 연약한 자가 "나는 너무 가진 게 없어. 인맥도 없고, 내성적이고, 대인관계도 소극적이야."라고 잔뜩 위축된 말을 하면서 스스로를 열등하게 여기는 것과 비슷합니다. 주님은 그러한 빌라델리바 교회를 향해 "네 앞에 열린 문을 두겠다."고 선포하십니다. 교회는 이러한 주님의 선포를 받아들였습니다. 빌라델비아 교회는 그들이 처한 열악한 환경과 상황을 핑계로 삼지 않았습니다. 이 교회는 어려운 중에 열린 문을 받아들였고 열린 문을 지켰습니다. 즉 복음의 순수성을 지켰습니다. 다원주의가 팽배했던 당시 시대 상황 속에서 진리의 유일성을 지켜낸 것입니다. 빌라델리바 교회는 "가진 게 없어서 못해. 교회가 작아서 못해!"라는 패배의식이 없었습니다. 이 교회는 연약함 속에서 끝까지 복음 증거를 마다하지 않았습니다.

끝까지 구원의 문을 지킨 교회

끝까지 구원의 문, 복음의 문, 진리의 문을 지켰던 빌라델비아 교회를 향해 주님이 말씀하십니다.

보아라, 내가 사탄의 무리에 속한 자들을 네 손에 맡기겠다. 그들은 스스로 유대 사람이라고 하지만, 사실은 그렇지 않고, 거짓말을 하는 자들이다. 보아라, 내가 그들이 와서 네 앞에 꿇어 엎드리게 하고, 내가 너를 사랑하였다는 것을 알게 하겠다 [요한계시록 3:9 (표준새번역)]

무슨 말씀인가요? 절대 예수를 안 믿을 것이라고 판단했던 사람이 빌라델비아의 미약한 초청을 받아들일 것이라는 말입니다. 도저히 안 믿을 것 같은 사람을 빌라델리아 교회를 통해 믿게 하시겠다는 것입니다. 이는 우리에게도 동일하게 주어진 약속입니다. 그러니 연약함을 변명 삼아 못하겠다 하지 마시고 주님의 약속을 믿고 복음을 전해야 합니다. 이것이 바로 문을 지키는 일입니다. 빌립보서에 이런 내용이 있습니다.

모든 입으로 예수 그리스도를 주라 시인하여 하나님 아버지께 영광을 돌리게 하셨느니라[빌립보서 2:11]

그리스도를 주라 시인하게 하는 것이 부흥입니다. 한 영혼이 예수께로 돌아오는 것이 부흥입니다. "그 사람이 믿다니?"라고 할 사람이 예수를 믿는 것이 부흥입니다. 우리도 '그 사람'이었는데 믿게 되었음을 기억해야 합니다.

저는 매년 장애우 수련회에 참여합니다. 수련회에 오시는 장애우 부모님들은 아이들을 데리고 교회에 출석하는 것 자체도 벅찹니다. 그래서 남을 초대하고 전도하는 것이 힘들다고 생각하는 분도 있습니다. 하나님은 그렇게 연약한 분들로 하여금 양의 문 앞에 서게 하십니다. 열악하고 작지만, 열린 문을 두겠다고 하신 그분만을 바라보며 고집스럽게 붙잡고 가는 모습이 우리 안에 있기를 원하십니다. 사회적 신분은 별 볼 일 없지만, 나의 부족함을 변명 삼지 않고 양의 문인 예수님을 지킬 때 예수님이 확인시켜 주시는 날이 올 것입니다.

열린 문을 두신 교회에 찾아온 시험

주님은 열린 문을 두겠다고 하신 빌라델비아 교회에 시험이 찾아올 것을 말씀하십니다. 그러나 그때가 짧을 것이라고 격려해 주십니다. 빌라델비아 교회에는 어떤 시험이 찾아올까요?

> 큰 소리로 불러 이르되 거룩하고 참되신 대주재여 땅에 거하는 자들을 심판하여 우리 피를 갚아 주지 아니하시기를 어느 때까지 하시려 하나이까 하니
> [요한계시록 6:10]

여기서 "땅에 거하는 자들"은 예수 그리스도를 믿는 자들을 핍박하는 사람들입니다.

> 땅의 임금들도 그와 더불어 음행하였고 땅에 사는 자들도 그 음행의 포도주에 취하였다 하고[요한계시록 17:2]

말씀 속에 등장하는 "땅의 임금들"은 바로 음행하는 자, 음행의 포도주에 취한 자들로서 "땅에 거하는 자"처럼 예수 그리스도를 대적하는 무리입니다. 주님은 빌라델비아 교회에 땅에 거하는 자들로 인한 시험이 올 것이라고 말씀하십니다.

하지만 염려할 필요가 없습니다. 주님이 시험을 면하게 하실 것을 약속해 주셨기 때문입니다. 주님은 성도들에게 다음과 같이 말씀해 주셨습니다.

어떤 상황에 처할지라도, 누가 공격해도 지켜내시겠다는 말씀입니다. 앞서 언급했지만 빌라델비아에는 지진과 여진이 수십 년 동안 지속되었습니다. 요즘은 한국에서도 지진이 발생하는데 미국은 오래 전부터 강력한 지진이 있었습니다. 저는 미국에서 두 차례 지진을 경험했습니다. 한 번은 병원에서 환자를 심방할 때였는데 갑자기 발생한 지진에 너무 놀라서 그 자리에서 꼼짝하지 못했습니다. 이후 여진을 경험할 때마다 기분이 너무 좋지 않았습니다. 당시 계속되는 여진 때문에 잠을 잘 때도 잠옷을 못 입고 평상복을 입고 잘 정도였습니다. 여차하면 막내라도 들고 뛰어야 한다는 생각이 들었습니다.

옛날에는 지진으로 많은 건물이 무너져도 기둥은 남았다고 합니다. 이것은 우리에게 상징하는 바가 있습니다. 마치 "네 집은 흔들려도 지켜주겠다."라는 하나님의 약속을 보는 듯합니다. 그래서 누군가 우리를 흔들어도 밖으로 나가지 말고 자리를 지켜야 합니다.

빌라델비아 '너는 내 것이다'

내가 속히 오리니 네가 가진 것을 굳게 잡아 아무도 네 면류관을 빼앗지 못하게 하라 이기는 자는 내 하나님 성전에 기둥이 되게 하리니 그가 결코 다시 나가지 아니하리라 내가 하나님의 이름과 하나님의 성 곧 하늘에서 내 하나님께로부터 내려오는 새 예루살렘의 이름과 나의 새 이름을 그이 위에 기록하리라
[요한계시록 3:11-12]

주님은 빌라델비아 교회에 "나의 새 이름을 기록해 놓겠다."라고 약속하십니다. 앞서 빌라델비아의 별명이 '시저의 새 도시'라고 했는데, 이제 이 도시는 사실상 '새 예루살렘'이라고 할 수 있습니다. 하나님의 나라에 빌라델비아라는 새 이름을 새겨 주겠다는 약속을 하시는 것입니다. 옛사람을 향해 '새 이름을 주겠다'는 것은 "너는 내 것이다!"라고 선포하는 것입니다. 다윗의 열쇠를 쥐고 있는 주님께서 자신의 새 이름을 빌라델비아에, 그리고 오늘날의 성도들에게 새겨 주겠다고 하십니다. 이름을 새긴다는 내용은 요한계시록의 다른 곳에서도 나옵니다.

또 내가 보니 보라 어린 양이 시온 산에 섰고 그와 함께 십사만 사천이 서 있는데

이름을 쓴다는 것은 강력한 의미를 지닙니다. 이것은 생명책에서 이름을 지우지 않겠다고 하셨던 사데 교회를 향한 주님의 약속과 비교할 때 좀 더 강한 표현이라고 할 수 있습니다. 이름을 쓴다는 것은 우리를 소유한다는 의미이기 때문입니다.

저에게는 아주 오랫동안 읽지 않았지만 고이 보관하고 있는 책이 있습니다. 가난했던 신학생 시절 용돈을 모아 산 책이라 버릴 수가 없습니다. 애착이 담긴 것으로, 책에 제 이름을 새겨놓고 서명을 했기 때문입니다. 이름을 썼다는 것은 소유권이 있음을 의미합니다. 결단코 버릴 수 없음을 의미합니다. 이런 메시지는 이사야서에도 기록돼 있습니다.

이 말씀에는 "내가 너의 주인이고 너는 나의 것이며 내가 너를 지킬 자다."라는 의미가 내포되어 있습니다. 노래 가사를 하나 소개하겠습니다. 제목은 '넌 내꺼야'입니다.

"넌 내꺼야. 내 마음 던질 수 있는 이 세상에 오직 단 한 사람. 넌 넌 넌 내꺼야. 오늘 봐도 내겐, 내일이 와도 내겐, 매일 매일 그리운 건…"

유치한 듯한 가사지만, 말씀과 관련지어 묵상해보면 "너를 내 손바닥에 새기겠다."는 주님의 말씀을 생각나게 합니다.

"○○야, 넌 내꺼야! 눈을 떠도 눈을 감아도 오늘이 가도 내일이 가도 넌 내꺼야."

주님이 우리를 향해 주시는 말씀입니다. "내가 결단코 너를 빼앗기지 않겠다."라는 주님의 선포입니다.

여러분 모두가 하나님이 주신 이 말씀을 붙잡기를 원합니다. 능력이 없고, 환경이 열악하고, 사업이 잘 안 되더라도 그것이 문을 못 지킬 이유는 아닙니다. 진리를 붙들고 복음을 전하면서 능력의 주님을 믿고 나아가면, 주님의 손바닥에 우리들의 이름이 새겨지는 은혜가 있을 것입니다.

빌라델비아 교회

예수님의
러브레터

09 라오디게아, 물맛이 간 교회

요한계시록 3장 14-22절

[14]라오디게아 교회의 사자에게 편지하라 아멘이시요 충성되고 참된 증인이시요 하나님의 창조의 근본이신 이가 이르시되 [15]내가 네 행위를 아노니 네가 차지도 아니하고 뜨겁지도 아니하도다 네가 차든지 뜨겁든지 하기를 원하노라 [16]네가 이같이 미지근하여 뜨겁지도 아니하고 차지도 아니하니 내 입에서 너를 토하여 버리리라 [17]네가 말하기를 나는 부자라 부요하여 부족한 것이 없다 하나 네 곤고한 것과 가련한 것과 가난한 것과 눈 먼 것과 벌거벗은 것을 알지 못하는도다 [18]내가 너를 권하노니 내게서 불로 연단한 금을 사서 부요하게 하고 흰 옷을 사서 입어 벌거벗은 수치를 보이지 않게 하고 안약을 사서 눈에 발라 보게 하라 [19]무릇 내가 사랑하는 자를 책망하여 징계하노니 그러므로 네가 열심을 내라 회개하라 [20]볼지어다 내가 문밖에 서서 두드리노니 누구든지 내 음성을 듣고 문을 열면 내가 그에게로 들어가 그와 더불어 먹고 그는 나와 더불어 먹으리라 [21]이기는 그에게는 내가 내 보좌에 함께 앉게 하여 주기를 내가 이기고 아버지 보좌에 함께 앉은 것과 같이 하리라 [22]귀 있는 자는 성령이 교회들에게 하시는 말씀을 들을지어다

토해내 버린다고 하시는 이유

예수님이 실제로 우리가 다니는 교회들마다 직접 오셔서 쓰신 편지를 개봉해서 읽어주신다면 어떨까요? 각 교회마다 메시지를 주셨는데 우리 교회에는 어떤 메시지를 주실지 궁금해 할 것 같습니다. 요한계시록 3장 14-22절 말씀은 교회들에게 보내신 마지막 메시지로 라오디게아 교회를 향하고 있습니다.

주님은 이 교회를 향해 "내 입에서 너를 토하여 버리리라."고 말씀하십니다. 토해내 버리겠다는 말씀이 약간 무섭다는 생각이 듭니다. 대체 교회의 모습이 어떠했길래 이토록 강한 표현을 쓰셨을까요? 요한계시록 3장 15절을 보면, "내가 네 행위를 아노니 네가 차지도 아니하고 뜨겁지도 아니하도다 네가 차든지 뜨겁든지 하기를 원하노라." 하고 토해내시겠다는 이유에 대해 말씀하십니다. 차지도 않고 뜨겁지도 않은 것을 영어로 'Lukewarm(루크웜)'이라고 합니다. '미지근하다'는 뜻입니다. 위대한 신학자 존 스토트 목사님은 '미지근함'에 대해 다음과 같이 말합니다.

차지도 않고 뜨겁지도 않다는 말에 대해 좀 더 생각해 보았습니다. 무더운 여름날 찬 음료를 마시면 시원하고 기분이 좋아집니다. 반면 날씨가 추울 때는 뜨끈한 차를 마시며 추위를 이겨내는데, 찻잔을 손으로 쥐고 있으면 몸이 훈훈해짐을 느낍니다. 그런데 만약 뜨끈한 줄 알고 마셨던 차가 미지근하면 어떨까요? 실망이 되겠지요. 라오디게아 교회가 바로 그런 상황이었습니다.

라오디게아는 히에라폴리스의 뜨거운 온천물과, 골로새의 차가운 물이 합해지는 지점에 위치해 있었습니다. 뜨거운 온천물과 차가운 물이 합해지면 미지근한 물이 됩니다. 주님은 라오디게아 교회를 향해 그 지역의 물처럼 참으로 미지근하다고 말씀하신 것입니다.

뜨거운 물 혹은 차가운 물이었는데 차 안에 한참을 두었다가 미지근해진 물을 마셔본 적 있으신가요? 마시면 어떤가요? 만족스럽지 못함을 넘어서 때로 역겨운 느낌마저 들 때가 있습니다. 본래의 물맛을 잃어버렸기 때문입니다. 마찬가지로 주님은 라오디게아 교회가 상쾌한 청량음료와 같은 교회이거나 뜨거운 사랑이 있는 교회가 되기를 원하셨는데, 이도 저도 아닌 미지근한 맛을 내고 있으니 토해낼 수밖에 없다고 강하게 책망하십니다. 이 말씀을 하시는 주님은 요한계시록 3장 14절에 나온 것처럼 "아멘이시요 충성되고 참된 증인이시요 하나님의 창조의 근본이신" 분입니다. 창조의 근본되신 주님께서 교회를 향해 미지근하다고 말씀하시는 것입니다.

"나는 부자라 부요하여 부족한 것이 없다 하나(계 3:17)"라는 성경 말씀에 근거해 보면 라오디게아 교회는 부유했던 것 같습니다. 라오디게아도 빌라델비아처럼 지진으로 무너진 적이 있었지만 경제력을 갖추고 있었기 때문에 자력으로 재건할 수 있었습니다. 도시의 경제력을 근거로 라오디게아 교회도 덩달아 스스로를 부요하다고 여겼던 것 같습니다. 영어로 이런 말이 있습니다.

"We are in the world, but not of the world."

해석하면 '우리는 세상 안에 있지만, 세상에 속한 자는 아니다'라는 뜻입니다. 이 표현이 우리로 많은 생각을 하게 합니다. 이것이 성도들의 정체성입니다.

세상의 가치관이 교회 안에 스며듦

교회가 속한 도시가 부유하니까 교회 스스로도 부자라고 여기는 현상을 어떻게 해석할 수 있을까요? 이것은 도시의 가치관을 교회가 따르게 되었다고 볼 수 있습니다. 그들은 마치 "우리 재정은 막강해서 부족한 것이 없다."라고 말하는 오늘날의 일부 교회와 비슷합니다.

시편 23편에서 다윗은 "여호와는 나의 목자시니 내게 부족한 것이 없다."라고 고백했습니다. 라오디게아 교회는 여호와께서 그들의 목자라서 부족함이 없는 게 아니라 그들이 속한 도시가 부자라 부족한 것이 없다고 생각했습니다.

로마서 12장 2절에는 "너희는 이 세대를 본받지 말고…"라는 말씀이 있는데, 어떤 영어 번역을 보면 "본받지 말고"란 부분이 "Squeeze(스퀴즈)하지 말고"로 되어 있습니다. 'Squeeze(스퀴즈)'는 '짜 넣다. 쑤셔 넣다'라는 의미가 있습니다. 즉 이 세대를 본받지 말라는 것은 이 세대의 가치관을 당신에게 '쑤셔 넣지 말게 하라'는 의미입니다.

교회와 세상은 같은 색깔을 가질 수 없습니다. 같은 가치관일 수 없습니다. 그렇기 때문에 세상의 가치관이 교회 안에 쑤셔 넣어지지 않아야 합니다. 세상의 이혼율과 교회의 이혼율이 같다고 합니다. 왜 그렇게 되었습니까? 세상의 가치관이 성도 안에 'Squeeze(스퀴즈)'된 것입니다. 라오디게아 교회를 향해 "미지근하다"라고 말씀하시는 주님의 판단은 세속적 가치관을 본받고 있는 다른 교회를 향한 것이기도 합니다. 라오디게아 교회는 "우리가 부족한 것이 없다."라고 하는데 주님은 그들의 문제를 다섯 가지로 평가하고 계십니다.

네가 말하기를 나는 부자라 부요하여 부족한 것이 없다 하나 네 곤고한 것과 가련한 것과 가난한 것과 눈 먼 것과 벌거벗은 것을 알지 못하는도다 [요한계시록 3:17]

주님은 라오디게아 교회가 ①곤고하고 ②가련하고 ③가난하고 ④눈 멀었고 ⑤벌거벗었다고 말씀하셨습니다. 정말 그렇다면 교회는 지금 격려가 필요한 상황인데 주님은 왜 흠을 잡으실까요?

무릇 내가 사랑하는 자를 책망하여 징계하노니 그러므로 네가 열심을 내라 회개하라[요한계시록 3:19]

주께서 사랑하시는 자를 징계하시고 그가 받아들이시는 아들마다 채찍질 하심이라[히브리서 12:6]

사랑하시는 자를 책망하시는 주님

징계가 없으면 사랑하는 것이 아닙니다. 사랑하시기에 징계와 채찍질을 하시는 것입니다. 자식이 마약을 하면 내버려두는 부모가 있겠습니까? 어떻게 해서든 끊게 하는 것이 부모의 마음입니다.

제 아들이 초등학교 5학년 때 저를 너무 화나게 한 적이 있습니다. 저는 홧김에 "나가!"라고 소리쳤습니다. 그것은 회개하고 아빠 말 잘 듣고 순종하는 자녀가 되라는 의미였습니다. 그런데 아들의 반응이 놀라웠습니다.

"오케이!"

그러면서 아들이 가방에 속옷을 챙겨 넣고 문을 쾅 닫으며 집을 나가버리는 겁니다. 그날은 눈보라치는 추운 겨울이었습니다. 걱정은 됐지만 그냥 내버려 두었습니다. 아내는 발을 동동 굴렀습니다. 결국 집 나간 아들을 데려오려고 신발을 신으려는데 아들이 나간 지 5분만에 제 발로 돌아왔고 해프닝은 그렇게 끝났습니다.

여러분도 하나님 아버지의 책망을 받은 적이 있습니까? 우리의 예배하는 모습을 보신 하나님께서 우리를 책망하신다고 가정해 봅시다. 만일 그 책망을 듣는 자녀가 뜨끔한 마음이 있다면 그는 하나님 아버지의 사랑을 조금이라도 아는 사람입니다. 그런데 책망을 들으면서도 "왜 나한테만 그래요? 내 맘대로 할 거예요."라고 한다면 그는 하나님이 자신을 진심으로 사랑하심을 모르는 사람입니다. 하나님은 자신의 자녀들을 너무 사랑하시기 때문에 자녀가 토해낼 것 같은 미지근한 신앙에서 돌이켜 차든지 덥든지 해야 한다고 책망하시는 것입니다. 미지근한 자들을 향한 주님의 처방은 다음과 같습니다.

내가 너를 권하노니 내게서 불로 연단한 금을 사서 부요하게 하고 흰 옷을 사서 입어 벌거벗은 수치를 보이지 않게 하고 안약을 사서 눈에 발라 보게 하라
[요한계시록 3:18]

주님의 처방은 불로 연단한 금을 사고 흰 옷을 사고 안약을 사는 것입니다. 보통 산다는 것은 내 지갑에서 돈을 꺼내 무언가를 얻는 행위입니다. 그런데 여기서는 그 개념이 다릅니다. 이사야서에 그 내용이 정확히 나와 있습니다.

주님이 사라고 하실 때는 너의 지갑에서 돈을 꺼내 지불하라는 것이 아니라 "공짜로 가져가라."는 말입니다. 즉 "내가 이미 샀으니 가져가라."는 말씀입니다. 주님이 어떻게 사셨습니까? 십자가에서 미리 값을 지불하셨습니다. 십자가에서 우리의 죗값을 대신 치르셨습니다. 영어로 'Paid off(페이드 오프)' 또는 'Paid in full(페이드 인 풀)'입니다. "내가 다 지불했으니 내 것을 가져가라."는 말씀은 더 엄밀히 말하면 "나를 가져가라."는 뜻입니다.

값을 치르신 아버지께서 원하시는 것

주님께서 성도들에게 정말 원하시는 것은 무엇일가요? 많은 헌금을 원하실까요? 아니면 열정적인 봉사를 원하실까요?

주님께서 정말 원하시는 것은 바로 '우리 자신'입니다. 주님은 "너를 원한다.", "나는 너와 교제하는 것을 원한다."라고 말씀하십니다.

부모님께 선물이나 용돈을 드리고, 여행을 보내드리는 것도 좋지만 부모님이 가장 원하는 것은 자식과 만나고 교제하는 것입니다. 돈만 보내드리면 부모님은 외로워집니다. 하나님 아버지도 비슷한 것 같습니다. "나는 너를 원한다. 나와 함께 지내자."라고 하십니다. 하나님 아버지는 우리를 이용하시려는 분이 아니라 우리와 함께하기를 원하시는 분입니다. 그 주님께서 우리를 초청하십니다.

이 말씀은 우리가 사는 집까지 주님이 직접 찾아오셔서 초청하신다는 말씀입니다. '똑똑똑~~!'

"문 좀 열어라! 나와 함께 식사하자."

주님은 계속 노크를 하고 계십니다. 문을 박차고 들어갈 수 있는 권세가 있으심에도 우리의 인격을 존중해 주십니다. 그래서 문을 열 때까지 노크하십니다. 하지만 많은 사람들이 주님을 문 밖에 세워둡니다. 그리고 주님은 문 밖에서 계속 기다리십니다.

주님께서 "더불어 먹자."라고 하시는 말씀은 "같이 지내자."라는 의미입니다. 이것은 이 땅에서 가장 멋진 식사로의 초대입니다. 주님은 나를 이용하고자 식사 초대를 하신 게 아니라 내가 너무 좋아서 부르신 것입니다.

우리에게 있어 예수님만큼 이용 가치가 있는 분이 어디 있겠습니까? 주님만큼 이용 가치가 큰 분이 어디 있겠습니까? 우리의 기도제목만 생각해도 얼마나 이용 가치가 많은 분이신가요? 그런데 우리는 우리 입장에서 이용 가치가 없어지면 주님을 안 부릅니다. 주님을 식사의 자리로 초대하지 않습니다. 내가 아쉬울 것 없고 부족한 것이 없기 때문에 주님을 식사의 자리로 초대할 이유가 없는 것입니다.

이것이 바로 라오디게아 교회의 영적 상태였습니다. 라오디게아 교회는 지진이 발생하면 자력으로 복구 작업이 가능했습니다. 그런 그들에게 주님은 특별히 이용 가치가 없는 분이었습니다. 자신들은 부요하다고 생각했습니다. 그러나 주님은 그들에게 가난하다고 말씀하십니다. 주님이 필요하지 않다면 부해도 가난한 것입니다. 영적 굶주림이 없는 오늘날 성도의 모습이 그렇습니다.

주님이 여러분의 마음 문 앞에서 기다리시는데 여러분은 지금 무엇을 하고 계십니까?

우리 교회와 성도인 나의 모습은 어떤가요? 주님과의 사귐이 필요한 교회인데 사귐은커녕 이용 가치도 없다고 생각하지는 않나요? 성도 한 사람 한 사람이 주님과 친밀한 교제를 나누고 있나요? 주님을 너무나 사랑하고 좋아해서 간절하게 만나고 싶은가요? 우리는 주님과의 깊은 관계로까지 나아가야 합니다. 진심으로 사랑하지 않으면 아쉬울 때만 주님을 찾습니다. 어려울 때만 주님을 찾습니다. 그러면 주님은 우리를 힘들게 하실 것입니다. 징계하실 것입니다. 왜냐하면 우리를 사랑하시기 때문입니다.

주님은 징계보다 친밀한 교제를 원하십니다.

주님이 여러분의 문을 두드리신다면 언제든 여러분의 식탁에 초대하십시오. 부디 아쉬울 때만, 힘들 때만 초대하지 않기를 바랍니다.

미지근한 영적 상태를 지속하는 라오디게아 교회를 향해 주님은 토해내겠다고 하셨습니다. 우리를 향해서는 어떻게 말씀하실까요? 주님이 보실 때 우리 또한 토해내고 싶은 사람은 아닌가요?

우리의 신앙이 껍데기뿐인 신앙이 아니기를 바랍니다. 만약 그렇다면 회개하고 주님을 초대하십시오. 여러분의 삶 속에서 그분과의 진실하고 깊은 교제가 다시 회복되기를 바랍니다.

라오디게아 교회

10 최고의 예배를 "올라와 보라"

요한계시록 4장 1-11절

[1]이 일 후에 내가 보니 하늘에 열린 문이 있는데 내가 들은 바 처음에 내게 말하던 나팔 소리 같은 그 음성이 이르되 이리로 올라오라 이 후에 마땅히 일어날 일들을 내가 네게 보이리라 하시더라 [2]내가 곧 성령에 감동되었더니 보라 하늘에 보좌를 베풀었고 그 보좌 위에 앉으신 이가 있는데 [3]앉으신 이의 모양이 벽옥과 홍보석 같고 또 무지개가 있어 보좌에 둘렸는데 그 모양이 녹보석 같더라 [4]또 보좌에 둘려 이십사 보좌들이 있고 그 보좌들 위에 이십사 장로들이 흰 옷을 입고 머리에 금관을 쓰고 앉았더라 [5]보좌로부터 번개와 음성과 우렛소리가 나고 보좌 앞에 켠 등불 일곱이 있으니 이는 하나님의 일곱 영이라 [6]보좌 앞에 수정과 같은 유리 바다가 있고 보좌 가운데와 보좌 주위에 네 생물이 있는데 앞뒤에 눈들이 가득하더라 [7]그 첫째 생물은 사자 같고 그 둘째 생물은 송아지 같고 그 셋째 생물은 얼굴이 사람 같고 그 넷째 생물은 날아가는 독수리 같은데 [8]네 생물은 각각 여섯 날개를 가졌고 그 안과 주위에는 눈들이 가득하더라 그들이 밤낮 쉬지 않고 이르기를 거룩하다 거룩하다 거룩하다 주 하나님 곧 전능하신 이여 전에도 계셨고 이제도 계시고 장차 오실 이시라 하고 [9]그 생물들이 보좌에 앉으사 세세토록 살아 계시는 이에게 영광과 존귀와 감사를 돌릴 때에 [10]이십사 장로들이 보좌에 앉으신 이 앞에 엎드려 세세토록 살아 계시는 이에게 경배하고 자기의 관을 보좌 앞에 드리며 이르되 [11]우리 주 하나님이여 영광과 존귀와 권능을 받으시는 것이 합당하오니 주께서 만물을 지으신지라 만물이 주의 뜻대로 있었고 또 지으심을 받았나이다 하더라

마땅히 일어날 일을 아는 것의 중요성

다음 질문에 답을 해보시기 바랍니다. 요한계시록을 일반 책으로 비유한다면 어떤 책에 가장 가까울까요?

① 과학책 ② 역사책 ③ 수필집 ④ 그림책

정답은 4번입니다. 두 번째 질문입니다. 요한계시록이 그림책이라면 누가 가장 잘 이해할 수 있을까요?

① 어린이 ② 청소년 ③ 청년 ④ 중년

정답은 1번입니다. 요한계시록은 어린아이의 관점으로 봐야 합니다. 요한계시록은 그림책이라고 생각하시면 됩니다. 요한계시록에 나오는 666이라는 것을 토대로 베리칩을 상세히 다루며 혼란을 주는 사람들이 있는데 만화영화를 보는 아이들은 이런 내용에 현혹되거나 헷갈려하지 않습니다. 요한계시록은 복잡한 분석에 들어가다 보면 오히려 독자를 혼란에 빠지게 합니다.

요한계시록에 나오는 666이 정확히 뭔지 몰라 이런 저런 분석들을 내놓는데, 666에 대한 메시지는 우리가 반드시 최후의 승리를 얻을 것이라는 믿음이라고 결론 내릴 수 있습니다. 더 상세한 내용은 추후에 나누도록 하겠습니다.

이전 장까지 교회에 주신 메시지를 다뤘다면 이제부터는 미래로 나아갈 것입니다. 미래로 가기 전에 잠시 들렀다 가는 내용이 요한계시록 4장과 5장입니다. 4-5장은 요한계시록 전체를 이해하기 위해 중요한 부분입니다. 현재에서 미래로 넘어가는 연결고리이기 때문에 그렇습니다. 4-5장은 앞으로 미래에 대한 이야기를 계시로 보여주시는 그 의도를 정확히 파악하고 이해하는 데 중요한 부분입니다.

"이후에 마땅히 일어날 일들을 내가 네게 보이리라."라는 한국어 번역은 너무 멋집니다. '마땅히'라는 말이 영어에는 없기 때문입니다. 요한계시록은 여러분을 깜짝 놀라게 하려는 게 아니라 '마땅히' 일어날 일을 계시하려는 책입니다. 마땅히 일어날 일을 알면 음부의 권세가 판을 쳐도 하나님의 권세는 망하지 않는다는 확신을 갖게 됩니다.

요한계시록은 어떤 험악한 일이 일어난다 할지라도 하나님의 교회는 든든히 선다는 확신에 이르도록 도와줍니다. '우리의 미래는 예수 그리스도와 더불어 사는 것'이라는 약속을 붙잡으면 승리하는 삶을 살게 된다고 요한계시록은 말씀하고 있습니다.

천상의 예배를 보여줌

요한계시록 4-5장은 천상의 예배가 무엇인지를 보여줍니다. 특히 4장은 예배의 중요성에 대해 가르쳐 줍니다.

요한계시록 4장 1절에서 주님은 "이리로 올라오라(Come up here)"고 하십니다. 올라가 보니 열린 문이 있습니다. 하늘에 열린 문이었습니다다. 그 문을 통과하니 천상의 예배가 진행 중입니다. 요한계시록이 서둘러 미래로 들어가지 않고 예배를 먼저 다루는 이유는 무엇일까요? 성도가 이 험한 세상에서 이길 힘을 얻는 원천이 예배이기 때문입니다. 성도에게는 예배가 힘이고 능력입니다.

옛날에는 정기적으로 장이 서는 날이 있었는데, 옛 어른들은 주일예배가 장이 서는 것과 같다고 했습니다. 예를 들어 7일장이 서면 그날을 기다렸다가 사고 싶었던 모든 것을 삽니다. 그리고 다음 장날이 되기 전까지, 사들인 것을 쓰며 한 주를 삽니다. 주일예배가 바로 그런 것입니다. 주일예배의 능력으로 다음 예배 때까지 살아갑니다. 그런데 장을 보지 않으면 일주일 동안 굶게 됩니다. 주일의 예배가 없으면 일주일 동안 영혼이 굶게 됩니다. 아사지경에 이릅니다. 예배에 참석하지 않은 분들은 도대체 뭘 먹고 살지 걱정입니다. 예배를 통해 환란을 이길 힘과 능력을 공급받는데 예배를 제대로 드리지 못하면 손해가 이만저만이 아닙니다.

사도 요한이 요한계시록을 받아 적은 곳은 밧모섬입니다. 로마제국이 사도 요한을 왜 밧모섬으로 유배 보냈을까요? 그의 영향력을 받는 성도들로부터 그를 격리시키기 위해서입니다. 성도들로부터의 격리가 의미하는 바는 무엇일까요? 예배 공동체로부터의 분리입니다. 예배를 못 드리게 하는 것입니다. 성도들은 예배를 드릴 때 힘을 얻습니다. 죽을상으로 들어갔다가 천사의 얼굴로 나오는 것이 예배자의 경험입니다. 요한을 예배 공동체로부터 멀리 격리시킨 이유도 예배를 막기 위해서였습니다.

그런데 격리된 사도 요한이 밧모섬에서 본 첫 번째 환상이 바로 천상의 예배였습니다. 주님이 그를 그 예배의 현장으로 부르셨습니다.

"여기에 와서 한 번 보라(Come up here and look)!"

생각해 보십시오. 사도 요한이 얼마나 예배에 굶주렸겠습니까? 그 굶주림이 극에 달했을 때 최고의 예배를 보게 된 것입니다. 사도 요한이 이 예배를 보면서 얼마나 힘을 얻었을까요? 로마에 의해 예배 공동체로부터 분리되어 있던 사도 요한에게 환상을 통해 보는 천상의 예배는 엄청나게 큰 힘이 되었을 것입니다. 예배를 통해 공급되는 에너지를 간절히 사모했던 그에게 이 예배는 엄청난 영향력을 미치게 됩니다.

우리 역시 이런 예배를 경험해야 합니다. 밧모섬의 사도 요한이 천상의 예배를 보며 외로움을 견뎌냈던 것처럼 우리도 최고의 예배를 경험해야 합니다. 제가 섬기는 교회는 예배가 시작하기 2분 전부터 카운트다운에 들어갑니다. 그때부터 모든 에너지를 집중합니다. 모든 정성과 에너지와 신경을 한 곳으로 모아 오로지 주님만 높여 드립니다. 하나님의 보좌 앞에 나아갈 때 최선, 최고, 최대를 갖추고 나아가기를 소원하는 것입니다.

그때 하늘 문이 열리면서 하나님 아버지가 앉아 계신 보좌 앞으로 빨려들어가는 예배를 경험하면 상상할 수 없는 엄청난 은혜와 능력과 영광이 우리를 덮습니다.

근심, 걱정, 염려를 날려버리는 예배

지금 여러분에게 근심, 걱정, 염려가 있습니까? '뜨거운 칼이 버터를 가르듯이 치고 나가는' 게 예배입니다. 이런 예배를 한 번도 못 드려 보신 분들은 정말 미안하지만 불쌍한 분입니다. 수년 동안 예배를 드렸는데 이런 예배를 경험해보지 못했으면 정말 불쌍한 것입니다. 예배는 생명의 공급처이고 부활의 현장입니다.

예배에서 힘을 얻으려면 예배가 하나님 중심의 예배여야 합니다. 그 내용이 요한계시록 4장에 나오는데 이를 가시화해보면 어떨까요? 앞서 요한계시록은 그림책에 더 가깝다고 했습니다. 백지를 꺼내 요한계시록 4장을 읽으면서 그 말씀 그대로 그림으로 그려 보십시오.

녹색은 녹색으로 홍색은 빨간색으로 그려 보고, 무지개가 나오면 무지개를 그려 보십시오. 녹보석과 같다는 표현이 나오면 반지를 빼서 놓아 보십시오. 보좌가 있는데 총천연색이라고 기록돼 있다면 똑같이 상상하며 이를 그려 보십시오. 참고로 요한계시록이 쓰인 당시에는 총천연색 보석을 한 곳으로 모으기는 어려웠습니다. 국제 무역을 통해서만 형형색색의 보석을 한 곳에 모을 수 있었습니다. 즉 이 자체가 온 나라를 포함한다는 의미입니다.

계속 그림을 그려 보십시오. 24장로가 앉는 보좌가 있습니다. 거기에서 번개가 치고 있습니다. 이번에는 번개를 그려 보십시오. 음성이 나고 우렛소리가 들린다고 했으니 그대로 우레를 표현해 보십시오. 완벽한 성령이 있고 수정과 같은 유리 바다가 있다고 합니다. 이제 반짝

반짝 빛나는 유리를 그려 보십시오. 그리고 이어서 여섯 날개를 가진 네 생물을 그려보십시오. 다소 징그러울 수도 있지만, 그 생물들의 눈도 그려 보십시오. 네 생물이 여섯 날개를 치면서 "거룩하다. 거룩하다. 거룩하다." 하고 말하는 장면도 그려 보십시오. 그들은 모두 보좌를 향해 집중되어 있습니다. 보좌를 중심으로 그림을 그려 보면 천상의 예배를 간접적으로나마 경험할 수 있을지 모릅니다.

진정한 예배는 하나님 중심의 예배입니다. 그 예배만이 우리에게 최고의 기쁨이 됩니다. 예배를 통해 하나님이 영광을 받으시면 우리는 최고의 행복을 누리게 됩니다.

요한계시록 4장에 나오는 네 생물을 그리다 보면 "네 생물이 있는데 앞뒤에 눈들이 가득하더라"는 내용이 나옵니다. 이 모습을 상상하면 다소 끔찍한 느낌이 들 수도 있습니다. 눈은 무엇을 보고 있다는 것을 의미합니다. 전쟁 영화를 보면 검지와 중지 손가락 끝을 눈 가까이로 향하는 장면이 나오는데, 이것은 내가 너를 지켜보고 있다는 신호로써 걱정하지 말라는 의미입니다. 마찬가지로 하나님도 우리가 어렵고 힘들 때 그처럼 손가락을 두 눈에 대고 내가 너를 보고 있으니 걱정하지 말라고 하십니다.

주님이 우리를 아시고 우리가 주님을 아는 것에서 오는 기쁨은 너무나 큽니다. 하나님 중심의 예배가 이뤄질 때 진정한 기쁨이 있습니다. 찬양도 하나님 중심의, 하나님을 높이는 찬양을 해야 합니다. 하나님 중심의 찬양, 하나님 중심의 기도, 하나님 중심의 말씀이 있으면 하

나님 중심의 예배가 됩니다. 하나님 중심의 예배가 진행되면 예배자는
형언할 수 없을 정도로 기쁨이 넘칩니다.

삼위일체 하나님 중심의 예배

내가 곧 성령에 감동되었더니 보라 하늘에 보좌를 베풀었고 그 보좌 위에 앉으신
이가 있는데[요한계시록 4:2]

예배의 중요성을 말할 때 강조되는 다른 한 가지는 '함께 드리는 예
배'입니다. 위의 말씀에서 "보좌 위에 앉으신 이"는 바로 성부 하나님입
니다. 요한계시록 4장 5절에는 성령 하나님에 대한 말씀이 나옵니다.
그리고 4장 1절에서 "이리로 올라오라."고 말씀하시는 분이 성자 하나
님입니다. 말씀들을 종합해볼 때 4장에서 요한이 본 천상의 예배는 삼
위일체의 예배라는 것을 알 수 있습니다. 삼위일체의 예배를 드리지 않
으면 크리스천의 예배가 아닙니다. 삼위일체 예배는 매우 중요합니다.
성부, 성자, 성령이 다 함께 임재하셔야 합니다. 세례식을 할 때 성부,
성자, 성령으로 세례를 주는 이유도 바로 이것입니다.

삼위일체(Trinitarian) 예배와 상반되는 것이 단일신(Unitarian) 예배입니다.
이슬람은 오직 한 신만을 예배합니다. 그런데 '단일신'은 문제가 있습니
다. 하나님이 나를 사랑하심이 복음인데 신을 단일화시키면 하나님의
사랑은 희박해지고 사라집니다. 하나님이 천지를 창조하기 전, 즉 우리
를 지으시기 전에 누구를 사랑하셨을까요? 이 질문에 단일신론자는 하
나님 자신을 사랑하셨다고 말할 수밖에 없습니다. 그런데 자기애(自己愛),

즉 자기만 사랑하는 것은 인격장애입니다. 기독교는 자기애를 이야기하지 않고 이타적인 사랑을 이야기합니다. 삼위일체 하나님이 서로 사랑하시는 것을 통해 우리도 사랑하십니다. '단일신론'에 따르자면 하나님은 남자와 여자를 만들지도 않으셨을 것입니다. 삼위일체의 하나님이기에 남자와 여자를 만드셨습니다.

삼위일체 예배는 그래서 중요합니다. 연애를 해본 분들은 알겠지만 사랑에 빠지면 두 시간, 세 시간 얘기해도 또 얘기하고 싶어집니다. 부모님이 무슨 얘기를 서너 시간이나 했냐고 물어보면 "몰라요."라고 답합니다. 중요한 얘기가 아니더라도 그냥 좋은 겁니다. 예배도 그런 것입니다. 예배 시간에 시계를 자꾸 보면 안 됩니다. 그것은 하나님을 향한 집중력이 떨어진 것입니다. 열린 문을 통해 기름 부음이 있는 예배가 참된 예배입니다. 환란과 어려움을 뚫고 가는 믿음과 지혜를 얻는 것이 예배인데, 이 예배를 망치면 세상에서도 실패합니다. 예배 시간이 너무 행복하고 시간 가는 줄 몰라야 합니다. 우리 모두가 하나님께 그런 예배를 드리기를 원합니다.

전심으로 드리는 예배

예배에서 중요하게 다뤄져야 할 또 한 가지는 전심으로 드리는 예배입니다.

네 생물은 각각 여섯 날개를 가졌고 그 안과 주위에는 눈들이 가득하더라 그들이 밤낮 쉬지 않고 이르기를 거룩하다 거룩하다 거룩하다 주 하나님 곧 전능하신 이여 전에도 계셨고 이제도 계시고 장차 오실 이시라 하고[요한계시록 4:8]

밤낮 쉬지 않고 드리는 예배가 지루할 것이라 생각하시나요? 다음에 나오는 말씀을 한번 보십시오.

정말 최선을 다해 예배하는 모습이 그려지지 않습니까? 이십사 장로들은 자신이 자랑스럽게 여겼던 관(면류관)조차도 하나님께 드렸다고 되어 있습니다. 최고의 것을 드렸다는 것입니다. 그 다음에 나오는 말씀을 보면 예배를 통한 올려드림이 절정에 이릅니다.

말씀에 나타난 예배를 그려 보며 우리가 드리는 예배를 생각해 보게 됩니다. 이 말씀과는 반대로 우리의 예배가 하나님이 찬양을 들으시든지 말든지, 기도를 들으시든지 말든지, 헌금을 받으시든지 말든지 귀찮아 하는 태도로 드려지고 있지는 않은지요? 우리가 드리는 예배를 생각해 보고 요한계시록 4장에 나오는 예배 장면을 한번 더 그려 보십시오. "영광과 존귀와 능력을 받으시기에 합당하신 하나님 앞에 세세 무궁토록 영광을 돌릴지어다!" 하고 온 맘으로 외치며 최선을 다해 드리는 예배가 어떤 것인지 알 수 있습니다. 이러한 예배에는 감격이 있습니다. 이런 예배에 매력이 있습니다. 일주일에 한 번 장서는 날에 물건을 사들이지 않으면 일주일이 불편하고 힘든 것처럼 주일예배를 드리며 은혜를 받지 않으면 나머지 날은 보나마나입니다.

예배의 날은 성도가 이 세상을 이겨나가도록 하늘이 은혜를 퍼부어 주시는 날입니다. 그러므로 우리 모두가 최고의 예배를 드리는 자가 되기를 원합니다.

첫 담임 목회를 하면서 어떤 가정에 심방을 갔을 때의 일입니다. 예배를 드린 후 부부가 냉장고 쪽으로 가더니 속삭이듯 이야기를 주고받는데, 애석하게도 그 대화가 저희 부부에게 다 들렸습니다. 대화 내용은 이랬습니다.

"이 오렌지를 다 드릴까 말까?"

"이거 전부 드리긴 아깝다."

"그래도 전부 드리자."

결국, 그분들은 오렌지 하나를 빼고 저희에게 주었습니다. 저는 참으로 씁쓸한 기분으로 집에 왔습니다. 그 경험을 하면서, 저희는 그렇다 쳐도 하나님께 최고의 것을 드리지 않고 오렌지 하나를 빼고 드리는 그런 마음으로 예배드리는 분은 없는지 생각해 보게 되었습니다.

몰입하는 천상의 예배

지인 중에 미술에 조예가 깊은 목사님이 있습니다. 그분의 취미가 박물관에 가서 미술 작품을 관람하는 것인데 그분은 꼭 미술 박물관에 갈 때 저를 데려갔습니다. 덕분에 저도 그림에 대해 좀 알게 되었습니다. 그분을 따라다니며 인상파가 무엇인지 낭만파가 무엇인지도 알게 되었고 미술 세계에 뭔가 있음을 발견하게 되었습니다. 그때 이 목사님이 제게 해준 말이 있습니다.

"백발의 할머니가 산소통을 코에 끼고 모네의 그림을 보고 있었는데 그림에 빠진 그 모습이 멋있더라구요. 구부정한 할머니가 그림에 몰입된 모습이 참 근사했지요."

저는 그 말을 듣자마자 우리의 예배도 그래야 한다고 생각했습니다. 산소통을 코에 끼고서라도 그림에 빠지듯 작품을 감상하는 것처럼 하나님께 몰입된 예배를 드리는 것, 그것이 예배입니다. 그런 예배를 드려 보셨는지요? 옆에 있는 사람이 나를 어떻게 보든지 전혀 신경 쓰지 않고 하나님께만 몰입되어, 마치 천국의 예배를 미리 보는 것 같은 그런 예배를 드려보신 적이 있는지요?

말로 표현할 수 없는 신비한 능력이 예배에 있습니다. 다가올 미래에 어떤 환란이 기다리고 있을지라도 모든 것을 뛰어넘고 이기도록 하는 힘이 예배에 있습니다. 여러분 모두가 예배를 기다리며 고대하며 살아가길 원합니다. 최선, 최고의 예배를 드릴 수 있기를 원합니다. 95%가 아니라 100%로 나아가기를 원합니다. 예배를 위해 최고의 컨디션을 유지하고, 주일 예배를 위해 모든 것을 준비하여 드리는 우리가 되길 원합니다. 환란을 이길 힘을 주고, 관계가 회복되고, 지친 영혼에 힘을 얻는 예배가 되길 원합니다.

11 두루마리 인봉을 누가 떼는가?

요한계시록 5장 1-14절

[1]내가 보매 보좌에 앉으신 이의 오른손에 두루마리가 있으니 안팎으로 썼고 일곱 인으로 봉하였더라 [2]또 보매 힘 있는 천사가 큰 음성으로 외치기를 누가 그 두루마리를 펴며 그 인을 떼기에 합당하냐 하나 [3]하늘 위에나 땅 위에나 땅 아래에 능히 그 두루마리를 펴거나 보거나 할 자가 없더라 [4]그 두루마리를 펴거나 보거나 하기에 합당한 자가 보이지 아니하기로 내가 크게 울었더니 [5]장로 중의 한 사람이 내게 말하되 울지 말라 유대 지파의 사자 다윗의 뿌리가 이겼으니 그 두루마리와 그 일곱 인을 떼시리라 하더라 [6]내가 또 보니 보좌와 네 생물과 장로들 사이에 한 어린 양이 서 있는데 일찍이 죽임을 당한 것 같더라 그에게 일곱 뿔과 일곱 눈이 있으니 이 눈들은 온 땅에 보내심을 받은 하나님의 일곱 영이더라 [7]그 어린 양이 나아와서 보좌에 앉으신 이의 오른손에서 두루마리를 취하시니라 [8]그 두루마리를 취하시매 네 생물과 이십사 장로들이 그 어린 양 앞에 엎드려 각각 거문고와 향이 가득한 금 대접을 가졌으니 이 향은 성도의 기도들이라 [9]그들이 새 노래를 불러 이르되 두루마리를 가지시고 그 인봉을 떼기에 합당하시도다 일찍이 죽임을 당하사 각 족속과 방언과 백성과 나라 가운데에서 사람들을 피로 사서 하나님께 드리시고 [10]그들로 우리 하나님 앞에서 나라와 제사장들을 삼으셨으니 그들이 땅에서 왕 노릇 하리로다 하더라 [11]내가 또 보고 들으매 보좌와 생물들과 장로들을 둘러 선 많은 천사의 음성이 있으니 그 수가 만만이요 천천이라 [12]큰 음성으로 이르되 죽임을 당하신 어린 양은 능력과 부와 지혜와 힘과 존귀와 영광과 찬송을 받으시기에 합당하도다 하더라 [13]내가 또 들으니 하늘 위에와 땅 위에와 땅 아래와 바다 위에와 또 그 가운데 모든 피조물이 이르되 보좌에 앉으신 이와 어린 양에게 찬송과 존귀와 영광과 권능을 세세토록 돌릴지어다 하니 [14]네 생물이 이르되 아멘 하고 장로들은 엎드려 경배하더라

두루마리와 일곱 인봉

요한계시록 5장을 보면 사도 요한의 눈에 두루마리가 들어옵니다. 보좌에 앉으신 이의 오른손에 들린 이 두루마리(scroll)는 일곱 인으로 봉해져 있습니다. 5장을 읽으신 여러분도 아마 '두루마리'라는 단어에 집중하게 될 것입니다. 본문에서는 강조하려는 듯 두루마리라는 단어가 여덟 번이나 등장합니다. 지금 카메라를 들고 있다면 클로즈업해야 할 사물은 바로 두루마리입니다.

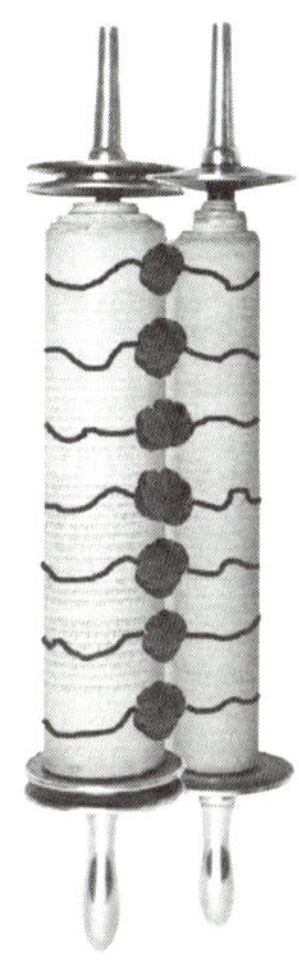

이 두루마리(왼쪽사진) 안에는 어떤 내용이 적혀 있었을까요? 바로 미래에 일어날 일들이 적혀 있습니다. 이기는 자에게 주시는 힘의 원천, 영원한 소망과 생명에 이르는 구원의 축복이 두루마리 안에 표현되어 있었습니다. 문제는 이 두루마리가 펼쳐져야 하는데 이것을 펼칠 자가 없다는 것이었습니다.

하늘 위에나 땅 위에나 땅 아래에 능히 그 두루마리를 펴거나 보거나 할 자가 없더라[요한계시록 5:3]

하늘 위, 땅 위, 땅 아래 어디에도 두루마리의 인봉을 떼어 열 수 있는 사람이 없었습니다. 우리의 소망과 구원의 소식을 알릴 두루마리를 펼칠 자가 한 명도 없는 것입니다.

나이가 좀 있는 분들이라면 1980년도 TBC를 통해 방영되었던 만화영화 '원탁의 기사'를 기억하실 것입니다. 영화 속 장면 중에 검을 뺄 자가 아무도 없는 상황에서 생각지도 못했던 어린 아서가 등장해 검을 빼는 장면이 나옵니다. 그런데 만화영화와는 달리 요한계시록 5장에는 이 두루마리를 열 사람이 없어 한탄하는 장면이 나옵니다.

울 일이 있는가?

C.S. 루이스가 쓴 책 「네 가지 사랑(The Four Loves)」 에는 다음과 같은 내용이 있습니다.

사랑한다는 것은 쉬 깨어지는 것입니다. 그 누구를 사랑하면 쥐어짜듯 마음이 아프고 때론 깨어집니다. 만약 마음이 아프기를 원치 않는다면 그 누구에게도 심지어 동물에게도 마음을 주지 마십시오. 취미들과 작은 사치를 누리는 시간 주위에 마음을 따로 떼어 잘 포장해놓고, 어떤 것과도 얽히지 말아야 합니다. 마음을 관 혹은 당신의 이기심이라 부르는 궤 속에 안전하게 잠가 놓으십시오. 그 어두운 관 속에서 안전하게 있겠지만 당신 마음은 움직임도 없고, 공기도 없고, 변함도 없을 것이며, 아프지 않을지는 모르지만 그 마음은 뚫지 못한 철판같이 딱딱하고 회복 불가능한 것이 될 것입니다. 사랑한다는 것은 쉬 깨어지는 것입니다.

이 글을 읽으면서 '사랑한다는 것은 쉬 깨어지는 것'이라는 말이 다음과 같이 들렸습니다.

"사랑한다는 것은 눈물을 흘리는 것입니다."

여러분 곁에 마음 아파 눈물을 흘리는 사람이 있다면 사랑하기 때문입니다. 우리의 어머니가 가장 많이 우시는 이유는 자식을 위한 사랑의 마음이 강하기 때문입니다. 눈물이 터지는 상황은 내가 아끼고 사랑하고 마음에 있는 것을 놓고 기도할 때입니다. "나는 도저히 눈물이 나오지 않아."라고 말한다면 그에게 사랑할 만한 존재가 없기 때문이 아닐까요? 너무나 소중하기에 그 존재를 안고 기도하면 눈물이 터집니다. 생각할 때 눈물이 나는 존재 또는 대상이 없다면 자기 안에 사랑이 없는 게 아닐지 삶을 돌아보십시오. 목숨을 걸 만한 존재가 없다면, 마음을 쏟아놓을 만한 존재가 없다면 우리의 눈물도 의미가 없습니다.

사도 요한은 두루마리 인봉을 뗄 자가 보이지 않자 큰 소리로 울었습니다. 두루마리가 열리지 않으면 하나님의 백성에게 소망이 없기 때문입니다. 구원받을 길이 없기 때문입니다. 이길 힘이 없기 때문입니다.

저는 사도 요한이 펑펑 우는 이 장면을 그려 보며 그의 남은 삶의 모습이 어땠을지 짐작해 보았습니다. 그는 밧모섬에서 주님이 직접 보여 주신 계시들을 기록한 이후 전도를 훨씬 더 열심히 했을 것이라 생각합니다. 구원을 위해, 생명을 얻지 못한 자들을 위해 아파하며 자주 크게 울었을 것입니다.

우리는 전도를 하기에 앞서 많이 울어야 합니다. 세상도 비극적인 일들이 일어나면 울지 않습니까? 구원받지 못하는 것만큼 인간에게 슬프고 비극적인 상황이 어디 있습니까? 우리는 사도 요한처럼 구원받지 못한 사람들을 위해 크게 울어야 합니다. 그게 교회의 허물을 벗는 유일한 길입니다. 우리가 경험했던 구원의 감격을 회복하는 유일한 길입니다.

두루마리를 펴볼 사람이 없어 사도 요한이 크게 울자 이십사 장로 중 한 사람이 그를 위로합니다.

장로 중 한 사람이 사도 요한에게 건넨 위로의 말은 "왕 되신 유대 지파의 사자 다윗의 뿌리가 이겼으니 그가 두루마리를 펼칠 것이다."였습니다. 하나님 아버지의 손에서 죽임을 당한 어린 양, 그분만이 두루마리의 인봉을 떼기에 합당했던 것입니다. 사도 요한은 드디어 인봉을 뗄 분을 알아내었습니다.

인봉을 떼시기에, 예배를 받으시기에 합당한 어린 양

두루마리를 취한 어린 양을 보고 이십사 장로는 "그는 인봉을 떼기에 합당하시도다. 사람들을 피로 사서 하나님께 드리기 합당하다."라고 노래합니다. 영어로는 '합당하다'가 'Worthy(워디)'라고 표현되어 있는데 사실 반대로 번역한다면 정확한 표현은 없는 것 같습니다. '합당하다'가 그나마 가장 'Worthy'라는 말에 가까운 번역이라 쓰기는 하지만 왠지 아쉽습니다. 그래서 '합당하다'는 표현의 보다 정확한 의미를 몇 군데의 성경 말씀을 통해 생각해 보고자 합니다. 먼저 '합당하다'에는 '따로 준비한'이라는 의미가 암시되어 있습니다.

(1) 합당하다 = 따로 준비한

여호와 하나님이 이르시되 사람이 혼자 사는 것이 좋지 아니하니 내가 그를 위하여 돕는 배필을 지으리라 하시니라 여호와 하나님이 흙으로 각종 들짐승과 공중의 각종 새를 지으시고 아담이 무엇이라고 부르나 보시려고 그것들을 그에게로 이끌어 가시니 아담이 각 생물을 부르는 것이 곧 그 이름이 되었더라 아담이 모든 가축과 공중의 새와 들의 모든 짐승에게 이름을 주니라 아담이 돕는 배필이 없으므로 [창세기 2:18-20]

"아담이 돕는 배필이 없으므로"라는 말씀의 영어 표현은 "For Adam no suitable helper was found"(NIV)입니다. 아담은 짐승의 이름을 지어줬지만 정작 자신의 짝으로 합당한 존재, 합당한 배필이 없었습니다. "Suitable helper(수터블 헬퍼)"가 '합당한 돕는 배필'이라는 의미입니다. '합당한 돕는 배필'이라는 말은 전체 맥락을 볼 때 '따로 준비한 돕는 배필'이라고 할 수 있습니다.

(2) 친히 준비한 = 따로 준비한

이삭이 "아버지, 장작과 불은 준비했는데 희생 제물은 어디에 있어요?"라고 묻자 아브라함이 말합니다.

"하나님이 친히 준비하실 것이다."

여기서 '친히 준비한다'는 말에는 하나님이 '따로 준비한다'라는 의미가 내포돼 있습니다.

(3) 친히 준비하신 어린 양 = 따로 준비하신 어린 양

이사야서에 나오는 '잠잠한 어린 양'은 하나님이 '따로 준비하신' 어린 양입니다. 세례 요한은 예수님을 향해 "하나님의 어린 양"이라고 했습니다. 이 어린 양이 두루마리의 인봉을 열 수 있습니다. 요한계시록 5장의 말씀은 이 어린 양이 두루마리 인을 떼기에 '합당한 자'라는 말입니다. 합당하다는 것은 하나님이 '따로, 친히 준비하심'을 의미한다

고 할 수 있습니다.

내가 또 보니 보좌와 네 생물과 장로들 사이에 한 어린 양이 서 있는데 일찍이 죽임을 당한 것 같더라 그에게 일곱 뿔과 일곱 눈이 있으니 이 눈들은 온 땅에 보내심을 받은 하나님의 일곱 영이더라[요한계시록 5:6]

하나님께서 '따로, 친히 준비하신' 죽임당한 어린 양은 일곱 뿔과 일곱 눈을 가지고 있었습니다. 이전 장에서도 나눴지만 일곱은 완전함을 의미합니다. 즉 완전한 능력을 갖춘 어린 양이 온다는 의미입니다. 우리 주 예수 그리스도는 완전한 능력과 온전한 영이십니다.

내가 또 보고 들으매 보좌와 생물들과 장로들을 둘러 선 많은 천사의 음성이 있으니 그 수가 만만이요 천천이라 큰 음성으로 이르되 죽임을 당하신 어린 양은 능력과 부와 지혜와 힘과 존귀와 영광과 찬송을 받으시기에 합당하도다 하더라 내가 또 들으니 하늘 위에와 땅 위에와 땅 아래와 바다 위에와 또 그 가운데 모든 피조물이 이르되 보좌에 앉으신 이와 어린 양에게 찬송과 존귀와 영광과 권능을 세세토록 돌릴지어다 하니 네 생물이 이르되 아멘 하고 장로들은 엎드려 경배하더라 [요한계시록 5:11-14]

13절의 "어린 양에게 찬송과 존귀와 영광과 권능을 세세토록 돌릴지어다."라는 말씀에서 우리는 어린 양에게 최고의 것을 드리는 예배가 무엇인지 알 수 있습니다. 이것이 바로 최상의 예배입니다. 우리도 이런 예배자가 되길 원합니다. 내게로 향하는 어떤 존귀의 말이나 칭찬마저도 "세세 무궁토록 유일하게 합당하신 어린 양께 있도다!" 하며 주님께 올려드릴 수 있기를 원합니다. 나에게 혹시 어떠한 영광이 있다면 (그것이 학위든, 상이든, 돈이든) 그것을 유일하게 합당하신 어린 양께 세세 무궁토록 돌리기를 원합니다.

여러분에게는 어떤 권능이 있으신가요? 어떤 특별한 능력과 힘이 있으신가요? 그것을 유일하게 합당하신(하나님이 따로, 친히 준비하신) 우리 주 예수 그리스도 어린 양께 다 돌리기를 원합니다. 그분은 우리의 전부를 받으시기에 합당하십니다.

어린 양께 다 드리지 못하는 이유

워렌 버핏과 빌 게이츠가 '기빙플레지(The Giving Pledge)'라는 캠페인을 했는데 이는 억만장자들에게 재산을 사회에 환원할 것을 촉구하는 노블레스 오블리주 운동이었습니다. 버핏은 '20/20'라는 미국 TV 프로그램에서 자신의 재산 대부분을 빌 게이츠에게 보낼 것이라고 말한 적이 있습니다. 빌 게이츠 재단에 기부한다는 말입니다. 그러면서 이런 말을 덧붙였습니다.

"Gates can give away better than I can."

무슨 말인가 하면 "빌 게이츠 재단이 사회에 환원할 돈을 자신보다 훨씬 더 지혜롭게 나눠준다."는 의미입니다. 버핏이 바보이거나 계산을 잘 못해서 이런 말을 한 것이 아닙니다.

엄청난 재력과 능력을 갖춘 버핏도 이처럼 자신보다 나은 사람을 찾아내어 수억 달러의 재산을 기부하는데, 믿음의 사람들인 우리는 왜 모든 찬송과 존귀와 영광과 능력을 어린 양께 다 드리지 못할까요? 자신의 생명을 주신 분께 드리는 것이 뭐가 그리 아까울까요? 우리의 구원을 가능케 하시는 분께 가장 좋은 것으로 드리는 것이 왜 이리 어려울까요? 작은 예로 우리가 어떤 기독교 재단에 후원하는 일을 해야 한다면 우리의 재산을 다 줄 수 있을까요? C.T. 스터드 선교사님(수단, 인도, 콩고, 중국 선교사)은 다음과 같이 말했습니다.

"그리스도 예수께서 하나님이시고 나를 위해 죽으셨다면 어떤 희생도, 그를 위한 것은 큰 것이라 할 수 없습니다."

만약 여러분이 카메라맨이라면 지금 이 순간 누구에게 초점을 맞추겠습니까? 지금부터라도 어린 양 예수 그리스도를 향해 줌인(Zoom in)하시기 바랍니다. 그분만을 바라보며 예배하십시오. 그분에게 모두 드리는 삶 속에 어마어마한 능력으로 공급해주실 것을 믿습니다. 이 장을 마무리하며 제 마음을 울리는 찬양이 있어 함께 나누고자 합니다.

주님께 감사해 생명 주신 그 사랑
내 부끄러운 죄를 사하시고
놀라운 은혜 주네
주님께 감사해 날 위해 못 박힌 손
주의 보혈로 나를 씻으시고
주 품에 품으시네
존귀한 어린 양 좌정하신 주
면류관 쓰신 주님 날 다스리시네
하나님 아들 높여 경배해
십자가에 달리신 주님
존귀하신 주

주님께서 사랑하는 것을 우리도 사랑하게 되기를 원합니다. 그래서 주님께 온전하게 모든 것을 드리기를 원합니다. 남은 힘과 남은 것이 있다면 모두 주님께 드리기를 원합니다.

12 주여,
어느 때까지 하시려 하나이까?

요한계시록 6장 1-17절

¹내가 보매 어린 양이 일곱 인 중의 하나를 떼시는데 그 때에 내가 들으니 네 생물 중의 하나가 우렛소리 같이 말하되 오라 하기로 ²이에 내가 보니 흰 말이 있는데 그 탄 자가 활을 가졌고 면류관을 받고 나아가서 이기고 또 이기려고 하더라 ³둘째 인을 떼실 때에 내가 들으니 둘째 생물이 말하되 오라 하니 ⁴이에 다른 붉은 말이 나오더라 그 탄 자가 허락을 받아 땅에서 화평을 제하여 버리며 서로 죽이게 하고 또 큰 칼을 받았더라 ⁵셋째 인을 떼실 때에 내가 들으니 셋째 생물이 말하되 오라 하기로 내가 보니 검은 말이 나오는데 그 탄 자가 손에 저울을 가졌더라 ⁶내가 네 생물 사이로부터 나는 듯한 음성을 들으니 이르되 한 데나리온에 밀 한 되요 한 데나리온에 보리 석 되로다 또 감람유와 포도주는 해치지 말라 하더라 ⁷넷째 인을 떼실 때에 내가 넷째 생물의 음성을 들으니 말하되 오라 하기로 ⁸내가 보매 청황색 말이 나오는데 그 탄 자의 이름은 사망이니 음부가 그 뒤를 따르더라 그들이 땅 사분의 일의 권세를 얻어 검과 흉년과 사망과 땅의 짐승들로써 죽이더라 ⁹다섯째 인을 떼실 때에 내가 보니 하나님의 말씀과 그들이 가진 증거로 말미암아 죽임을 당한 영혼들이 제단 아래에 있어 ¹⁰큰 소리로 불러 이르되 거룩하고 참되신 대주재여 땅에 거하는 자들을 심판하여 우리 피를 갚아 주지 아니하시기를 어느 때까지 하시려 하나이까 하니 ¹¹각각 그들에게 흰 두루마기를 주시며 이르시되 아직 잠시 동안 쉬되 그들의 동무 종들과 형제들도 자기처럼 죽임을 당하여 그 수가 차기까지 하라 하시더라 ¹²내가 보니 여섯째 인을 떼실 때에 큰 지진이 나며 해가 검은 털로 짠 상복같이 검어지고 달은 온통 피같이 되며 ¹³하늘의 별들

이 무화과나무가 대풍에 흔들려 설익은 열매가 떨어지는 것같이 땅에 떨어지며 ¹⁴하늘은 두루마리가 말리는 것같이 떠나가고 각 산과 섬이 제 자리에서 옮겨지매 ¹⁵땅의 임금들과 왕족들과 장군들과 부자들과 강한 자들과 모든 종과 자유인이 굴과 산들의 바위 틈에 숨어 ¹⁶산들과 바위에게 말하되 우리 위에 떨어져 보좌에 앉으신 이의 얼굴에서와 그 어린 양의 진노에서 우리를 가리라 ¹⁷그들의 진노의 큰 날이 이르렀으니 누가 능히 서리요 하더라

일곱 사이클의 계시록

요한계시록을 이해하는 데 있어 혼란을 주는 것이 있는데 바로 시간적 순서대로 이 책을 읽고자 하는 것입니다. 요한계시록의 내용을 연대기적으로, 시간적으로 짜 맞추려고 하면 대혼란이 일어납니다. 그러면 어떻게 읽어야 할까요? 요한계시록을 구조로 이해하는 것이 좋습니다.

요한계시록은 일곱 사이클로 진행됩니다. 일곱이라는 수를 축으로 진행된다는 의미입니다. 우리는 이미 여러 차례 '일곱'을 경험했습니다. 이미 일곱 교회가 소개되었고 일곱 인봉이 6장 말씀에 등장합니다. 그리고 앞으로 일곱 나팔, 일곱 대접에 대한 내용이 나올 것입니다. 이처럼 일곱이라는 사이클로 요한계시록을 이해해야 제대로 숙지가 됩니다.

베토벤의 '운명 교향곡'을 생각해보십시오. "팜팜파 파~~"란 멜로디가 간격을 두고 계속 반복됩니다. 반복될 때마다 더 깊고 더 강렬해지는 것을 느낄 수 있습니다. 이를 각 사이클 별로 이해하지 않고 시간 순서로 이해하려 하면 제대로 된 감상을 할 수 없습니다.

요한계시록도 바로 운명 교향곡을 이해하듯이 읽어야 합니다. 일곱 인봉을 떼고 일곱 나팔, 일곱 대접 등이 나열되는 사이클은 비슷하지만 점점 그 내용이 강렬해지는데 이것을 시간 배열로 생각하다 보면 헷갈려집니다. 이 구조를 마음속에 두고 요한계시록을 계속 살펴보겠습니다.

일곱 인봉

요한계시록 6장에는 어린 양이 일곱 인봉을 떼시는 장면이 나옵니다. 저는 그 장면을 상상하며 아카데미 시상식을 떠올려 보았습니다.

이 장면은 마치 영화제 시상식 때 수상자를 발표하는 사회자에게 봉투가 전달될 때와 비슷합니다. 수상자의 이름이 적혀 있는 봉투가 올라왔는데 봉인되어 있습니다. 사회자가 봉투의 인봉을 떼면서 발표를 시작합니다. 그 기분이 어떨까요? 기대로 가득하겠지요. 누가 상을 받을까 궁금해할 것입니다. 두루마리의 인봉을 떼는 것도 이와 비슷합니다. 이는 마치 대상 수상자, 우승자를 발표하는 것과 같습니다.

이전 장에서 다루었던 것처럼 일곱 인봉을 떼신 분은 '합당하신(따로 준비하신)' 어린 양입니다. 합당하신 어린 양이 인봉을 떼자 어떤 일이 벌어집니까?

내가 보매 어린 양이 일곱 인 중의 하나를 떼시는데 그때에 내가 들으니 네 생물 중의 하나가 우렛소리 같이 말하되 오라 하기로 이에 내가 보니 흰 말이 있는데 그 탄 자가 활을 가졌고 면류관을 받고 나아가서 이기고 또 이기려고 하더라
[요한계시록 6:1-2]

어린 양이 첫 번째 인봉을 떼고 난 후, 네 생물 중 첫 번째 생물이 "오라!" 하고 큰 소리로 외치자 흰말(백마)이 뛰어나옵니다.

둘째 인을 떼실 때에 내가 들으니 둘째 생물이 말하되 오라 하니 이에 다른 붉은 말이 나오더라 그 탄 자가 허락을 받아 땅에서 화평을 제하여 버리며 서로 죽이게 하고 또 큰 칼을 받았더라[요한계시록 6:3-4]

어린 양이 두 번째 인봉을 떼자 이번에는 두 번째 생물이 "오라!" 하고 외치면서 붉은 말(적마)이 뛰어나옵니다.

셋째 인을 떼실 때에 내가 들으니 셋째 생물이 말하되 오라 하기로 내가 보니 검은 말이 나오는데 그 탄 자가 손에 저울을 가졌더라 내가 네 생물 사이로부터 나는 듯한 음성을 들으니 이르되 한 데나리온에 밀 한 되요 한 데나리온에 보리 석 되로다 또 감람유와 포도주는 해치지 말라 하더라[요한계시록 6:5-6]

어린 양이 세 번째 인봉을 떼자 세 번째 생물이 "오라!" 하고 외치면서 이번에는 검은 말(흑마)이 뛰어나옵니다.

넷째 인을 떼실 때에 내가 넷째 생물의 음성을 들으니 말하되 오라 하기로 내가 보매 청황색 말이 나오는데 그 탄 자의 이름은 사망이니 음부가 그 뒤를 따르더라 그들이 땅 사 분의 일의 권세를 얻어 검과 흉년과 사망과 땅의 짐승들로써 죽이더라 [요한계시록 6:7-8]

어린 양이 네 번째 인봉을 떼고 넷째 생물이 "오라!" 하고 외치자 청황색(청마)이 뛰어나옵니다. 여기서 보면 네 번째 인봉까지가 한 짝(unit)입니다. 어린 양이 인봉을 뗄 때마다 각기 다른 색깔의 말이 등장하기 시작합니다. 여기서 말의 색깔은 무엇을 의미할까요? 색깔마다 각각의 의미가 있습니다.

첫 번째 인봉을 떼었을 때 달려나온 흰 말은 전쟁을 상징합니다. 흰색은 보통 순결을 상징하는데 여기서는 순결보다 전쟁에서의 승리를 상징한다 할 수 있겠습니다. 두 번째 인봉을 떼었을 때 나온 말은 적색 말로, 정복과 피를 흘리게 하는 핍박을 상징합니다. 세 번째 인봉을 떼었을 때 나온 말은 검은 말입니다. 이것은 기근과 경제적인 어려움을 상징합니다. 네 번째 인봉을 떼었을 때 나온 청황색 말은 죽음을 상징합니다. 그 뒤로 음부(지옥)가 따라나온다는 것을 암시해줍니다.

앞서 네 번째 인봉까지가 한 짝이라고 했습니다. 여기서 주는 메시지가 무엇입니까? 전쟁, 핍박, 기근, 죽음이라는 메시지를 통해서 앞으로 닥칠 힘든 미래를 이야기하고 있습니다. 결국 죽음이 올 것이라는 말입니다. 소망과 구원의 메시지가 나올 줄 알았는데 예상치 못한 메시지가 나오다니 어찌된 일일까요?

하지만 이 메시지를 전달하려는 분이 누구인지를 알면 이야기가 달라집니다. 이 메시지를 주시는 분은 바로 하나님이십니다. 하나님이 이 말씀을 하신다는 점이 우리에게 엄청난 위로가 됩니다. 고통과 죽음의 미래를 사람이 말했다면 절망적인 상황이지만 하나님께서 말씀하셨기에 위로가 되는 것입니다. 하나님이 그 모든 것을 주관하시는 분이기 때문에 그렇습니다.

전쟁에 나가는 병사들이 앞으로 닥칠 일들에 대해 두려워하고 걱정할 때 최고 사령관이 나와서 "너희들이 지금은 힘들겠지만 걱정하지 마라! 이 전쟁은 내 통제하에 완벽하게 진행될 것이며 너희들은 안전할 것이다."라고 말한다면 병사들이 안심하게 되는 것과 마찬가지입니다. 어려운 일이 일어날 것을 예고하시는 분이 하나님이기에 우리에게 위로가 있습니다. 뜻 가운데 한 점의 오류도 없는 분이 말씀하시기에 위로가 되는 것입니다.

죽음의 메시지가 위로?

미성숙한 성도들은 하나님의 말씀을 들으면서도 하나님이 자신의 삶에 깊이 간섭하지 않기를 바랍니다. 어려움이 생겼을 때, 재난이 닥쳤을 때, 기근이 닥쳤을 때 미성숙한 자들은 이렇게 말합니다.

"왜 간섭하지 않으십니까? 왜 나타나지 않으십니까?"

편안할 때는 간섭하지 말아달라 하면서 어려울 때는 왜 간섭하지 않느냐고 그들은 묻습니다. 그러나 우리는 오히려 평안할 때 "왜 간섭하지 않으세요?"라고 질문해야 합니다. "간섭해 주십시오, 주님!"이라고 말해야 합니다. 평안할 때 주님의 간섭을 바라십시오. 그게 성숙한 신앙인의 성숙한 표현입니다. 그럴 때에야 비로소 성도들은 고난 중에도 주님의 뜻이 있다는 것을 믿게 됩니다.

사도 요한은 성숙한 신앙인이었습니다. 그는 울고 있었습니다. 그는 어둠의 땅에 있었습니다. 그런데 합당하신 어린 양이 인봉을 하나씩 떼고 말들이 뛰어나올 때마다 선포되는 메시지가 "이 땅에 어둠과 죽음이 임할 것이다."라는 내용입니다. 사도 요한이 이런 상황에서 어떻게 소망을 가질 수 있을까요? 그에게 소망은 다른 게 아니라 이 말씀을 선포하시는 분이 하나님이라는 것이었습니다.

인봉을 뗄 때마다 "오라!" 하고 말하는 생물이 어떤 존재인지 확실하지 않습니다. 그래서 "전쟁이 날 것이다.", "핍박이 있을 것이다.", "죽음이 드리워질 것이다."라고 하는 그들의 말들이 더 두려운 분위기를 연출하는지도 모릅니다. 그러나 이런 상황들도 하나님 주권 아래에 있다는 사실이 우리 마음속에 위로가 됩니다. 여러분에게도 동일한 위로가 있기를 바랍니다.

우리 삶 속에 일어나는 일들을 다 이해할 수 없습니다. 확실한 것은 천국에 가봐야 알 수 있겠지요. 죽을 때까지 질문을 던질 수밖에 없는 사건들도 천국에 가면 완벽하게 이해할 것입니다. 요한계시록도 마찬가지입니다. 사망, 기근, 핍박을 선포하는 화자가 하나님, 예수 그리스도이신데 구원자이신 그분이 왜 그런 말씀을 하시는지 현세에서의 이해로는 도무지 알 길이 없습니다. 우리가 마음에 품을 수 있는 것은 그분을 믿고 환란 중에도 소망을 잃지 않는 것입니다.

다섯째 인을 떼실 때에 내가 보니 하나님의 말씀과 그들이 가진 증거로 말미암아 죽임을 당한 영혼들이 제단 아래에 있어 큰 소리로 불러 이르되 거룩하고 참되신

다섯 번째 인봉이 떼어지자 죽임을 당한 순교자들이 등장합니다. 무고하게 죽임을 당한 순교자들은 주님을 향해 큰 소리로 "언제까지 기다려야 합니까?" 라고 묻습니다. 이때 예수님께서 순교자들에게 흰 두루마기(웃옷)를 주십니다. 흰색은 승리의 상징입니다. 흰 두루마기를 주신 주님이 말씀하십니다.

"쉬라!"

우리 삶에 어려움이 닥치고 그 버거움으로 도저히 참을 수 없을 때 주님은 우리에게 이렇게 말씀하십니다.

"모든 것은 내 주권 아래에 있으니 걱정하지 말고 쉬어라. 나머지는 내가 알아서 한다."

지금 여러분에게 닥친 어려움으로 인해 힘이 드십니까? 걱정하지 마십시오. 우리 주 하나님께서 여러분의 삶을 주관하고 계십니다. 그렇다면 우리에게 이런 의문이 생깁니다.

"주님이 주관하신다면 왜 이런 일이 일어납니까? 주님의 도우심은 왜 이리 더디게만 느껴집니까?"

환란 중에도 소망이 있는 이유

전 세계 곳곳에서 아직도 많은 크리스천들이 핍박을 받고 죽임을 당하고 있습니다. 서방 세계에도 핍박의 시대가 곧 올 것입니다. 법으로 예수 믿는 것을 핍박하는 시대가 이미 도래했습니다. 우리도 이 핍박의 늪에 빠질 것입니다. 그런 날이 오면 우리 안에 "왜 이런 상황을 그대로 두십니까?" 하는 질문이 나올 수 있습니다. 주님은 베드로후서 3장을 통해 그 답을 말씀하십니다.

> 이로 말미암아 그때에 세상은 물이 넘침으로 멸망하였으되 이제 하늘과 땅은 그 동일한 말씀으로 불사르기 위하여 보호하신 바 되어 경건하지 아니한 사람들의 심판과 멸망의 날까지 보존하여 두신 것이니라 사랑하는 자들아 주께는 하루가 천 년 같고 천 년이 하루 같다는 이 한 가지를 잊지 말라 주의 약속은 어떤 이들이 더디다고 생각하는 것같이 더딘 것이 아니라 오직 주께서는 너희를 대하여 오래 참으사 아무도 멸망하지 아니하고 다 회개하기에 이르기를 원하시느니라
>
> [베드로후서 3:6-9]

우리는 주님의 일하심이 더디다고 생각하지만 하나님께는 하루가 천 년 같고 천 년이 하루 같기에 더디다고 말하는 것 자체가 우리의 교만일지도 모릅니다. 하나님은 정확한 타임테이블을 갖고 하나님의 계획을 실행하시는 분입니다.

하나님은 더 많은 사람들이 회개하기를 기다리십니다. 멀리 볼 것 없이 우리 자신을 한 번 돌아봅니다. 20년 전에 예수님이 재림했다면 지옥에 있을 사람들이 우리가 아닐까요? 하나님은 지금까지 우리를 기다려주신 것처럼 믿지 않는 자들을 여전히 기다리고 계십니다.

주님이 더디 오신다고 느껴지십니까? 주님의 일하심이 더디다고 여겨지십니까? 그것이 주님의 은혜입니다.

요한계시록 6장 12-17절에는 예수님의 재림 사건이 기록되어 있

습니다. 예수님의 재림과 관련된 말씀은 성경의 다른 부분에도 등장합니다.

그때에 그 환난 후 해가 어두워지며 달이 빛을 내지 아니하며 별들이 하늘에서 떨어지며 하늘에 있는 권능들이 흔들리리라 그때에 인자가 구름을 타고 큰 권능과 영광으로 오는 것을 사람들이 보리라[마가복음 13:24-26]

이는 곧 선지자 요엘을 통하여 말씀하신 것이니 일렀으되 하나님이 말씀하시기를 말세에 내가 내 영을 모든 육체에 부어 주리니 너희의 자녀들은 예언할 것이요 너희의 젊은이들은 환상을 보고 너희의 늙은이들은 꿈을 꾸리라 그때에 내가 내 영을 내 남종과 여종들에게 부어 주리니 그들이 예언할 것이요 또 내가 위로 하늘에서는 기사를 아래로 땅에서는 징조를 베풀리니 곧 피와 불과 연기로다 주의 크고 영화로운 날이 이르기 전에 해가 변하여 어두워지고 달이 변하여 피가 되리라 누구든지 주의 이름을 부르는 자는 구원을 받으리라 하였느니라[사도행전 2:16-21]

두 말씀을 읽으며 우리 주님은 반드시 재림하실 것을 확신하게 됩니다. 주님은 구원을 위해 다시 오실 것입니다. 그리고 심판하시기 위해 다시 오실 것입니다. 누구를 심판하실까요? 심판의 대상자는 다음과 같습니다.

땅의 임금들과 왕족들과 장군들과 부자들과 강한 자들과 모든 종과 자유인이 굴과 산들의 바위 틈에 숨어[요한계시록 6:15]

요한계시록은 심판의 대상자를 일곱 부류로 나누고 있습니다. 왜 일곱 부류일까요? 일곱은 완전수라고 했습니다. 즉 일곱 종류의 사람은 '모든 사람'을 의미합니다. 하나님의 심판은 모든 사람에게 해당됩니다. 한 사람도 심판대를 거치지 않을 사람은 없습니다.

장례를 치를 때 화장을 하면 재림의 날에 못 나온다고 생각하는 분들이 있습니다. 그런 분들에게 질문하고 싶습니다. 초대 교회 시절 사람들의 조롱거리가 되어 사자 밥이 된 순교자들은 재림의 날에 못 일어날까요? 송장이 되어 로마의 밤거리를 횃불처럼 밝힌 순교자들이 있습니다. 물고기의 밥이 된 순교자들도 있습니다. 그들은 예수님이 재림하실 때 어떻게 될까요?

그들은 사라지지 않았습니다. 주님이 다시 오시는 날 모두 불러올려질 것입니다. 하나님은 구원 받을 자와 바위 밑에 숨어 심판 받을 자를 반드시 찾아내실 것입니다.

진노하는 하나님으로부터 구원 = 소망

R.C. 스프롤은 구원에 대해 이야기하면서 통찰력 있는 메시지를 전했습니다. 스프롤 박사에 따르면 우리는 보통 생각하기에 구원받는 것을 마귀로부터 건짐 받는 것으로 여긴다는 것입니다. 스프롤은 구원은 그런 것이 아니라고 합니다. 그는 구원은 '진노하시는 하나님으로부터의 구원'이라고 합니다. 정말 맞는 말입니다. 구원은 하나님의 진노와 심판으로부터의 구원입니다. 하나님과 비교하면 마귀, 귀신, 사탄은 다 졸병들입니다. 우주 만물을 주관하고 심판하시는 하나님이신데 그분의 심판으로부터의 구원이 진짜 구원이지 않겠습니까?

하나님의 심판으로부터 구원받아야 할 죄인이 바로 우리입니다. 내가 최고의 성적표를 가지고 있다 한들, 하나님 심판대 앞에서 "나는 무죄입니다." 하고 통과할 수 있겠습니까? 그럼에도 우리가 천국에의 소망을 가질 수 있는 것은 주께서 우리를 건져내 주실 것이라는 간절한 믿음이 있기 때문입니다.

여러분에게 가장 힘든 고난은 무엇인가요? 온갖 고난들이 생각 나시겠지만 여러분의 과거와 미래까지 통틀어 가장 큰 고난은 아마도 재림의 때에 주님을 향해 "할렐루야"를 외치며 반기지 못하는 상태일 것입니다. 많은 사람들이 "할렐루야"라는 외침대신 주님의 심판을 걱정하게 될 것입니다. 그러한 고난이 왔을 때 우리는 주님께 피하는 자가 되어야 합니다.

순교자들이 하나님의 은혜 속에 천국으로 영입되는 유일한 이유는 그들이 순교했기 때문이 아니라, 그들을 위해 죽임을 당하신 어린 양에게 소망이 있다는 믿음이 있었기 때문입니다.

우리의 생명을 위해 모든 죗값을 피로 갚으시면서 죽임을 당하신 그 어린 양이 역사의 인봉을 떼는 것은 우리에게 공포와 두려움을 주기보다 소망을 줍니다. 인봉을 떼는 어린 양은 자신이 역사의 주관자임을 밝히며 환란, 핍박, 전쟁, 기근을 컨트롤할 것임을 선포합니다. 그분은 또한 "내가 모든 것의 시작이요 마지막이다. 누구든지 나를 믿는 자는 천국에 입성할 것이다."라고 말씀하십니다.

우리 앞에는 많은 어려움이 기다리고 있습니다. 우리는 다가올 고난을 생각하며 하나님의 메시지를 읽어야 합니다. 여러분, 이 땅에 유토피아는 이뤄지지 않습니다. 이 땅의 사람들은 점점 더 악랄해질 것입니다. 문명은 발달하겠지만 사람들의 마음은 점점 더 황량해질 것이며 범죄의 비열함과 잔인함도 더욱 강해질 것입니다.

전 세계에서 진행되는 일이 심상치 않습니다. 이렇게 가다 냉전 시대로 회귀하는 것 아닌가 하는 염려까지 듭니다. 하지만 이것은 지난 2천 년 동안 이미 일어났던 일입니다. 괴롭고 힘든 일이 세계 방방곡곡에서 일어난다 해도 두려워하지 마십시오. 역사의 주관자 하나님이 우리를 향해 이렇게 말씀하십니다.

"모든 것은 내 권위 아래에 있다(Everything is under My control). 핍박이 와도 최후의 승리는 너희들의 것이다."

할렐루야!

13 인침 받은 144,000명

요한계시록 7장 1절-8장 1절

7:1이 일 후에 내가 네 천사가 땅 네 모퉁이에 선 것을 보니 땅의 사방의 바람을 붙잡아 바람으로 하여금 땅에나 바다에나 각종 나무에 불지 못하게 하더라 2또 보매 다른 천사가 살아 계신 하나님의 인을 가지고 해 돋는 데로부터 올라와서 땅과 바다를 해롭게 할 권세를 받은 네 천사를 향하여 큰 소리로 외쳐 3이르되 우리가 우리 하나님의 종들의 이마에 인치기까지 땅이나 바다나 나무들을 해하지 말라 하더라 4내가 인침을 받은 자의 수를 들으니 이스라엘 자손의 각 지파 중에서 인침을 받은 자들이 십사만 사천이니 5유다 지파 중에 인침을 받은 자가 일만 이천이요 르우벤 지파 중에 일만 이천이요 갓 지파 중에 일만 이천이요 6아셀 지파 중에 일만 이천이요 납달리 지파 중에 일만 이천이요 므낫세 지파 중에 일만 이천이요 7시므온 지파 중에 일만 이천이요 레위 지파 중에 일만 이천이요 잇사갈 지파 중에 일만 이천이요 8스불론 지파 중에 일만 이천이요 요셉 지파 중에 일만 이천이요 베냐민 지파 중에 인침을 받은 자가 일만 이천이라 9이 일 후에 내가 보니 각 나라와 족속과 백성과 방언에서 아무도 능히 셀 수 없는 큰 무리가 나와 흰 옷을 입고 손에 종려 가지를 들고 보좌 앞과 어린 양 앞에 서서 10큰 소리로 외쳐 이르되 구원하심이 보좌에 앉으신 우리 하나님과 어린 양에게 있도다 하니 11모든 천사가 보좌와 장로들과 네 생물의 주위에 서 있다가 보좌 앞에 엎드려 얼굴을 대고 하나님께 경배하여 12이르되 아멘 찬송과 영광과 지혜와 감사와 존귀와 권능과 힘이 우리 하나님께 세세토록 있을지어다 아멘 하더라 13장로 중 하나가 응답하여 나에게 이르되 이 흰 옷 입은 자들이 누구며 또 어디서 왔느냐 14내가 말하기를 내 주여 당신이 아시나이다 하니 그가 나에게 이르되 이는 큰 환난에서 나오는 자들인데 어린

양의 피에 그 옷을 씻어 희게 하였느니라 ¹⁵그러므로 그들이 하나님의 보좌 앞에 있고
또 그의 성전에서 밤낮 하나님을 섬기매 보좌에 앉으신 이가 그들 위에 장막을 치시리
니 ¹⁶그들이 다시는 주리지도 아니하며 목마르지도 아니하고 해나 아무 뜨거운 기운
에 상하지도 아니하리니 ¹⁷이는 보좌 가운데에 계신 어린 양이 그들의 목자가 되사 생
명수 샘으로 인도하시고 하나님께서 그들의 눈에서 모든 눈물을 씻어 주실 것임이라

8:1일곱째 인을 떼실 때에 하늘이 반 시간쯤 고요하더니

명화 감상하듯 읽는 계시록

저는 그림에 대해 문외한입니다. 그런데 헨리 나우웬의 「탕자의 귀향(The Return of the Prodigal Son)」이라는 책을 읽으며 그림 감상이 무엇인지 배웠습니다. 유명한 기독 작가인 헨리 나우웬은 저명 화가인 렘브란트가 그린 '돌아온 탕자'를 매일 감상했다고 합니다. 러시아의 세인트피터스버그 박물관을 매일 찾아 감상한 그는 그 소감을 이 책에 적었습니다. 처음 그의 책을 접했을 때만 해도 세인트피터스버그 박물관을 3일 동안 방문해 몇 시간 동안 감상한다는 게 무슨 의미인지 몰랐습니다. 여러분도 미술 감상이 취미가 아니시라면 이해하기 어려우실 겁니다.

저또한 과거에 러시아의 세인트피터스버그 에르미타주 박물관을 찾아 렘브란트의 작품 '돌아온 탕자'를 직접 본 적이 있습니다. 여러분도 이 그림을 보게 되신다면 부분 부분을 집중해 봐주시기를 권합니다. 탕자를 감싸는 아버지의 손, 그 모습을 바라보는 형의 못마땅한 표정, 그리고 그간의 고단한 삶을 보여주는 발이 보입니다. 그 중에서도 제 눈을 집중시킨 것은 아버지의 눈이었습니다. 탕자를 기다리며 눈물에 찌든 아버지의 눈이 제 마음에 들어왔습니다. 상세한 부분을 보고 전체 그림을 보니 완전 다른 작품이 제 마음으로 찾아오는 느낌이었습니다.

요한계시록에서는 계속 무엇인가를 '보라'고 합니다. 그런데 그 보는 방식이 렘브란트의 작품을 보는 것과 비슷합니다. 먼저 전체 그림을 파노라마처럼 보여준 후, 부분 부분을 볼 수 있도록 디테일하게 들

돌아온 탕자(The Return of the Prodigal Son) 렘브란트 作

어갑니다.

지난 장에 우리는 여섯째 인봉을 여는 장면까지 살펴보았습니다. 이번 장에서는 일곱째 인봉을 열기 직전의 장면이 나옵니다. 일곱째 인봉을 열기 전, 전체 파노라마를 보여주는 그런 장면입니다.

요한계시록은 마치 그림책과 같다고 했습니다. 이번 장에서도 이 그림책의 내용을 직접 그려보면서 읽는다면 훨씬 더 마음에 와닿을 것입니다.

천사들은 무엇을 하고 있나

이 일 후에 내가 네 천사가 땅 네 모퉁이에 선 것을 보니 땅의 사방의 바람을 붙잡아 바람으로 하여금 땅에나 바다에나 각종 나무에 불지 못하게 하더라
[요한계시록 7:1]

네 모퉁이에서 나무와 바다와 땅을 몰아치려고 하는 바람을 붙잡고 있는 천사가 등장합니다. 여기서의 바람은 앞으로 닥칠 환난을 예고하고 있습니다.

또 보매 다른 천사가 살아 계신 하나님의 인을 가지고 해 돋는 데로부터 올라와서 땅과 바다를 해롭게 할 권세를 받은 네 천사를 향하여 큰 소리로 외쳐
[요한계시록 7:2]

이번에는 해뜨는 데부터 천사 하나가 갑자기 올라옵니다. 이 장면을 머릿속에 그려보시길 바랍니다. 한 천사가 바람(환난)을 붙잡고 있습니다. 다른 천사는 환난을 가져다줄 천사를 향해 소리를 지릅니다. 그림

을 그리듯 이 장면을 상상해 보면 다음 구절이 더 잘 이해될 것입니다.

이르되 우리가 우리 하나님의 종들의 이마에 인치기까지 땅이나 바다나 나무들을
해하지 말라 하더라 [요한계시록 7:3]

한 천사가 바람(환난)을 일으킬 천사들에게 좀 더 기다려 달라고 말합니다. 그 기간은 하나님 자녀들의 이마에 인을 칠 때까지입니다. 그림이 잘 그려지시나요? 다시 말씀드립니다만 마음속에 이 장면을 그려보거나 직접 종이에 그림을 그려보며 이해하면 좋습니다.

3절에서 이마에 인친다는 말은 무슨 뜻일까요? 이마에 인침을 보신 적이 없기 때문에 이 표현이 이해하기 어려울 것입니다. 어떤 이는 이 내용을 가지고 이마에 베리칩을 심는다고 주장하는 사람들도 있는데, 그런 내용이 아닙니다.

이마에 인침의 의미

인을 치기까지 환난을 기다리라는 천사의 말을 이해하려면 인침의 의미를 정확히 알아야 합니다. 도자기가 완성되어 잘 구워진 후에 토기장이가 어떻게 합니까? 도자기 바닥에 자신만의 도장을 찍습니다. 한국에서는 어떤 내용이 내 것이라는 증명을 위해 도장을 찍습니다. 인을 치는 것은 바로 그런 행위입니다. '내 것, 내가 인증한 것'이라는 행동이 바로 인을 치는 것입니다. 하나님이 인치시면 하나님의 소유됨이 확정됨을 의미합니다. 이는 성경의 다른 부분에 쓰여 있는 말씀으로 확인해볼 필요가 있습니다.

성령으로 인치심을 받았다는 것은 성령을 통해 우리가 하나님의 소유됨이 확정되었다는 말씀입니다. 이것은 요한계시록 7장 3절의 내용과 일맥상통하는 것입니다. 다시 말해 하나님의 종(자녀)들이 이마에 인치심을 받을 때(성령의 인치심이 있을 때)까지 하나님의 백성을 다치지 말게 하라는 천사의 선포인 것입니다.

4절에서 인침을 받은 숫자가 144,000명이라고 합니다. 이것은 열두 지파 곱하기 일만 이천 명을 해서 나온 숫자입니다. 즉 이스라엘 각 지파에서 12,000명씩 나오고 이를 합해 보니 144,000명이었습니다. 이것은 모든 지파와 모든 지파 족속들을 상징적인 숫자로 표시하는 것입니다. 어떤 지파도 빠지지 않고 고르게 구원을 받는다는 의미가 144,000이란 숫자에 내포되어 있습니다. 열두 지파 혹은 열두 제자에 대해 말할 때, 이것은 모든 교회와 모든 믿는 자를 상징적으로 보여주는 것입니다.

이마에 인을 치는 것에 대한 내용은 에스겔서에도 나옵니다. 주님은 이 세상이 전쟁의 소용돌이에 빠진다 할지라도 "기억하라 이마에 인을 받은 자는 영적으로 해를 받지 아니하고 내가 지킨다."라고 말씀하셨습니다.

인침은 이마에 실제로 도장을 찍는 게 아니라 성령의 인치심을 받는 것입니다. 성령의 인치심을 받는 자는 하나님의 보호하심을 받습니다. 베드로전서의 말씀에서 보듯이 하나님의 자녀된 자들은 반드시 보호함을 받게 되어 있습니다. 능력의 하나님이 우리를 보호하고 계십니다.

로마의 박해가 있었던 당시 생명을 걸고 믿음을 지켰던 성도들이 요한계시록 말씀을 읽었다고 상상해 보십시오. 그들은 사랑하는 가족과 친구들이 핍박당하며 죽어가는 모습을 자신의 눈 앞에서 지켜봐야 했습니다. 그것은 너무나 가혹한 고통이었고 그 때문에 현실적으로 신앙을 지키는 것이 어려웠을 것입니다.

어쩌면 지금 우리도 비슷한 경험을 하고 있는지 모릅니다. 이런 상황에서는 예수 믿는 것이 패배자가 된 것처럼 느껴지고 시대에 안 맞는 것 같습니다. 하지만 분명히 요한계시록을 통해 성령의 인침을 받은 자들을 끝까지 지키실 것이라는 주님의 약속이 명시되어 있습니다. 따라서 우리는 아무리 상황이 어려워도 하나님의 절대 주권을 의심해서는 안 됩니다.

144,000이란 숫자는 상징수

심지어 누군가 죽어가는 것을 보면서도 그것이 패배가 아님을 주님은 말씀을 통해 확인시켜 주십니다. 다시 말씀드리지만 144,000명은 상징수입니다. 우리는 144,000이라는 숫자에 현혹되지 말고 절대 주권자이신 주님의 약속에 집중해야 합니다.

다윗은 인구조사를 한 것 때문에 하나님께 책망받은 게 아니라 병력의 수를 계수한 것 때문에 책망을 받았습니다. 하나님을 의지하지 않고 자신의 힘을 의지한 것에 대한 지적이었습니다. 하나님은 자신의 자녀가 주권자이신 하나님을 절대 신뢰하지 않는 것을 싫어하십니다. 단순히 싫어하시는 정도가 아니라 요즘 아이들 말로 '극혐(극히 혐오함의 은에)' 수준입니다. 하나님은 144,000이라는 숫자에는 별 관심이 없으십니다. 하나님은 그의 자녀가 어려운 상황에서도 자신을 온전히 신뢰하는지에 관심이 있으십니다. 어떤 상황 속에서도 믿음으로 싸우는 예수 그리스도의 군사들을 기뻐하십니다.

잉글랜드 축구리그인 프리미어 리그 경기를 보면 팬들이 관중석에서 자주 부르는 노래가 있습니다. 과거 루이 암스트롱이 이 노래를 불러 엄청난 인기를 끈 바 있는데 그 가사는 다음과 같습니다.

Oh, when the saints go marching in.
Oh, when the saints go marching in
Lord I want to be in that number
오 성도들 행진할 때,
오 천국으로 입성할 때,
오 주여, 나도 그 숫자에 껴들어서 천국 입성했으면 해요

이 노래의 'in that number'라는 가사를 한국어로 의역하면 '그 대열에'라고 할 수 있습니다. 여기서 말하는 '그 대열'은 곧 그리스도 군사의 대열입니다. 그 수가 몇 명이 될지는 모르지만 어찌 됐든 그 대열에 들어가고 싶다는 노래입니다.

여러분, 창과 칼이 우리의 영혼을 어떻게 하지 못합니다. 비즈니스가 망해도 우리는 무너지지 않습니다. 여러분 앞에 고난이 찾아왔다면 그 고난에는 분명 의미가 있을 것입니다. 우리 모두 모든 상황 속에서 하나님의 절대 주권을 인정할 수 있기를 바랍니다.

교회는 반드시 승리합니다. 교회를 향한 비판과 비아냥이 거셀지라도 우리는 끝까지 교회를 지켜야 합니다. 교회가 위기라고들 말합니다. 그러나 마지막 승리는 교회의 승리입니다. 힘드십니까? 좌절하지 마십시오. 의기소침하지 마시고 당당하게 믿음을 지켜 나가십시오.

이 일 후에 내가 보니 각 나라와 족속과 백성과 방언에서 아무도 능히 셀 수 없는 큰 무리가 나와 흰 옷을 입고 손에 종려 가지를 들고 보좌 앞과 어린 양 앞에 서서
[요한계시록 7:9]

9절의 말씀을 통해서도 144,000이 상징수라는 것을 쉽게 알 수 있습니다. 4절의 144,000명은 9절에서 셀 수 없는 큰 무리로 바뀝니다. 결국 144,000은 셀 수 없는 큰 무리의 상징입니다. 온 나라와 온 시대를 막론한 숫자입니다.

예수께서 돌아가시기 전 예루살렘에 입성하실 때 종려가지를 들고 예수님을 환영하며 "호산나 호산나" 하고 외치던 백성들이 생각납니다 (요 12:13). 그날의 군중들은 예수님을 십자가에 못 박았지만 다시 예수님이 오실 때는 셀 수 없는 큰 무리들이 종려나무 가지를 들고 진심으로 '호산나'를 외치게 될 것입니다. 셀 수 없는 큰 무리는 어린 양의 피에 그 옷을 씻은 자들입니다. 이들은 재림 시 하나님의 은혜 가운데 보호하심을 받을 것입니다.

그 날에 죄와 더러움을 씻는 샘이 다윗의 족속과 예루살렘 주민을 위하여 열리리라[스가랴 13:1]

그들이 다시는 주리지도 아니하며 목마르지도 아니하고 해나 아무 뜨거운 기운에 상하지도 아니하리니 이는 보좌 가운데에 계신 어린 양이 그들의 목자가 되사 생명수 샘으로 인도하시고 하나님께서 그들의 눈에서 모든 눈물을 씻어 주실 것임이라[요한계시록 7:16-17]

커다란 고통으로 인해 주의 자녀들의 두 눈에서 눈물이 흐를 때 주님은 생명의 샘으로 그들의 눈물을 씻어 주신다고 말씀하십니다. 저는 제 딸의 눈물을 닦아준 적이 있습니다. 닭똥 같은 눈물을 닦아 줄 때마다 위의 말씀이 생각납니다. 주님은 자신의 자녀가 세상에서 얻어맞고 주님 품에 안겨 울 때 그 눈물을 닦아 주신다고 약속하십니다.

내가 말하기를 내 주여 당신이 아시나이다 하니 그가 나에게 이르되 이는 큰 환난에서 나오는 자들인데 어린 양의 피에 그 옷을 씻어 희게 하였느니라 [요한계시록 7:14]

장로 중 한 명이 큰 환난에 대해 언급합니다. 환난에 대한 내용은 구약의 다니엘서에도 나옵니다. 다니엘서는 예수 그리스도께서 십자가를 지실 때부터 찾아오게 될 말세에 관해 이야기하고 있습니다.

다니엘서에서 미리 보여주시는 큰 환난은 마지막 때, 이 땅의 끝날에 일어날 것입니다. 우리는 종종 말세라는 말을 합니다. 사실 말세는 예수님께서 십자가를 지시고 부활 승천하신 후 오순절 성령강림과 함께 이미 시작되었습니다. 이것이 성경적 말세관입니다. 마지막 때는 앞으로 100년 후가 아니고 오순절 성령강림절부터 이미 시작된 때를 의미합니다. 마지막 때가 이미 시작된 것처럼 환난도 이미 신약 때부터 일어난 것입니다.

요한복음에서 말씀하시는 환난은 다니엘서에서 말하는 환난과 같은 때를 의미합니다. 그렇기 때문에 바로 지금이 마지막 때입니다. 마지막 때에 환난이 있을 것이라고 했고 우리는 지금 환난을 경험하고 있는 것입니다.

지난 2천 년 동안 끊임없이 하나님의 백성들을 향한 환난은 계속되어 왔습니다. 그러나 지난 1세기부터 지금까지 그 환난을 이기고 나온

144,000명, 즉 셀 수 없는 무리들도 환난에 맞서며 계속해서 믿음을 지켜오고 있습니다. 바로 그들이 성경에서 말하는 이마에 인치심을 받은 자들입니다. 주님은 그들이 다시는 주리지도, 목마르지도, 상하지도 않을 것이며 그들의 눈에서 모든 눈물을 씻어주실 것이라고 말씀하십니다.

고요함의 의미

자 이제 마지막 인봉을 뗄 때가 되었습니다. 일곱 번째 인봉을 떼면 어떤 일이 일어날까요? 저는 일곱 번째 인봉을 떼면 예수님이 나타날 것 같습니다. 그런데 예수님이 나타나지 않고 고요 속에 첫 번째 나팔이 울려 퍼지기 시작합니다.

일곱째 인을 떼실 때에 하늘이 반 시간쯤 고요하더니 [요한계시록 8:1]

이 '고요'가 의미하는 것은 무엇일까요? 주님 앞에 서 있는 몰아지경이 아닐까요? 즉 입을 다물 수 없는, 말로 표현할 수 없는 상황이 아닐까 생각해 봅니다.

헨리 나우웬이 세인트피터스버그 박물관에서 렘브란트의 그림을 보고 왜 그렇게 몰아지경이 되었을까요? 그가 경험한 반 시간 동안의 고요함은 그림에 대한, 더 구체적으로는 그림 속을 통해 느껴지는 하나님 아버지에 대한 경외가 아닐까 하는 생각이 듭니다. 그것이 예배입니다. 주님 앞에서 모든 것을 중단하고 경이로운 마음으로 주님께 내 모든 것을 올려 드리는 것이 예배입니다. 세상의 모든 것이 멈춘 듯 하나님의 임재를 예배합니다. 바로 그런 백성들이 "구원하심이 보좌에 앉으신 어린 양께 있도다."라고 찬양하며 외칠 수 있습니다.

오래 전, 제가 단기 선교를 다녀온 적이 있었는데 처음으로 가족을 떠난 경험이었습니다. 대학생들과 여름 선교를 마치고 집으로 돌아오는데 아내가 큰딸과 둘째 아들을 데리고 마중을 나왔습니다. 당시 저를 바라보던 아들의 모습이 지금도 잊혀지지 않습니다. 네 살 된 아들이 아빠인 저의 얼굴을 보자마자 입을 크게 벌리며 활짝 웃는데 그 모습을 보면서 아빠를 얼마나 보고싶어 했는지, 아빠를 다시 만난 것이 얼마나 행복한지를 알 수 있었습니다. 아이는 아빠를 보고 숨을 쉬지 못할 만큼 좋아했습니다. 지금은 아이가 커서 말을 잘 듣지 않지만 당시 아들이 입을 다물지 못했던 그 장면이 아직도 생생합니다.

주님도 우리의 그런 모습을 기억하실 것입니다. 우리는 걸작품을 봐도 숨을 잘 못 쉽니다. '팬텀 오브 오페라'를 보며 숨을 못 쉬는 사람들이 있습니다. 슈퍼스타를 보면서 숨이 꽉 막히는 사람도 있습니다. 우리 각자에게도 그렇게 주님이 너무 좋아서 숨을 못 쉬었던, 너무 감격스러워서 말을 도무지 못했던 그런 날들이 있습니다. 그날을 기억하며 하나님을 향한 우리의 예배가 멈추지 않기를 기도합니다.

14 일곱 나팔과 금향로

요한계시록 8장 2절-9장 21절

8:2내가 보매 하나님 앞에 일곱 천사가 서 있어 일곱 나팔을 받았더라 3또 다른 천사가 와서 제단 곁에 서서 금 향로를 가지고 많은 향을 받았으니 이는 모든 성도의 기도와 합하여 보좌 앞 금 제단에 드리고자 함이라 4향연이 성도의 기도와 함께 천사의 손으로부터 하나님 앞으로 올라가는지라 5천사가 향로를 가지고 제단의 불을 담아다가 땅에 쏟으매 우레와 음성과 번개와 지진이 나더라 6일곱 나팔을 가진 일곱 천사가 나팔 불기를 준비하더라 7첫째 천사가 나팔을 부니 피 섞인 우박과 불이 나와서 땅에 쏟아지매 땅의 삼분의 일이 타 버리고 수목의 삼분의 일도 타 버리고 각종 푸른 풀도 타 버렸더라 8둘째 천사가 나팔을 부니 불 붙는 큰 산과 같은 것이 바다에 던져지매 바다의 삼분의 일이 피가 되고 9바다 가운데 생명 가진 피조물들의 삼분의 일이 죽고 배들의 삼분의 일이 깨지더라 10셋째 천사가 나팔을 부니 횃불 같이 타는 큰 별이 하늘에서 떨어져 강들의 삼분의 일과 여러 물샘에 떨어지니 11이 별 이름은 쓴 쑥이라 물의 삼분의 일이 쓴 쑥이 되매 그 물이 쓴 물이 되므로 많은 사람이 죽더라 12넷째 천사가 나팔을 부니 해 삼분의 일과 달 삼분의 일과 별들의 삼분의 일이 타격을 받아 그 삼분의 일이 어두워지니 낮 삼분의 일은 비추임이 없고 밤도 그러하더라 13내가 또 보고 들으니 공중에 날아가는 독수리가 큰 소리로 이르되 땅에 사는 자들에게 화, 화, 화가 있으리니 이는 세 천사들이 불어야 할 나팔 소리가 남아 있음이로다 하더라

9:1다섯째 천사가 나팔을 불매 내가 보니 하늘에서 땅에 떨어진 별 하나가 있는데 그가 무저갱의 열쇠를 받았더라 2그가 무저갱을 여니 그 구멍에서 큰 화덕의 연기 같은 연기가 올라오매 해와 공기가 그 구멍의 연기로 말미암아 어두워지며 3또 황충이 연기 가운데로부터 땅 위에 나오매 그들이 땅에 있는 전갈의 권세와 같은 권세를 받았더라 4그들에게 이르시되 땅의 풀이나 푸른 것이나 각종 수목은 해하지 말고 오직 이마에 하나님의 인침을 받지 아니한 사람들만 해하라 하시더라 5그러나 그들을 죽이지는 못

하게 하시고 다섯 달 동안 괴롭게만 하게 하시는데 그 괴롭게 함은 전갈이 사람을 쏠 때에 괴롭게 함과 같더라 6그 날에는 사람들이 죽기를 구하여도 죽지 못하고 죽고 싶으나 죽음이 그들을 피하리로다 7황충들의 모양은 전쟁을 위하여 준비한 말들 같고 그 머리에 금 같은 관 비슷한 것을 썼으며 그 얼굴은 사람의 얼굴 같고 8또 여자의 머리털 같은 머리털이 있고 그 이빨은 사자의 이빨 같으며 9또 철 호심경 같은 호심경이 있고 그 날개들의 소리는 병거와 많은 말들이 전쟁터로 달려 들어가는 소리 같으며 10또 전 갈과 같은 꼬리와 쏘는 살이 있어 그 꼬리에는 다섯 달 동안 사람들을 해하는 권세가 있더라 11그들에게 왕이 있으니 무저갱의 사자라 히브리어로는 그 이름이 아바돈이요 헬라어로는 그 이름이 아볼루온이더라 12첫째 화는 지나갔으나 보라 아직도 이 후에 화 둘이 이르리로다 13여섯째 천사가 나팔을 불매 내가 들으니 하나님 앞 금 제단 네 뿔 에서 한 음성이 나서 14나팔 가진 여섯째 천사에게 말하기를 큰 강 유브라데에 결박한 네 천사를 놓아 주라 하매 15네 천사가 놓였으니 그들은 그 년 월 일 시에 이르러 사람 삼분의 일을 죽이기로 준비된 자들이더라 16마병대의 수는 이만 만이니 내가 그들의 수를 들었노라 17이같은 환상 가운데 그 말들과 그 위에 탄 자들을 보니 불빛과 자줏빛 과 유황빛 호심경이 있고 또 말들의 머리는 사자 머리 같고 그 입에서는 불과 연기와 유황이 나오더라 18이 세 재앙 곧 자기들의 입에서 나오는 불과 연기와 유황으로 말미 암아 사람 삼분의 일이 죽임을 당하니라 19이 말들의 힘은 입과 꼬리에 있으니 꼬리는 뱀 같고 또 꼬리에 머리가 있어 이것으로 해하더라 20이 재앙에 죽지 않고 남은 사람들 은 손으로 행한 일을 회개하지 아니하고 오히려 여러 귀신과 또는 보거나 듣거나 다니 거나 하지 못하는 금, 은, 동과 목석의 우상에게 절하고 21또 그 살인과 복술과 음행과 도둑질을 회개하지 아니하더라 저는 범죄수사극인 CSI라는 '미드(미국드라마)'를 좋아합니다. 단서를 찾아 사건의 실마리를 풀어가는 과정이 저에게는 상당히 흥미롭게 다가오기 때문입니다. 과거에도 탐정소설을 즐겨 읽었습니다. 여러분은 이런 장르를 좋아하실지 모르겠습니다. 만약 좋아하시는 분이 있다면 이번 장의 내용이 좀 더 쉽게 이해되리라 생각됩니다. 그렇지 않은 분도 CSI 드라마를 보는 것 같은 심정으로, 탐정소설을 읽는 마음으로 이 장의 내용을 읽으면 훨씬 도움이 될 것입니다.

탐정소설에서 탐정이 실마리를 찾는 과정을 읽고 있다고 상상해보십시오. 요한계시록 8장 1절에서 9장 21절까지의 내용은 앞으로 일어날 일에 대한 실마리를 제공한다고 생각해 보시기 바랍니다.

지금 탐정소설과 같은 CSI 드라마의 필름이 돌아가기 시작합니다. 이 필름이 과거의 경험과 현재의 경험을 오버랩(overlap)시키는 기법을 사용하고 있다고 생각하면서 요한계시록 8장 1절부터 9장 21절까지 읽어보시기 바랍니다. 오버랩은 앞의 장면이 서서히 사라져가는데 겹쳐서 다음 장면을 서서히 나오게 하여 점차 완전히 다음 장면이 되게 하는 기법을 말합니다.

Scene(장면) #1. 일곱 나팔과 무너지는 여리고 성의 오버랩

사도 요한이 계시를 받는 장면을 그려 보십시오. 이 장면을 통해 탐정의 마음으로 유추해야 하는 것은 어떤 계시가 그에게 주어졌는 것인가입니다. 계시를 발견하면 우리는 탐정소설의 결말에 다다르게 됩니다. 주인공 사도 요한은 그림으로 본 것을 글로 묘사합니다. 그는 자신이 갖고 있는 구약 성경의 지식으로 장면을 오버랩시킵니다.

나팔은 구약의 언어입니다. 나팔은 구약에서 경고와 알림 소리를 낼 때 사용되었던 것입니다. 일곱 나팔이라는 표현을 사용한 성경의 사건은 여리고성이 무너질 때 일곱 제사장이 일곱 양각 나팔을 분 일입니다.

사도 요한은 자신에게 보여진 계시를 이렇게 구약의 언어로 오버랩시키면서 표현하고 있습니다. 구약 시대 제사장 일곱 명이 일곱 나팔을 일곱 번 불 때 결과는 어떠했습니까? 여리고성이 와르르 무너졌습니다. 그 장면이 연상되도록 사도 요한은 묘사하고 있습니다. 독자로서 탐정소설을 읽는 마음으로 유추해낼 수 있는 내용은 나팔이 무엇인가를 무너뜨릴 것을 암시한다는 것입니다.

Scene #2. 일곱 나팔과 열 가지 재앙의 오버랩

일곱 나팔은 '무너짐'을 암시하면서 또 다른 이미지를 보여줍니다. 바로 재앙입니다. 요한계시록 8-9장에서는 첫 번째 나팔을 불 때부터 여섯 번째 나팔을 불 때까지 재앙이 내려지는 것을 볼 수 있습니다.

이 재앙의 이미지는 구약의 출애굽 사건 때, 애굽에 발생한 열 가지 재앙과 오버랩됩니다. 첫 번째 나팔을 불자 나타난 재앙은 애굽의 피 재앙과 같다고 할 수 있습니다. 마치 구약에 나오는 재앙의 언어를 사도 요한이 오버랩 기술로 사용하고 있는 듯합니다. 다시 말씀드리지만 나팔은 무너짐과 재앙을 암시하고 있습니다.

재앙에도 여러 종류가 있습니다. 앞서 일곱 인봉을 뗄 때에는 사람이 고통을 받는다고 했는데, 나팔을 불 때는 자연재해의 재앙이 따라옵니다. 인간이 다치고 나서 자연이 상하는 순서입니다.

셋째 천사가 셋째 나팔을 불자 물이 오염되는 현상이 발생합니다. 쓴 물로 변한 물 때문에 많은 사람이 죽게 되었습니다. 넷째 천사가 넷째 나팔을 불자 이번에는 흑암의 재앙이 발생합니다. 세상이 어두워지는 것입니다. 다섯 번째는 황충(메뚜기) 재앙이 발생하는데 황충은 전갈과 같은 권세를 받게 됩니다. 여섯 번째 나팔을 불자 마병대가 등장하는데 그 수가 이만 만이나 됩니다. 지금까지의 현상을 보면 이스라엘 백성이 출애굽하기 전 애굽에 내려진 재앙들이 오버랩됩니다.

탐정의 마음으로 요한계시록을 읽고 있습니까? 어떤 예측을 하게 됩니까? 이스라엘 백성이 출애굽하기 전 애굽에 내려진 재앙과 여섯 나팔로 인한 자연재해 재앙이 오버랩되는 이 현상은 우리에게 무엇을 보여줍니까? 그것은 바로 강성대국이라 할지라도 하나님 앞에서 꼼짝 못하는 모습입니다. 탐정의 마음으로 그 다음을 유추해 보건데 사도 요한이 이 계시를 받고 글로 쓰고 있던 그 시대의 강력한 무엇인가도 무너지고 재앙이 있었을 것이라 예상할 수 있습니다.

Scene #3. 무너지는 강대국의 역사 오버랩

출애굽 당시의 재앙과 이집트 역사를 연구하려면 '바로 왕' 시대를 알아야 합니다. 로마 황제가 '시저(Caesar)'인 것처럼 이집트 왕의 이름은 모두 '바로(Pharaoh)'입니다. 바로 왕 집권 당시는 이집트의 전성시대였습니다. 피라미드, 스핑크스, 오벨리스크 등은 모두 바로 왕 시대에 만들어졌습니다. 전성기의 애굽을 향해 누구도 감히 도전할 수 없었던 그 시대에 여든 살의 모세가 오직 손에 지팡이 하나를 들고 바로 왕과 맞섭니다. 모세는 하나님의 말씀에 따라 바로를 향해 "내 백성을 보내라(출 5:1)."고 외치며 이스라엘 백성을 애굽으로부터 인도해냅니다. 계란으로 바위 깨기처럼 가망 없어 보이는 일이었는데 실제 계란으로 바위를 깬 사건이 일어나고 만 것입니다. 모세에 이어 이스라엘의 지도자가 된 여호수아 때에도 말씀에 순종해 나팔을 불며 여리고성을 돌았더니 난공불락의 성이 와르르 무너져 내렸습니다. 그러한 장면들의 오버랩을 통해 우리는 우리가 나아갈 바를 알게 됩니다.

Scene #4. 세상에서 쌓은 것이 소용없음을 알리는 오버랩

우리는 난공불락의 여리고성을 칼과 창이 아니라 나팔 소리로 무너뜨리시는 하나님을 봅니다. 오늘날의 삶에서도 결단코 무너지지 않을 것 같은 성들이 있습니다. 우리 안에도 애굽 제국과 여리고 성이 세워져 있습니다. 난공불락과 같은 우리의 마음, 번영을 통해 하나님을 저버리는 우리의 삶의 태도 등이 우리 안에 거하는 애굽 제국과 여리고 성입니다.

저는 오래 전에 미국 동부 지역에 있는 필라델피아에 거주한 적이 있습니다. 이 도시의 프로농구팀은 세븐티식서스입니다. 이 팀은 1983년에 프로농구 결승에 올라 전통의 명문인 LA 레이커스를 만났습니다. 그리고 놀랍게도 세븐티식서스가 4전 전승으로 챔피언 자리에 올랐습니다. 잊을 수 없는 일이었습니다. 제 인생에서 가장 행복한 몇 날을 꼽으라면 아내를 만난 날과 세븐티식서스가 챔피언이 된 날이라고 꼽을 수 있을 정도로 저에게는 대단한 일이었습니다. 당시 온 도시가 야단법석이었습니다. 그때 저희 가정은 식품점을 운영했는데 다음 날 가게에 가보니 사람들이 가게 유리창을 다 깨고 물건을 집어간 것이었습니다.

그 현장을 보니 기가 막혔습니다. '도시의 우승, 챔피언의 감격이라는 게 이런 것밖에 되지 않는구나'라는 생각이 들었습니다.

그 일이 있고 수년 후 LA에서 폭동을 경험한 분들을 만나게 되었습니다. 당시 LA 폭동 사건으로 피해를 입은 일부 성도님들의 간증을 듣게 되었는데 이민 생활에서 쌓아둔 모든 것을 당시 LA 폭동으로 잃게 되었다고 합니다. 평생 쌓은 것을 하루아침에 다 날려버린 것입니다. 언젠가는 허물어질 것들이 바로 이런 것입니다. 세상적으로 성공했다 할지라도, 돈을 많이 벌었다 할지라도 그것이 나의 산성이고 영원한 보루가 될 수 없습니다. 애굽 제국이 세워졌다 하더라도, 여리고성이 제 아무리 견고하더라도 이 땅에서 영원한 것은 없습니다. 이 세상에서 안전하다고 여겨지는 모든 것들이 마지막 때가 되면 다 무너질 것입니다.

Scene #5. 다섯 번째 나팔과 황충 오버랩

다섯 번째 천사가 나팔을 불기 전, 사도 요한은 독수리를 보게 됩니다. 이 독수리가 날아와 큰소리로 말합니다.

"화로다! 화로다! 화로다!"

까마귀가 아닌 하늘의 왕자 독수리가 이렇게 외치는 것은 왜일지 탐정의 마음으로 유추해 봅니다. 이는 뭔가 큰일이 벌어지기 직전의 징조입니다. 이는 마치 다섯 번째, 여섯 번째, 일곱 번째 나팔도 '화'에 대해 이야기할 것 같은 징조입니다. 성경에서는 세 번 반복하는 것이 별로 없는데 세 번 반복할 때는 무엇인가 정말로 강조하려는 것입니다.

독수리는 "화로다"를 세 번 반복하며 '화'가 다가오는 것을 강조합니다. 나팔이 다섯, 여섯, 일곱 번째 불릴 때 하나님의 심판이 점점 강해질 것 같다는 생각이 듭니다. 실제 다섯 번째 나팔을 불자 황충이 나타납니다. 이 장면은 요엘서 2장과 오버랩됩니다. 요엘서 2장을 읽은 후에 다음 말씀을 읽어보기 바랍니다.

요엘서 2장에서 나왔던 황충보다 더 강력한 무엇인가가 등장합니다. 바로 아볼루온입니다. 아볼루온은 그리스 신화에 나오는 '아폴로스'로서 파괴자라는 뜻을 지니고 있습니다. 이는 또한 아담을 유혹했던 사탄을 의미하기도 합니다. 사탄이 바로 황충 떼들의 임금입니다. 사탄의 지시와 명령에 따라 행하는 자가 아볼루온입니다. 사탄의 지시를 받는 황충이 나와서 엄청난 재앙을 쏟아 놓는데 그 모양이 흥미롭습니다. 황충의 모양이 뭔가 끌리는 데가 있습니다. 아름답다는 느낌마저 줍니다. 성경은 이것에 대해 전쟁을 준비하는 말과 같다고 표현합니다.

황충이 금관을 쓰고 있습니다. 금관은 본래 왕이 쓰는 것입니다. 지위와 신분이 높은 사람이 쓰는 게 왕관입니다. 지위 높은 사람에게는 끌리는 매력이 있습니다. 그런 의미에서 요한계시록에 나오는 황충이 사람들에게는 선망의 대상입니다. 꿈입니다. 스타입니다. 황충은 매력적이고 혹하게 하는 존재입니다. 우리가 갖고 싶은 것을 다 갖고 있습니다. 황충은 또한 누구도 해할 수 있는 강력한 권세를 갖고 있습니다. 그런데 그런 그들도 건드리지 못하는 존재들이 있습니다.

황충 군대는 강력한 파워가 있음에도 인침을 받은 성도들은 건드리지 못합니다. 오직 이마에 하나님의 인침을 받지 아니한 사람들만 해할 수 있습니다.

인침을 받은 성도는 해할 수 없다는 이 말씀이 위로도 되지만 한편으로는 반어적인 도전이기도 합니다. 이 말씀은 우리에게 다음과 같이 말하는 듯합니다.

"성도들아, 좀 봐라! 세상은 왕관과 명예와 권력을 좇지만 결국은 죽고 멸망하는 길이다. 성도들은 황충의 해를 받지 않을 것이기에 왕관과 유혹을 좇아가지 말아야 한다."

성도들은 세상의 유혹에 무너지지 말아야 한다는 뜻입니다. 하나님의 인침을 받은 자들로서 성도들은 믿음을 지켜야 합니다.

Scene #6. 여섯 번째 나팔과 마병대 재앙 오버랩

여섯째 천사가 여섯 번째 나팔을 불자 마병대를 통한 재앙이 쏟아
집니다. 역사 속 수많은 사건들이 이 여섯 번째 나팔을 불었을 때 나타
나는 환상과 연결됩니다. 바벨론과 헬라제국의 멸망이 그렇고, 나치 히
틀러와 구소련의 멸망이 그렇습니다. 이 재앙은 우리 가운데 이미 역사
적으로 증명되었습니다.

나팔을 불 때마다 재앙의 규모가 점점 더 강해지고 있음을 우리는
보게 됩니다. 하지만 여전히 회개하지 않은 인간의 완악함도 보게 됩니
다. 여러 재앙으로 멸망하는 것을 보면서도 회개하지 않는 모습이 우
리 안에도 있지 않습니까? 믿지 않는 자들은 그 어떤 재앙에도 불구하
고 회개하지 않습니다. 이런 자들은 수많은 사건을 보면서도 '하나님의
경고!'라고 생각하지 않습니다. 그렇다면 여러분은 믿는 자입니까, 믿
지 않는 자입니까?

또 다른 천사가 와서 제단 곁에 서서 금 향로를 가지고 많은 향을 받았으니 이는 모든 성도의 기도와 합하여 보좌 앞 금 제단에 드리고자 함이라 향연이 성도의 기도와 함께 천사의 손으로부터 하나님 앞으로 올라가는지라 천사가 향로를 가지고 제단의 불을 담아다가 땅에 쏟으매 우레와 음성과 번개와 지진이 나더라
[요한계시록 8:3-5]

향로에서 연기가 솟아오르는 모습 역시 구약 시대의 제사를 드리는 모습과 오버랩됩니다. 연기는 성도의 기도입니다. 성도의 기도가 연기가 되어 하늘로 올려지는 모습을 연상시킵니다. 성도들의 기도가 올려지면 이것이 재앙을 막는 역할을 합니다. 의인의 기도는 힘이 있고 능력이 있습니다.

빌기를 다하매 모인 곳이 진동하더니 무리가 다 성령이 충만하여 담대히 하나님의 말씀을 전하니라[사도행전 4:31]

초대 교회 시절 복음을 전하다 옥에 갇힌 베드로를 위해 성도들이 간절히 기도하자 그날 밤 지진이 나고 옥문이 열리면서 베드로가 감옥에서 나올 수 있었습니다. 의인의 기도는 이처럼 능력이 있습니다.

몇 년 전 캘리포니아주 샌디에이고에서 산불이 났습니다. 저희 교회 모 장로님께서 그 지역에 거주하시는데 불이 났다고 기도해달라고 부탁하셨습니다. 당시 장로님은 불을 피해 대피한 상태였습니다. 저희 교회의 성도들 중 여덟 가정이 그 지역에 살고 있었는데 이미 서너 가정이 대피한 상황이었습니다. 그 중에 김 집사님이란 분이 몰래 집으로 들어가 호스로 불을 끄기 시작했습니다. 집 앞까지 불이 왔는데 물

을 뿌리며 불을 껐습니다. 위험한 상황이었습니다. 당시 저희 교회 목회진은 모여서 기도를 했습니다. 나중에 뉴스를 들었는데 우리가 기도하던 그때 바람의 방향이 바뀌었고 네 가정의 집도 화재 없이 안전하게 보존되었습니다.

의인의 간구는 역사하는 힘이 큽니다. 여러분도 기도하셔야 합니다. 하나님의 뜻에 합한 기도는 반드시 응답됩니다. 금향로에 담긴 성도들의 기도가 지진과 불도 막을 수 있습니다. 물론 기도하는 것에 대해 자랑하지 말아야 합니다. 기도는 우리를 겸손하게 하는 것이지 교만으로 이끄는 게 결코 아닙니다.

성도는 기도밖에 할 게 없습니다. 기도밖에 할 수 없는 게 성도의 복입니다. 하나님 앞에 나와 엉엉 울 수밖에 없는 그 순간, 그때 기도는 하나님의 무기입니다. 지금 우리는 요한계시록에서처럼 나팔이 불려지고 있는 시대에 살고 있다고 해도 과언이 아닙니다. 여기저기서 재앙의 모습이 나타납니다. 그렇다면 무엇을 해야 할까요? 먼저 회개해야 합니다. 그리고 기도해야 합니다. 응답되는 기도가 쏟아질 때 하나님의 역사가 진행되는 것을 믿습니다.

어쩌면 지금이 다섯 번째 나팔 후, 황충이 판을 치고 있는 세상일지 모르겠습니다. 마병대가 3분의 1씩 죽이는 상황인지 모르겠습니다. 이런 시대일수록 우리가 더욱 기도하고 회개함으로써 우리 안과 밖에 있는 난공불락 여리고성을 무너뜨릴 수 있기를 기도합니다.

예수님의
러.브.레.터

15 입에 달고 배에 쓴 말씀

요한계시록 10장 1-11절

[1]내가 또 보니 힘 센 다른 천사가 구름을 입고 하늘에서 내려오는데 그 머리 위에 무지개가 있고 그 얼굴은 해 같고 그 발은 불기둥 같으며 [2]그 손에는 펴 놓인 작은 두루마리를 들고 그 오른 발은 바다를 밟고 왼 발은 땅을 밟고 [3]사자가 부르짖는 것같이 큰 소리로 외치니 그가 외칠 때에 일곱 우레가 그 소리를 내어 말하더라 [4]일곱 우레가 말을 할 때에 내가 기록하려고 하다가 곧 들으니 하늘에서 소리가 나서 말하기를 일곱 우레가 말한 것을 인봉하고 기록하지 말라 하더라 [5]내가 본 바 바다와 땅을 밟고 서 있는 천사가 하늘을 향하여 오른손을 들고 [6]세세토록 살아 계신 이 곧 하늘과 그 가운데에 있는 물건이며 땅과 그 가운데에 있는 물건이며 바다와 그 가운데에 있는 물건을 창조하신 이를 가리켜 맹세하여 이르되 지체하지 아니하리니 [7]일곱째 천사가 소리 내는 날 그의 나팔을 불려고 할 때에 하나님이 그의 종 선지자들에게 전하신 복음과 같이 하나님의 그 비밀이 이루어지리라 하더라 [8]하늘에서 나서 내게 들리던 음성이 또 내게 말하여 이르되 네가 가서 바다와 땅을 밟고 서 있는 천사의 손에 펴 놓인 두루마리를 가지라 하기로 [9]내가 천사에게 나아가 작은 두루마리를 달라 한즉 천사가 이르되 갖다 먹어 버리라 네 배에는 쓰나 네 입에는 꿀같이 달리라 하거늘 [10]내가 천사의 손에서 작은 두루마리를 갖다 먹어 버리니 내 입에는 꿀같이 다나 먹은 후에 내 배에서는 쓰게 되더라 [11]그가 내게 말하기를 네가 많은 백성과 나라와 방언과 임금에게 다시 예언하여야 하리라 하더라

아이들이 더 이해하기 좋은 요한계시록

1980년대, 제가 미국 동부의 도시인 필라델피아로 이민을 갔을 때의 이야기입니다. 당시 필라델피아 오케스트라에는 유진 올만디라는 유명한 지휘자가 있었고, 그가 은퇴한 후 곧이어 이탈리아 출신의 리카르도 무티가 지휘자로 왔습니다. 무티가 당시 한 언론과의 인터뷰에서 했던 말이 지금까지도 기억에 남아 있습니다. 음악 해석에 대한 질문에 그는 "해석? 관객은 해석하지 말고 즐기라!"고 말했습니다.

이전 장은 탐정의 마음으로 해석하며 읽었다면 이번 장부터는 다시 어린아이의 마음으로 요한계시록을 읽으면 좋겠습니다. 무티가 관객에게 음악을 그저 즐기라고 말한 것처럼 저는 요한계시록을 읽으면서 해석하지 말고 즐기라고 말하고 싶습니다. 너무 해석하려고 하지 말고 즐기면서 주의 음성을 듣길 바랍니다.

요한계시록은 아이들이 더 잘 이해합니다. 아이들은 만화영화를 많이 보기 때문에 해석하지 않아도 잘 압니다. 몰입하기 때문에 그렇습니다. 우리 또한 아이들처럼 요한계시록에 몰입하기를 바랍니다.

하나님은 사도 요한이 관객이었던 상황에서 그가 그 상황 안으로 뛰어들어오게 하셨습니다. 이는 마치 아이들이 만화영화에 몰입된 나머지 TV 안으로 들어가서 보는 것처럼 보이는 상황을 의미합니다. 월드컵 축구를 보면서 몰입되어 내가 마치 뛰는 것으로 착각하게 되는데 요한계시록을 읽을 때도 그런 몰입이 필요합니다.

힘센 천사의 등장

내가 또 보니 힘 센 다른 천사가 구름을 입고 하늘에서 내려오는데 그 머리 위에 무지개가 있고 그 얼굴은 해 같고 그 발은 불기둥 같으며[요한계시록 10:1]

말씀에 등장하는 힘센 천사는 에스겔서에도 나옵니다. 9장에서 사용되었던 오버랩 기법이 이번 장에서도 계속 이어진다고 보면 됩니다.

내가 보니 그 허리 위의 모양은 단 쇠 같아서 그 속과 주위가 불 같고 내가 보니 그 허리 아래의 모양도 불 같아서 사방으로 광채가 나며 그 사방 광채의 모양은 비 오는 날 구름에 있는 무지개 같으니 이는 여호와의 영광의 형상의 모양이라 내가 보고 엎드려 말씀하시는 이의 음성을 들으니라[에스겔 1:27-28]

이와 비슷한 말씀이 요한계시록 4장에도 나옵니다.

내가 곧 성령에 감동되었더니 보라 하늘에 보좌를 베풀었고 그 보좌 위에 앉으신 이가 있는데 앉으신 이의 모양이 벽옥과 홍보석 같고 또 무지개가 있어 보좌에 둘렸는데 그 모양이 녹보석 같더라[요한계시록 4:2-3]

요한계시록 10장에 등장하는 힘센 천사는 예수님의 영광을 표현하고 있습니다. 황충이 사탄을 대표했던 것처럼 힘센 천사는 예수 그리스도를 대표하거나 상징한다고 생각하시면 되겠습니다. 사도 요한은 힘센 천사에 대해 묘사하기를 머리 위에는 무지개가 있고 얼굴은 해와 같다고 했습니다. 불기둥 같은 두 발의 한쪽은 땅을, 나머지 한쪽은 바다를 밟고 있습니다. 이런 모습을 어린 아이들이 보면 어떨까요? 아이들이 만화영화를 보고 있는데 실제 이런 주인공이 나타나면 어떤 기분이 들까요? 왠지 힘이 나지 않을까요? 환한 얼굴 위의 무지개, 그리고 땅과 바다 위에 엎어놓은 발을 둘러싼 불기둥, 천사의 날개를 가진 분이 우리를 보호해주고 있다는 마음이 들지 않을까요? 예수님을 상징하는 천사에 대한 묘사는 계속 이어집니다.

힘센 천사가 큰 소리로 무엇을 외쳤는지는 설명되어 있지 않았지만 마치 천하를 향해 "이것은 다 내 거야!"라고 말하고 있는 것 같습니다. 천하가 다 예수 그리스도의 것임을 선포하고 있는 듯합니다. 세상의 모든 권세를 받으신 예수 그리스도께서 다음과 같이 선포하신 바 있습니다.

예수께서 나아와 말씀하여 이르시되 하늘과 땅의 모든 권세를 내게 주셨으니
[마태복음 28:18]

그렇습니다. 만물이 모두 주의 것입니다. 힘센 천사, 즉 예수 그리스도의 것입니다. 이것을 기록하려는 순간 다음의 말이 들려옵니다.

"쉿! 아무 말도 하지 말라."는 말의 의미

일곱 우레가 말을 할 때에 내가 기록하려고 하다가 곧 들으니 하늘에서 소리가 나서 말하기를 일곱 우레가 말한 것을 인봉하고 기록하지 말라 하더라
[요한계시록 10:4]

무엇인지 잘은 모르겠지만 일곱 우레가 말한 것을 기록하지 말라고

합니다. 다니엘서에도 이와 비슷한 내용이 나옵니다.

기도 중에 환상을 본 다니엘에게 중요한 내용을 봉함하라고 말씀하신 것처럼 하늘로부터 울려퍼지는 소리가 요한에게 중요한 내용을 기록하지 말라고 명령합니다.

요한은 무슨 소리를 들었을까요? 이 장면을 아이들이 만화책 보듯이 본다고 상상해 보십시오. 뭔가 중요한 말을 해야 하는데 "쉿! 아무 말도 하지 말라"는 파워를 가진 자의 음성이 들린다면 아이들은 어떻게 받아들일까요? 뭔가 비밀스럽고 중요한 일이 벌어질 것이라고 생각할 것입니다.

하늘과 땅의 모든 권세를 가지신 주님은 지체하지 않겠다고 하십니다. 속히 오겠다고 하십니다. 조금만 더 기다리라고 하십니다.

이는 주인공을 기다리는 아이들의 마음에 와닿는 명령입니다.

"쉿! 곧 올 테니 조용히 있어라."

이 명령이 오랫동안 기대했던 나의 타이밍은 아니지만 반드시 올 것이라는 확신을 줍니다. 우리는 주님의 일을 하다가 이것이 언제쯤 이뤄지면 좋겠다고 생각을 합니다. 하지만 늘 기대보다 늦게 이루어지는 것을 보게 됩니다. 그래서 속상한 마음이 들 때 주님은 말씀하십니다.

"더는 지체하지 않을 것이다."

만화영화에서 주인공이 선한 일을 행하기를 기다리는 어린 관객처럼 우리는 "하루 하루가 힘겹게 지나가는데 내일은 버틸 수 있을까?"라고 질문합니다. 그런 우리에게 하늘과 땅의 모든 권세를 가지신 주님은 '속히 올 것'을 약속하십니다. 하늘과 땅의 모든 권세를 가지신 예수께서 "너는 내 거야!"라고 선포하시는 음성이 들리는 것 같습니다.

두루마리를 먹어버리라!

하늘에서 들려오는 음성이 또 요한을 향해 말합니다.

"힘센 천사의 손에 있는 두루마리를 가지라."

요한은 힘센 천사에게 가서 두루마리를 달라고 합니다. 이때 천사가 두루마리를 요한에게 주며 가지고 가서 먹어버리라고 말합니다.

두루마리를 먹으라는 내용은 에스겔서 2-3장에도 나옵니다. 오버랩입니다.

이 아니요 이스라엘 족속에게 보내는 것이라 너를 언어가 다르거나 말이 어려워 네가 그들의 말을 알아 듣지 못할 나라들에게 보내는 것이 아니니라 내가 너를 그들에게 보냈다면 그들은 정녕 네 말을 들었으리라 그러나 이스라엘 족속은 이마가 굳고 마음이 굳어 네 말을 듣고자 아니하리니 이는 내 말을 듣고자 아니함이니라 보라 내가 그들의 얼굴을 마주보도록 네 얼굴을 굳게 하였고 그들의 이마를 마주보도록 네 이마를 굳게 하였으되 네 이마를 화석보다 굳은 금강석 같이 하였으니 그들이 비록 반역하는 족속이라도 두려워하지 말며 그들의 얼굴을 무서워하지 말라 하시니라[에스겔 2:3-3:9]

에스겔 선지자 또한 두루마리가 입에서 달기가 꿀 같다는 표현을 했습니다. 다시 요한계시록을 보겠습니다.

내가 천사에게 나아가 작은 두루마리를 달라 한즉 천사가 이르되 갖다 먹어 버리라 네 배에는 쓰나 네 입에는 꿀같이 달리라 하거늘 내가 천사의 손에서 작은 두루마리를 갖다 먹어버리니 내 입에는 꿀같이 다나 먹은 후에 내 배에서는 쓰게 되더라[요한계시록 10:9-10]

두루마리가 입에는 달다고 하는 말씀의 의미는 무엇일까요? 이와 비슷한 말씀이 시편에도 나옵니다.

금 곧 많은 순금보다 더 사모할 것이며 꿀과 송이꿀보다 더 달도다[시편 19:10]

주의 말씀의 맛이 내게 어찌 그리 단지요 내 입에 꿀보다 더 다니이다[시편 119:103]

두루마리는 하나님의 말씀을 의미합니다. 하나님의 말씀이 정말 달게 느껴질 것이라는 뜻입니다. 두루마리를 건네주는 힘센 천사는 말씀을 삼키면 입에 달 것이라고 말합니다. 여러분은 어떠십니까? 말씀이 달지 않으면 수면제일 것입니다. 단순히 재미있어서 말씀이 단 게 아니라 나에게 생명을 주기 때문에 나에게 활력을 주기 때문에 단 것입니다.

입에는 달지만 배에는 쓰린 두루마리의 말씀

그런데 입에 달지만 배에는 쓰리다는 표현이 있습니다. 무슨 의미일까요? 하나님 말씀대로 살아보면 핍박을 받게 되고 때로는 친구들도 떠나갑니다. 이것은 인생에서 쓰린 경험입니다. 나에게 힘을 주는 단 말씀이지만 이 말씀대로 순종하려 하면 쓰디 쓴 고난이 뒤따를 수 있다는 것입니다. 이것이 복음의 본질입니다.

그런즉 사망은 우리 안에서 역사하고 생명은 너희 안에서 역사하느니라 기록된 바 내가 믿었으므로 말하였다 한 것 같이 우리가 같은 믿음의 마음을 가졌으니 우리도 믿었으므로 또한 말하노라[고린도후서 4:12-13]

내 배가 쓰리는 사망을 경험하면 주변 사람이 생명을 경험합니다. 내 배가 쓰리면 내 주변 사람이 행복해집니다. 내 삶 속에서 죽음과 희생과 양보가 경험되어지는 그 순간에 주위 사람이 생명을 경험하게 되는 것입니다.

우리가 사방으로 욱여쌈을 당하여도 싸이지 아니하며 답답한 일을 당하여도 낙심하지 아니하며 박해를 받아도 버린 바 되지 아니하며 거꾸러뜨림을 당하여도 망하지 아니하고[고린도후서 4:8-9]

답답한 일을 당할 때가 있습니다. 그럼에도 낙심하지 않는 것은 우리가 버린 바 되지 않았기 때문입니다. 복음을 먹고 제대로 소화하면 배가 쓰립니다. 그러나 그 쓰림이 있기에 복음의 단 맛이 제대로 느껴지는 것입니다.

우리는 복음을 나눌 때 거절을 당합니다. 말씀대로 살 때 핍박이 옵니다. 스트레스를 받아 위산이 역류하는 현상이 일어납니다. 냉소를 받으면 그렇습니다. 그때마다 기억하시길 바랍니다.

"그럼에도 불구하고 복음은 꿀과 송이꿀보다 달다."

그것이 앞서는 길입니다. 내가 갖고 있는 것을 이웃과 나눌 때 바보스럽지만 그것이 꿀과 송이꿀보다 단 복음의 능력으로 사는 성도의 모습입니다.

요즘은 회사에서 복음을 전하면 안 된다고 합니다. 그게 회사의 규정입니다. 예수님의 이름, 기독교, 복음을 전하면 종교적 색깔을 낸다고 비난합니다. 예수님만 소개하면 핍박이 따라옵니다. 미국이 이 정도이니 다른 나라는 말할 것도 없습니다. 성도들은 이런 일을 자주 삶에서 경험할 것입니다. 인권과 표현의 자유가 보장된 이 땅에서도 예수 이름을 증거하면 안 되는 시대에 여러분은 어떻게 사시겠습니까? 법에 어긋나니까 철저히 전하지 않고 사시겠습니까?

배에는 쓰지만 우리 모두가 예수님을 담대히 전하며 살기를 소원합니다. 돌을 맞아야 한다면 돌을 맞고 해고당해야 하면 해고되는 것을 무릅쓰고서라도 말입니다. 한 발은 바다에 한 발은 땅에 하늘과 땅의 권세를 가지신 이가 우리에게 주신 말씀을 잊지 마십시오. "내가 속히 오리라."고 말씀하신 분을 믿고 정진하시길 바랍니다.

주님의 말씀 속에서 우리를 향한 도전을 받습니다. 입에는 달지만 배가 쓰려서 말씀을 먹지 않으려고 한 우리의 모습을 보며 도전을 주심을 감사합니다. 우리 모두가 입에 단 복음의 능력을 믿고 살길 원합니다.

16 사흘 반 같은 두 증인의 1,260일

요한계시록 11장 1-14절

[1]또 내게 지팡이 같은 갈대를 주며 말하기를 일어나서 하나님의 성전과 제단과 그 안에서 경배하는 자들을 측량하되 [2]성전 바깥 마당은 측량하지 말고 그냥 두라 이것은 이방인에게 주었은즉 그들이 거룩한 성을 마흔두 달 동안 짓밟으리라 [3]내가 나의 두 증인에게 권세를 주리니 그들이 굵은 베옷을 입고 천이백육십 일을 예언하리라 [4]그들은 이 땅의 주 앞에 서 있는 두 감람나무와 두 촛대니 [5]만일 누구든지 그들을 해하고자 하면 그들의 입에서 불이 나와서 그들의 원수를 삼켜 버릴 것이요 누구든지 그들을 해하고자 하면 반드시 그와 같이 죽임을 당하리라 [6]그들이 권능을 가지고 하늘을 닫아 그 예언을 하는 날 동안 비가 오지 못하게 하고 또 권능을 가지고 물을 피로 변하게 하고 아무 때든지 원하는 대로 여러 가지 재앙으로 땅을 치리로다 [7]그들이 그 증언을 마칠 때에 무저갱으로부터 올라오는 짐승이 그들과 더불어 전쟁을 일으켜 그들을 이기고 그들을 죽일 터인즉 [8]그들의 시체가 큰 성 길에 있으리니 그 성은 영적으로 하면 소돔이라고도 하고 애굽이라고도 하니 곧 그들의 주께서 십자가에 못 박히신 곳이라 [9]백성들과 족속과 방언과 나라 중에서 사람들이 그 시체를 사흘 반 동안을 보며 무덤에 장사하지 못하게 하리로다 [10]이 두 선지자가 땅에 사는 자들을 괴롭게 한 고로 땅에 사는 자들이 그들의 죽음을 즐거워하고 기뻐하여 서로 예물을 보내리라 하더라 [11]삼 일 반 후에 하나님께로부터 생기가 그들 속에 들어가매 그들이 발로 일어서니 구경하는 자들이 크게 두려워하더라 [12]하늘로부터 큰 음성이 있어 이리로 올라오라 함을 그들이 듣고 구름을 타고 하늘로 올라가니 그들의 원수들도 구경하더라 [13]그 때에 큰 지진이 나서 성 십분의 일이 무너지고 지진에 죽은 사람이 칠천이라 그 남은 자들이 두려워하여 영광을 하늘의 하나님께 돌리더라 [14]둘째 화는 지나갔으나 보라 셋째 화가 속히 이르는도다

일곱 번째 나팔 불기 직전의 성전 42개월

나팔은 무너짐과 재앙을 암시한다고 했습니다. 일곱 번째 나팔을 불기 전, 성전의 분위기가 요한계시록 11장에 소개되고 있습니다. 11장에는 성전 측량의 이야기가 나옵니다. 성전을 측량한다는 것은 주인이 있음을 의미합니다. 측량을 하는 자가 주인이기 때문입니다. 주인은 측량을 하면서 이 성전이 자신의 것임을 입증합니다. 성전을 측량하게 하는 분은 하나님입니다. 11장에는 하나님의 소유인 성전 안을 측량하라는 말씀이 나옵니다. 그런데 성전 안은 측량하지만 성전 밖은 측량하지 말라는 추가 말씀이 있습니다.

성전 뜰 모형

위 사진은 예수님 공생애 당시 성전의 모형입니다. 성전 밖에 뜰이 하나 보이시나요? 그것은 이방인의 뜰입니다. 성전의 주인이신 하나님은 성전을 두르고 있는 직사각형 내부만 측량하라고 명령하십니다. 그리고 직사각형 모양의 외부는 측량하지 말라고 하십니다. 이것은 성전에 들어갈 사람이 정해졌기에 성전 밖의 사람은 셀 필요가 없음을 의미합니다. 즉 하나님이 성전 안의 백성만을 보호하시려고 하는 것입니다. 그렇다고 성전 안의 백성들이 무조건 안전한 것은 아닙니다. 말씀에 따르면 이들은 42개월 동안 짓밟힘을 당하게 됩니다. 그런데도 하나님이 지키려고 하시기에 성도의 수와 청결함을 측량하라고 합니다.

너희는 너희가 하나님의 성전인 것과 하나님의 성령이 너희 안에 계시는 것을 알지 못하느냐 누구든지 하나님의 성전을 더럽히면 하나님이 그 사람을 멸하시리라 하나님의 성전은 거룩하니 너희도 그러하니라[고린도전서 3:16-17]

그의 안에서 건물마다 서로 연결하여 주 안에서 성전이 되어 가고[에베소서 2:21]

성전 안에 있는 성도의 수를 측량하기도 하시는 하나님은 성전 안의 청결함도 측량하십니다. 성전 안이 더러우면 주님이 싫어하십니다. 신약성경은 믿는 자가 곧 하나님의 성전이라고 표현합니다. 바로 그 성전들이 서로 모여 큰 성전을 이루게 됩니다. 에베소서 2장 21절은 믿는 자들이 서로 연결되어 성전을 짓는 그림을 보여줍니다.

하나님은 우리 안을 측량하시길 원하십니다. 우리 안에 더러운 것이 있는 것을 싫어하십니다. 그러나 더러워진 우리를 버리지 않으시고 여전히 우리를 보호하길 원하십니다. 성전과 같은 우리 안에 어려움이 있을 때도 하나님은 끝까지 포기하지 않고 지켜주시겠다고 약속하십니다. 하나님은 구약의 성전을 측량하시고 보호하신 것처럼 오늘날의 믿는 자들에게도 그렇게 해주십니다.

42개월 동안 증거가 되어라!

하나님은 두 증인에게 예언할 권세를 주신다고 합니다. 여기서 예언은 미래를 바라보는 예언이 아니라 증언입니다. 증인이 증거하는 것을 증언이라고 합니다. 두 증인이 그리스도를 증거하는 자가 되어 1,260일 동안 증언 곧 말씀 선포를 하게 된다고 합니다. 1,260일이 의미하는 바는 무엇일까요? 이 날수는 성전 안에 있는 자들이 이방인들로부터 짓밟힘을 당하는 날 수와 같습니다. 1,260일은 42개월인데 이 42개월에 대한 것이 다니엘서 7장에도 나옵니다.

여기서 한 때 두 때 반 때는 3년 반, 즉 42개월입니다. 대부분의 신학자는 한 때 두 때 반 때가 3년 반이라는 데 동의합니다. 3년 반은 42개월, 42개월은 1,260일입니다. 즉 1,260일이 한 때 두 때 반 때입니다. 요한계시록 12장에도 이 내용이 나옵니다.

여기서 한 가지 드는 의문은 42개월 동안 증언하겠다고 하지 않고 왜 1,260일이라는 숫자를 사용했을까 하는 점입니다.

러시아 월드컵 축구 경기에서 한국이 기대 이상의 성적을 올려 8강에 올라갔다고 가정해 봅시다. 인터뷰를 할 때 감독이 "지난 3년 6개월 동안 하루도 빠짐없이 땀을 흘려 얻은 결과다."라고 말하는 것과 "지난 42개월 동안 하루도 빠짐없이 땀을 흘려 얻은 결과다", 그리고 "지난 1,260일 동안 하루도 빠짐없이 땀을 흘려 얻은 결과다"라고 말하는 것을 비교할 때 어떤 말이 더 마음에 와닿습니까? 아마도 세 번째일 것입니다. 때로는 날 수로 기록하는 것이 더 강하게 와닿을 때가 있습니다. 요한계시록은 1,260일이라는 날수를 통해 두 증인이 그렇게 오랜 시간 크리스천으로서 믿음을 지키며 산다는 것을 강조한 것으로 보입니다.

성전에 있는 당당한 두 감람나무와 두 촛대

그들은 이 땅의 주 앞에 서 있는 두 감람나무와 두 촛대니 만일 누구든지 그들을 해하고자 하면 그들의 입에서 불이 나와서 그들의 원수를 삼켜 버릴 것이요 누구든지 그들을 해하고자 하면 반드시 그와 같이 죽임을 당하리라 그들이 권능을 가지고 하늘을 닫아 그 예언을 하는 날 동안 비가 오지 못하게 하고 또 권능을 가지고 물을 피로 변하게 하고 아무 때든지 원하는 대로 여러 가지 재앙으로 땅을 치리로다[요한계시록 11:4-6]

1,260일 동안 증언하는 자를 성경은 두 감람나무와 두 촛대로 표현하고 있습니다. 감람나무와 촛대에 대한 말씀은 스가랴서에도 나옵니다.

내게 말하던 천사가 다시 와서 나를 깨우니 마치 자는 사람이 잠에서 깨어난 것 같더라 그가 내게 묻되 네가 무엇을 보느냐 내가 대답하되 내가 보니 순금 등잔대가 있는데 그 위에는 기름 그릇이 있고 또 그 기름 그릇 위에 일곱 등잔이 있으며 그 기름 그릇 위에 있는 등잔을 위해서 일곱 관이 있고 그 등잔대 곁에 두 감람나무가 있는데 하나는 그 기름 그릇 오른쪽에 있고 하나는 그 왼쪽에 있나이다 하고 내게 말하는 천사에게 물어 이르되 내 주여 이것들이 무엇이니이까 하니 내게 말하는 천사가 대답하여 이르되 네가 이것들이 무엇인지 알지 못하느냐 하므로 내가 대답하되 내 주여 내가 알지 못하나이다 하니 그가 내게 대답하여 이르되 여호와께서 스룹바벨에게 하신 말씀이 이러하니라 만군의 여호와께서 말씀하시되 이는 힘으로 되지 아니하며 능력으로 되지 아니하고 오직 나의 영으로 되느니라

[스가랴 4:1-6]

여기에 나오는 두 감람나무와 두 촛대는 항상 성령의 능력으로 이 땅을 밝히며 사는 성도들의 모습을 보여주고 있습니다. 그들이 바로 요한계시록의 두 증인입니다. 그들은 1,260일 동안 어려움 속에서도 증언할 존재들입니다. 오직 하나님의 영이신 성령의 능력으로, 사방으로

욱여쌈을 당하는 것 같지만 당당히 살아가는 두 증인이 바로 예수 그리스도를 믿는 성도입니다. 그런 성도들에게 능력이 주어집니다. 42개월 동안 공격이 있어도 하나님의 능력이 날마다 우리 안에 있습니다. 하나님의 영이 그 능력을 우리에게 공급하십니다.

당당하지만 여전히 세상 속에서의 어려움

안타깝게도 1,260일 동안 증언한 두 증인에게 참담한 결말이 내려지고 있습니다. 증언을 마친 그들에게 영광이 아닌 죽음이 닥친 것입니다. 11장에 나오는 소돔과 애굽은 이 세상을 상징합니다. 성경은 증언을 마친 증인들의 시체가 이 세상에 널브러지게 된다고 말합니다. 음란하고 쾌락을 즐기고 자기 소견에 옳은 대로 행하는 세상을 사도 요한은 그렇게 묘사하고 있습니다. 결과적으로는 십자가에서 죽으신 예수님께서 성전 안에 있는 그 성도들을 구원하실 테지만 지금은 왠지 참담한 기분이 듭니다.

미국의 한 장로 교단에서 결혼을 정의하는데 한 남자와 한 여자의 결합이 아닌 그냥 두 사람의 결합이라고 내용을 수정했습니다. 대표적인 장로 교단에서 동성결혼을 인정한 것입니다. 이런 얘기를 들을 때마다 소돔과 애굽 땅에 널브러져 있는 시신을 보는 것 같은 생각이 듭니다. 성도들이 패하는 것을 보고 세상이 쾌재를 부르는 날이 있습니다.

이 두 선지자가 땅에 사는 자들을 괴롭게 한 고로 땅에 사는 자들이 그들의 죽음을 즐거워하고 기뻐하여 서로 예물을 보내리라 하더라[요한계시록 11:10]

42개월 동안 증언했지만 짓밟힘을 당하는 증인들의 모습은 예수님의 초림 때부터 있었던 일이고 현재도 일어나고 있는 일이며 예수님의 재림 직전에도 일어날 일입니다. 하나님의 백성은 예수님을 증거하다 핍박과 어려움을 당하면서 믿음을 지킵니다.

성경은 두 증인이 죽고 사흘 반이 지난 후 하나님의 생기가 그들 속에 들어갔다고 기록합니다. 여기서의 사흘반은 어떤 의미일까요?

저희 가정은 한 자리에서 밥을 먹기 힘듭니다. 여섯 식구라 그런지 밥을 먹을 때 아이들이 한 번에 밥상에 모여드는 일이 드뭅니다. 그럴 때마다 아내가 아이들에게 말합니다.

"셋 셀 동안 내려와! 하나, 둘…"

그래도 내려오지 않으면 최후통첩처럼 이렇게 말합니다.

"하나, 둘… 둘 반…." 그렇게 말하죠.

성경이 말하는 사흘 반이라고 하는 것은 이제 얼마 안 남았다는 것을 말합니다. 긴 시간 고난을 겪고 있지만 그 시간이 이제 얼마 안 남았다는 것입니다.

고난 후에 찾아올 따뜻한 미소

한국의 역사는 내내 얻어터지는 역사입니다. 크기도 작고 정세도 불

안한 작은 한반도에 복음이 들어왔습니다. 복음이 들어온 이후에도 이 나라는 참으로 험난한 세월을 보냈습니다. 그런데 우리나라가 세계에서 두 번째로 가장 많은 선교사를 보낸 국가가 되었습니다. 50년 전만 해도 꿈도 꾸지 못했던 일입니다. 한민족이 대단하다는 생각이 듭니다. 강대국들에 의해 두들겨 맞을 때만 해도 절대 못 일어날 것 같았는데 한국인은 어마어마한 일을 했습니다. 이 모든 것을 행하신 분이 바로 하나님이시기 때문에 가능했습니다. 따라서 그분을 믿는 성도들은 믿음을 포기하면 안 됩니다. 믿음 지키며 살면 반드시 이깁니다.

중앙일보 기사를 소개하고자 합니다.

1985년 11월 14일 남중국해 망망대해에서 베트남인 '보트 피플' 96명의 생명을 구한 한국인 선장 전재용(64세, 양식업) 씨. 당시 참치잡이 원양어선인 '광명 87호' 선장이던 전씨는 싱가포르를 떠나 부산항으로 가기 위해 남중국해를 운항하던 중 금방이라도 부서질 듯한 목선 위에 아슬아슬하게 매달려 '살려달라'며 사투를 벌이던 베트남 난민 10여명을 발견했다.

"한눈에 베트남 난민 보트라고 판단했습니다. 회사에서 난민 보트는 '무시하라'는 지시를 받고 출발한 터였지만 도저히 그냥 지나칠 수 없었습니다." 전씨는 긴급회의를 소집했다. 본사의 지시를 따르자는 의견이 많았다. 하지만 전 선장은 "구하자. 내가 책임진다."고 말한 뒤 곧바로 구조에 들어갔다.

그러나 금방이라도 침몰할 듯한 배에 옮겨 탄 전씨와 선원들은 아연실색했다. 탈진한 임산부와 어른, 아이 등 난민들이 배 어창에서 속속 빠져 나와 처음 10여명에 불과해 보였던 난민들이 무려 96명이나 됐다. 어창 속에서 생활해온 이들은 살이 문드러지는 등 피부병이 심했고, 지뢰에 발목이 잘린 어린이도 있었다. 이들을 구조한 전씨가 상황을 부산 본사에 전하자 본사에서는 "어떻게 하려고 구조했느

전재용 선장을 맞이하는 누엔 씨의 모습을 KBS 다큐멘터리에서 본 적이 있습니다. 얼마나 사랑스러운 표정으로 선장을 맞이하던지요. 난민을 구하면서 해고되었고 어려운 삶을 살았던 전 선장을 바라보는 누엔 씨의 눈빛이 예수님의 눈빛과 비슷하지 않을까 하는 생각이 들었습니다.

우리 예수님도 그렇게 우리를 맞아주시지 않을까 생각되었습니다. 온갖 핍박을 당한 자녀를 맞이하는 예수님의 표정이 누엔 씨의 표정보다 더 환하지 않을까 생각해 보았습니다. 우리 주님도 우리를 그렇게 맞이해주실 것입니다.

지금 여러분에게 힘든 일이 있으신가요? 여러 말 못할 사정이 있으신가요? 고난을 겪은 후에는 반드시 하나님이 우리를 환한 미소로 맞아주실 것입니다.

17 육백육십육(666)

요한계시록 11장 15절-13장 18절

11:15일곱째 천사가 나팔을 불매 하늘에 큰 음성들이 나서 이르되 세상 나라가 우리 주와 그의 그리스도의 나라가 되어 그가 세세토록 왕 노릇 하시리로다 하니 16하나님 앞에서 자기 보좌에 앉아 있던 이십사 장로가 엎드려 얼굴을 땅에 대고 하나님께 경배하여 17이르되 감사하옵나니 옛적에도 계셨고 지금도 계신 주 하나님 곧 전능하신 이여 친히 큰 권능을 잡으시고 왕 노릇 하시도다 18이방들이 분노하매 주의 진노가 내려 죽은 자를 심판하시며 종 선지자들과 성도들과 또 작은 자든지 큰 자든지 주의 이름을 경외하는 자들에게 상 주시며 또 땅을 망하게 하는 자들을 멸망시키실 때로소이다 하더라 19이에 하늘에 있는 하나님의 성전이 열리니 성전 안에 하나님의 언약궤가 보이며 또 번개와 음성들과 우레와 지진과 큰 우박이 있더라

12:1하늘에 큰 이적이 보이니 해를 옷 입은 한 여자가 있는데 그 발 아래에는 달이 있고 그 머리에는 열두 별의 관을 썼더라 2이 여자가 아이를 배어 해산하게 되매 아파서 애를 쓰며 부르짖더라 3하늘에 또 다른 이적이 보이니 보라 한 큰 붉은 용이 있어 머리가 일곱이요 뿔이 열이라 그 여러 머리에 일곱 왕관이 있는데 4그 꼬리가 하늘의 별 삼분의 일을 끌어다가 땅에 던지더라 용이 해산하려는 여자 앞에서 그가 해산하면 그 아이를 삼키고자 하더니 5여자가 아들을 낳으니 이는 장차 철장으로 만국을 다스릴 남자라 그 아이를 하나님 앞과 그 보좌 앞으로 올려가더라 6그 여자가 광야로 도망하매 거기서 천이백육십 일 동안 그를 양육하기 위하여 하나님께서 예비하신 곳이 있더라 7하늘에 전쟁이 있으니 미가엘과 그의 사자들이 용과 더불어 싸울새 용과 그의 사자들도 싸우나 8이기지 못하여 다시 하늘에서 그들이 있을 곳을 얻지 못한지라 9큰 용이 내쫓기니 옛 뱀 곧 마귀라고도 하고 사탄이라고도 하며 온 천하를 꾀는 자라 그가 땅으

로 내쫓기니 그의 사자들도 그와 함께 내쫓기니라 ¹⁰내가 또 들으니 하늘에 큰 음성이 있어 이르되 이제 우리 하나님의 구원과 능력과 나라와 또 그의 그리스도의 권세가 나타났으니 우리 형제들을 참소하던 자 곧 우리 하나님 앞에서 밤낮 참소하던 자가 쫓겨났고 ¹¹또 우리 형제들이 어린 양의 피와 자기들이 증언하는 말씀으로써 그를 이겼으니 그들은 죽기까지 자기들의 생명을 아끼지 아니하였도다 ¹²그러므로 하늘과 그 가운데에 거하는 자들은 즐거워하라 그러나 땅과 바다는 화 있을진저 이는 마귀가 자기의 때가 얼마 남지 않은 줄을 알므로 크게 분내어 너희에게 내려갔음이라 하더라 ¹³용이 자기가 땅으로 내쫓긴 것을 보고 남자를 낳은 여자를 박해하는지라 ¹⁴그 여자가 큰 독수리의 두 날개를 받아 광야 자기 곳으로 날아가 거기서 그 뱀의 낯을 피하여 한 때와 두 때와 반 때를 양육 받으매 ¹⁵여자의 뒤에서 뱀이 그 입으로 물을 강같이 토하여 여자를 물에 떠내려 가게 하려 하되 ¹⁶땅이 여자를 도와 그 입을 벌려 용의 입에서 토한 강물을 삼키니 ¹⁷용이 여자에게 분노하여 돌아가서 그 여자의 남은 자손 곧 하나님의 계명을 지키며 예수의 증거를 가진 자들과 더불어 싸우려고 바다 모래 위에 서 있더라

¹³:¹내가 보니 바다에서 한 짐승이 나오는데 뿔이 열이요 머리가 일곱이라 그 뿔에는 열왕관이 있고 그 머리들에는 신성 모독 하는 이름들이 있더라 ²내가 본 짐승은 표범과 비슷하고 그 발은 곰의 발 같고 그 입은 사자의 입 같은데 용이 자기의 능력과 보좌와 큰 권세를 그에게 주었더라 ³그의 머리 하나가 상하여 죽게 된 것 같더니 그 죽게 되었던 상처가 나으매 온 땅이 놀랍게 여겨 짐승을 따르고 ⁴용이 짐승에게 권세를 주므로 용에게 경배하며 짐승에게 경배하여 이르되 누가 이 짐승과 같으냐 누가 능히 이와 더불어 싸우리요 하더라 ⁵또 짐승이 과장되고 신성 모독을 말하는 입을 받고 또 마흔두

달 동안 일할 권세를 받으니라 6짐승이 입을 벌려 하나님을 향하여 비방하되 그의 이름과 그의 장막 곧 하늘에 사는 자들을 비방하더라 7또 권세를 받아 성도들과 싸워 이기게 되고 각 족속과 백성과 방언과 나라를 다스리는 권세를 받으니 8죽임을 당한 어린 양의 생명책에 창세 이후로 이름이 기록되지 못하고 이 땅에 사는 자들은 다 그 짐승에게 경배하리라 9누구든지 귀가 있거든 들을지어다 10사로잡힐 자는 사로잡혀 갈 것이요 칼에 죽을 자는 마땅히 칼에 죽을 것이니 성도들의 인내와 믿음이 여기 있느니라 11내가 보매 또 다른 짐승이 땅에서 올라오니 어린 양같이 두 뿔이 있고 용처럼 말을 하더라 12그가 먼저 나온 짐승의 모든 권세를 그 앞에서 행하고 땅과 땅에 사는 자들을 처음 짐승에게 경배하게 하니 곧 죽게 되었던 상처가 나은 자니라 13큰 이적을 행하되 심지어 사람들 앞에서 불이 하늘로부터 땅에 내려오게 하고 14짐승 앞에서 받은 바 이적을 행함으로 땅에 거하는 자들을 미혹하며 땅에 거하는 자들에게 이르기를 칼에 상하였다가 살아난 짐승을 위하여 우상을 만들라 하더라 15그가 권세를 받아 그 짐승의 우상에게 생기를 주어 그 짐승의 우상으로 말하게 하고 또 짐승의 우상에게 경배하지 아니하는 자는 몇이든지 다 죽이게 하더라 16그가 모든 자 곧 작은 자나 큰 자나 부자나 가난한 자나 자유인이나 종들에게 그 오른손에나 이마에 표를 받게 하고 17누구든지 이 표를 가진 자 외에는 매매를 못하게 하니 이 표는 곧 짐승의 이름이나 그 이름의 수라 18지혜가 여기 있으니 총명한 자는 그 짐승의 수를 세어 보라 그것은 사람의 수니 그의 수는 육백육십육이니라

일곱 번째 나팔

여섯째 천사가 나팔을 분 후 42개월(한 때 두 때 반 때, 1,260일)의 시간이 지나고 드디어 일곱 번째 나팔이 울려퍼집니다. 일곱 번째 천사가 나타나 나팔을 불자 하늘에서 큰 음성이 들려옵니다.

일곱째 천사가 나팔을 불매 하늘에 큰 음성들이 나서 이르되 세상 나라가 우리 주와 그의 그리스도의 나라가 되어 그가 세세토록 왕 노릇 하시리로다 하니
[요한계시록 11:15]

이 세상이 주님의 나라가 되고 그리스도께서 왕 노릇하시면 이 땅의 모든 것이 다 끝날 것 같은 생각이 듭니다. 그런데 요한계시록 12-13장을 통해 새로운 내용이 펼쳐집니다. 이 새로운 내용 때문에 12-13장은 요한계시록 전체를 이해하는데 중요한 장이라고 할 수 있습니다. 영화에서 등장인물들이 치열하게 싸우다가 10년 혹은 20년 전으로 돌아가는 장면이 나올 때가 있습니다. 치열하게 싸우게 된 배경과 이유를 설명하기 위한 회상 장면인 것입니다. 왜 그 싸움이 진행되었는지의 실마리를 보여주는 것이기에 전체 영화에서 중요한 장면이라 할 수 있습니다.

마찬가지로 요한계시록 12장과 13장 역시 중간에 들어가 요한계시록 전체 내용을 풀어주는 실마리 역할을 한다고 보면 되겠습니다. 요한계시록 12-13장은 방대해서 꼼꼼하게 읽어야 전체 메시지가 이해될 것입니다.

하나님 나라에 등장하는 붉은 용

12장을 보면 큰 붉은 용이 등장합니다.

하늘에 또 다른 이적(sign)이 보이니 보라 한 큰 붉은 용이 있어 머리가 일곱이요 뿔이 열이라 그 여러 머리에 일곱 왕관이 있는데[요한계시록12장3절]

붉은 용은 머리가 일곱 개, 뿔이 열 개라고 묘사되어 있습니다. 이미지상 좋지는 않습니다. 이 내용과 연결되는 성경 말씀이 있습니다.

내가 또 보니 보좌와 네 생물과 장로들 사이에 한 어린 양이 서 있는데 일찍이 죽임을 당한 것 같더라 그에게 일곱 뿔과 일곱 눈이 있으니 이 눈들은 온 땅에 보내심을 받은 하나님의 일곱 영이더라[요한계시록 5:6]

위 말씀에 나오는 일곱 뿔과 일곱 눈을 가진 붉은 용이 죽임당한 어린 양과 비슷하다고 생각할 수도 있겠습니다. 붉은 용은 일곱 머리와 열 개의 뿔이 있는데 일곱 머리에는 왕관이 있습니다. 왕관이 있다는 건 뭔가 흉내내고 있다는 느낌을 줍니다. 유사품에 주의하라는 말이 있습니다. 붉은 용은 진품과 유사하지만 진품은 아닌 존재, 즉 가짜입니다.

하나님 나라에 등장하는 바다의 짐승과 땅의 짐승

두 번째 모조품이 등장합니다.

내가 보니 바다에서 한 짐승이 나오는데 뿔이 열이요 머리가 일곱이라 그 뿔에는 열 왕관이 있고 그 머리들에는 신성 모독 하는 이름들이 있더라 내가 본 짐승은 표

바다에서 짐승이 나오는데 표범 같기도 하고 곰 같기도 합니다. 이와 비슷한 내용이 다니엘서에도 나와 있습니다.

다니엘서 내용을 보면 바다에서 큰 짐승 넷이 나오는데 그 중 두 번째 짐승이 요한계시록의 두 번째 유사품 곰과 같은 짐승입니다. 첫 번째 유사품으로 붉은 용이 나왔다면 두 번째 유사품은 바다에서 나온 곰처럼 생긴 짐승입니다. 그런데 이 두 유사품 붉은 용과 바다에서 나온 짐승은 거의 죽게 되었다가 살아납니다.

다니엘서의 땅에서 나온 세 번째 짐승도 역시 유사품입니다. 하나님 나라에 세 마리의 짐승이 나오는데 뭔가 모조품 같은 느낌이 듭니다. 무엇을 모조한 것 같습니까? 바로 삼위일체를 모조한 어둠의 세력의 모습입니다. 성부, 성자, 성령 삼위일체 하나님의 유사품입니다. 한마디로 반(伴, anti) 삼위일체입니다.

첫 번째 삼위일체 모조품: 붉은 용

먼저 첫 번째 모조품인 붉은 용부터 세밀하게 살펴보겠습니다.

큰 용이 내쫓기니 옛 뱀 곧 마귀라고도 하고 사탄이라고도 하며 온 천하를 꾀는 자라 그가 땅으로 내쫓기니 그의 사자들도 그와 함께 내쫓기니라 [요한계시록 12:9]

내용으로 보아 아담과 하와를 유혹했던 뱀이 용이 된 것으로 보입니다. 그 용이 하는 일은 다음과 같습니다.

임신하여 해산을 앞둔 여자가 등장합니다. 여자가 아기를 낳으려고 하자 용, 즉 사탄이 그 아이를 삼키려고 합니다. 여기서 아이는 누구일까요?

이 말씀에 나오는 아이에 대해 좀 더 살펴보겠습니다.

시편 2편은 메시아적 시편입니다. 붉은 용이 여자가 낳은 아이를 죽이려고 기다리는데 이 아들은 만국을 다스리는 아들입니다. 바로 예수 그리스도입니다. 즉 사탄은 여자가 낳은 아들인 그리스도를 죽이려고 하는 악한 마귀인 것을 알 수 있습니다. 그렇다면 여자는 누구일까요?

여자의 모습에 대해 묘사하기를, 태양을 옷으로 입고 달을 바닥에 깔았고 머리에 열두 별의 관이 있다고 했습니다. 여기서의 '열둘'이라는 말은 구약의 열두 지파, 신약의 열두 사도를 상징합니다. 열둘은 교회를 상징합니다. 요한계시록 7장에 나오는 144,000이 구약의 열두 지파와 신약의 열두 사도로 상징되는 많은 성도, 온 교회를 상징하듯이 열두 별이 있는 관은 교회를 상징합니다. 구체적으로는 구약의 교회를 말할 수 있을 것입니다. 여자는 교회입니다.

[요한계시록 12:2]

여자는 예수 그리스도의 영광을 발하는 달과 같은 교회라 말할 수 있습니다. 붉은 용은 구약의 모든 예언과 기다림 가운데 드디어 나타날 메시아, 즉 예수 그리스도가 여자에게서 나올 때를 기다렸다 죽이려고 합니다. 붉은 용으로 상징되는 사탄은 왕을 조정하면서까지 예수 그리스도를 죽이려 합니다. 예수 그리스도의 모든 사역을 핍박하고 그리스도를 위해 사역하려 하는 모든 교회를 핍박합니다. 붉은 용은 헤롯 대제를 통해 예수 그리스도를 잡았습니다. 붉은 용은 또한 바리새인 대제사장으로 하여금 예수님을 추종하는 자들의 마음을 뒤집어서 복음 사역을 중단하게 합니다.

붉은 용, 즉 사탄은 항상 뒤에서 그런 악을 저지릅니다. 우리도 사탄의 도구가 될 수 있습니다. 사탄은 교회를 무너뜨리기 위해 수단과 방법을 가리지 않습니다. 사탄은 목사와 장로라도 악을 위해 이용합니다. 잘 믿어보겠다는 사람을 유혹해서 교회를 허물도록 사용하는 것이

악한 사탄의 전략입니다.

창세기 말씀에 등장하는 여자는 성모 마리아가 아닙니다. 이 여자 역시 교회를 상징합니다. 여자, 즉 교회와 원수가 되게 하는 자가 붉은 용입니다. 옛 뱀이 용이 되어 무슨 일을 하는지 다시 한 번 살펴보겠습니다.

우리는 남자(예수 그리스도)를 낳은 여자, 즉 교회를 박해하는 용을 봅니다. 우리가 환란을 겪고 있는 이유도 바로 이 용의 '열심' 때문입니다. 용이 여자(교회)를 박해하는 것에 대해서는 예수 그리스도께서 이미 마태복음을 통해 말씀하셨습니다.

용이 여자(교회)를 박해하고 잡아먹으려고 할지라도 음부의 권세가 이기지 못한다는 것이 마태복음과 요한계시록의 메시지입니다. 용이 여자를 핍박해도 하나님은 반드시 여자를 지키신다고 약속하십니다.

두 번째 삼위일체 모조품: 바다짐승

우리는 앞서 첫 번째 삼위일체 모조품인 붉은 용이 남자(그리스도)와 여자(교회)를 핍박하지만 지켜내시는 하나님에 대해 배웠습니다. 이어서 요한계시록 13장에는 두 번째 모조품인 바다짐승이 등장합니다. 바다짐승은 마치 네로 황제와 같습니다. 네로는 하나님의 백성을 희생양으로 삼는 황제였습니다. 기독교인들에게 모든 책임을 전가해서 희생양으로 삼은 네로 같은 존재가 바다짐승입니다.

용이 짐승에게 권세를 주므로 용에게 경배하며 짐승에게 경배하여 이르되 누가 이 짐승과 같으냐 누가 능히 이와 더불어 싸우리요 하더라[요한계시록 13:4]

붉은 용이 바다의 짐승에게 권세를 줍니다. 이것은 마치 네로 황제가 권세를 받는 것과 같습니다. 그런데 어쩐 일인지 사람들이 붉은 용과 네로를 경배합니다. 하나님을 경배하지 않고 모조품을 경배하는 것입니다. 붉은 용으로부터 권세를 받은 바다짐승이 하나님을 흉내내자 사람들이 현혹됩니다. 부활하신 예수님을 바다짐승이 흉내내고 있습니다. 경배를 받으며 하나님처럼 행동합니다.

세 번째 삼위일체 모조품: 땅의 짐승

내가 보매 또 다른 짐승이 땅에서 올라오니 어린 양같이 두 뿔이 있고 용처럼 말을 하더라[요한계시록 13:11]

땅에서 나온 짐승은 어린 양 같다고 했습니다. 어린 양처럼 순박하게 보입니다. 그래서 쉽게 속아 넘어갑니다. 우리는 절대 눈에 보이는 것을 믿으면 안 됩니다. 우리가 육신의 눈을 의지하게 되면 땅의 짐승이 어린 양 흉내를 낼 때에도 분별하지 못하고 그대로 믿게 됩니다. 믿음의 눈으로 봐야지 육체의 눈으로 보면 안 됩니다. 마귀는 보이는 것으로 유혹해오기 때문에 우리 성도들은 육의 눈으로 보면 안 됩니다. 땅의 짐승은 육의 눈을 통해 속임수를 씁니다.

주님은 선악과를 먹지 말라고 분명하게 명령하셨습니다. 그런데 사탄이 어떻게 유혹합니까?

사탄은 보이는 것으로 우리들을 속입니다. 그 속임수에 여자가 넘어갔습니다. 먹음직도 하고 보암직도 하고 탐스러워 보이는 선악과를 먹었는데 그것이 사탄의 속임수였습니다. 사탄은 그런 식으로 우리를 유혹합니다. 성군으로 불리는 다윗왕이 어떻게 무너졌습니까? 아리따운 여인이 목욕하는 장면을 보고 넘어졌습니다. 보는 것에 속지 마시고 하나님의 말씀을 집중해서 들어야 합니다.

몇 년 전 2014 브라질 월드컵 축구를 관전하면서 씁쓸한 경험을 했습니다. 여자분들이 축구 경기를 관람하면서 선수들을 향해 "몸매 봐!", "넓적다리 봐!", "배 봐!" 하고 한 마디씩 던지는 것입니다. 여러분, 외모가 훌륭하다고 해서 경기에서 이기는 것이 아닙니다. 경기를 볼 때는 경기에만 집중해야 합니다.

모조품에 속지 않는 방법 (1) - 말씀

사탄은 매일 오버타임으로 일하며 우리를 속입니다. 그런데 안타깝게도 우리는 그들의 간교에 매일 속아 넘어갑니다. 목사들도 예외가 아닙니다. 사탄의 간교한 속임수에 넘어가지 않고 이 시대를 살아갈 수 있는 방법은 무엇일까요?

또 우리 형제들이 어린 양의 피와 자기들이 증언하는 말씀으로써 그를 이겼으니 그들은 죽기까지 자기들의 생명을 아끼지 아니하였도다[요한계시록 12:11]

속임수를 분별하고 흔들리지 않는 방법은 말씀에 있습니다. 말씀을 제대로 모르면 아무리 똑똑한 사람도 속아 넘어갑니다. 책임감이 강하고 민첩한 사람이라도 성경을 모르면 속아 넘어갑니다. 아담과 하와, 그리고 다윗이 머리가 나빠서 속은 것이 아닙니다. 그들은 미개한 존재도 아니었습니다.

세상 공부를 아무리 많이 한 사람도 성경을 모르면 속아 넘어갑니다. 그래서 우리는 지속적으로 말씀 훈련을 받아야 합니다. 체계적으로 말씀을 읽고 배워야 합니다. 다시 말씀드리지만 성경을 읽어야 합니다. 말씀 훈련을 받아야 합니다. 항상 말씀을 듣는 귀가 있어야 합니다. 눈에 의지하지 말고 말씀 듣는 귀를 여시기 바랍니다. 귀를 말씀으로 청소하고 하나님의 말씀으로 판단하는 지혜를 가지시길 바랍니다.

모조품에 속지 않는 방법(2) - 어린양의 피

사탄에게 속지 않는 방법 첫 번째가 말씀이었다면, 두 번째는 어린 양의 피입니다. 공포 영화에서 어린 양의 피 이미지를 많이 씁니다. '엑소시스트', '오맨'이라는 영화를 기억하실 것입니다. 이런 영화에서 귀신을 어떻게 쫓습니까? 십자가를 보여줍니다. 그런데 이것은 성경말씀을 왜곡하는 것입니다. 그런 영화들은 십자가를 부적처럼 만들어버렸습니다. 십자가는 부적이 아닙니다.

그렇다면 어린 양의 피로 이기라는 것은 무슨 의미일까요? 구약의 유월절 의식처럼 집 마당에 피를 쏟으면 괜찮아지는 그런 것일까요? 어린 양의 피로 이기라는 것은 그런 샤머니즘적인 의식을 말하는 것이 아니라 예수 그리스도의 십자가 복음을 이야기하는 것입니다. 그렇다고 십자가 목걸이를 내밀라는 것이 아닙니다. 십자가를 아무리 보여줘봐야 귀신은 도망가지 않습니다. 대신 예수 그리스도의 복음 앞에서는 도망갑니다. 복음은 바로 어린 양의 피에 관한 소식입니다. 복음이 없으면 우리는 패망하고 말 것입니다. 아무리 칭찬받는 사람이라도, 삶이 아무리 행복해도, 이 세상이 유토피아처럼 여겨져도 예수 그리스도의 십자가가 없으면 아무것도 아닙니다. 십자가 복음의 능력 없이 우리는 결코 이길 수 없습니다.

몇 년 전, 우리 교회 부목회자로부터 들었던 선교 보고가 지금도 잊혀지지 않습니다. 우리 교회가 매년 단기선교로 가는 지역이 있습니다. 그 지역에서 어떤 분이 "복음은 이제 충분히 들었으니 다른 것을 해주시오.”라고 요청했다고 합니다. 그때 만약 선교팀이 그 요청을 받아들여 복음을 전하지 않고 다른 것을 했다면 진정한 선교가 될 수 없었을 것입니다. 십자가 복음을 이야기하지 않으면 우리의 활동은 의미가 없기 때문입니다. 십자가 복음을 이야기해야 합니다. 복음을 이미 여러 번 들어서 다 안다고 여긴다면 그것은 옳은 생각이 아닙니다. 우리는 지속적으로 복음을 들어야 합니다.

육.육.육으로 표현되는 모조품

13장의 마지막 부분을 보겠습니다.

그가 모든 자 곧 작은 자나 큰 자나 부자나 가난한 자나 자유인이나 종들에게 그 오른손에나 이마에 표를 받게 하고 누구든지 이 표를 가진 자 외에는 매매를 못하게 하니 이 표는 곧 짐승의 이름이나 그 이름의 수라 지혜가 여기 있으니 총명한 자는 그 짐승의 수를 세어 보라 그것은 사람의 수니 그의 수는 육백육십육이니라
[요한계시록 13:16-18]

18절에 나오는 “육백육십육”은 그대로 읽기보다는 육.육.육으로 읽어야 합니다. 여기서 육.육.육(6.6.6)은 무엇일까요? 오늘날 어떤 사람들은 육.육.육에 대해 알아내고자 혈안이 되어 있습니다. 옛날에는 육.육.육 하면 네로나 도미티안 황제를 생각했습니다. 종교개혁 시대에는 교황이 육.육.육이었고, 카톨릭에서는 마틴 루터가 육.육.육이었습니다. 나폴레옹, 크롬웰, 레드 차이나, 소련, 미국의 전 레이건 대통령이 육.육.육이라고 주장하는 사람도 있었습니다. 이 중 누가 더 육.육.육에 가까울까요?

제가 어떤 분에게 "레이건 대통령이 왜 6.6.6.입니까?"라고 물었더니, 그의 이름 Ronald Wilson Reagan에 들어가는 스펠링 개수가 각 6자이기 때문이라는 것입니다.

요한계시록의 6.6.6.은 완전수 7.7.7, 즉 완벽한 삼위일체 하나님의 유사품 또는 모방품을 의미합니다. 숫자로 보면 7에 비해 1만 모자라서 비슷해 보이지만 결코 같은 존재가 될 수 없음을 상징합니다. 예수 그리스도와 교회를 망치고 멸망시키기 위해 최선을 다하는 악한 세력의 상징수가 육.육.육입니다. 육.육.육은 바다와 땅의 여기저기에 있는 악한 세력입니다. 여러분, 세상 사람이 아무리 좋아하고 찬양하고 이상향이라고 선언할지라도 십자가가 빠지면 6입니다. 인격이 대단해도 십자가가 없으면 6입니다. 대형교회라고 할지라도, 대단한 설교를 한다 할지라도 예수 십자가의 복음이 없으면 6입니다. 7 마이너스 1입니다.

예수님을 뺀 모든 것이 6입니다. 6.6.6은 특정한 인물이 아니라 여기저기 수도 없이 박혀 있는 사람을 대변하는 수, 즉 인간의 수입니다. 하나님처럼 되려고 하는 상징수입니다.

오늘날 많은 사람들이 주님을 죽도록 섬기는 것은 시대에 맞지 않는다고 생각합니다. 좀 편하게 예수님을 믿으려고 합니다. 절대 희생하지 않습니다. 그러면서 주님이 주시는 혜택에 대해서는 열정적입니다. 진통을 겪으며 아이를 낳은 여자(교회)를 도와줄 생각은 안 하고 여자에게 업혀 가려고 하는 것입니다. 죽기까지 충성하라는 말씀을 언급하면 "꿈도 꾸지 마세요."라고 합니다. 조금만 불편하면 외면합니다. 요즘 사람들에게 핍박보다 무서운 게 불편함입니다. 그런 사람들이 교회 안에 많아지면 뱀이 용이 되는 것입니다. 그런 사람은 마귀가 살찌게 하는 원인 제공자입니다. 교회를 가장 힘들게 하는 사람이 누구인지 아십니까? 90% 헌신자입니다. 아무것도 헌신하지 않는 자가 아니라 90%쯤 주님께 헌신하는 자입니다. 죽기까지 하는 게 100%입니다. 90%는 가짜이고 짝퉁입니다. 모조품이고 유사품입니다.

6.6.6은 바로 90% 헌신입니다. 90%만 드리고 7인 척하는 게 6.6.6입니다. "대충 이 정도 믿고 살자."라고 하는 게 6.6.6입니다. 6.6.6에 현혹되지 마십시오. 하나님은 완전하신 7.7.7입니다. 죽기까지 생명을 드려도 좋으신 분입니다. 혹시 그런 분이 아닐 것을 대비해 10%를 아껴두었습니까? 그러면 안 됩니다.

모든 것이 혼미한 시대, 6.6.6으로 가득한 이 시대에 하나님께 온전히 자신을 드리기 원합니다. 다 드린 것처럼 흉내내는 우리를 봅니다. 그럴싸하게 포장하는 우리를 봅니다. 모든 것을 다 주신 주님을 따라 생명까지 바쳐도 아깝지 않은 예수의 제자들이 되길 간절히 기도합니다.

예수님의
러.브.레터

18 이마에 쓰여진 이름:
순결, 찬양, 안식

요한계시록 14장 1절-15장 4절

14:1또 내가 보니 보라 어린 양이 시온 산에 섰고 그와 함께 십사만 사천이 서 있는데 그들의 이마에는 어린 양의 이름과 그 아버지의 이름을 쓴 것이 있더라 2내가 하늘에서 나는 소리를 들으니 많은 물 소리와도 같고 큰 우렛소리와도 같은데 내가 들은 소리는 거문고 타는 자들이 그 거문고를 타는 것 같더라 3그들이 보좌 앞과 네 생물과 장로들 앞에서 새 노래를 부르니 땅에서 속량함을 받은 십사만 사천밖에는 능히 이 노래를 배울 자가 없더라 4이 사람들은 여자와 더불어 더럽히지 아니하고 순결한 자라 어린 양이 어디로 인도하든지 따라가는 자며 사람 가운데에서 속량함을 받아 처음 익은 열매로 하나님과 어린 양에게 속한 자들이니 5그 입에 거짓말이 없고 흠이 없는 자들이더라 6또 보니 다른 천사가 공중에 날아가는데 땅에 거주하는 자들 곧 모든 민족과 종족과 방언과 백성에게 전할 영원한 복음을 가졌더라 7그가 큰 음성으로 이르되 하나님을 두려워하며 그에게 영광을 돌리라 이는 그의 심판의 시간이 이르렀음이니 하늘과 땅과 바다와 물들의 근원을 만드신 이를 경배하라 하더라 8또 다른 천사 곧 둘째가 그 뒤를 따라 말하되 무너졌도다 무너졌도다 큰 성 바벨론이여 모든 나라에게 그의 음행으로 말미암아 진노의 포도주를 먹이던 자로다 하더라 9또 다른 천사 곧 셋째가 그 뒤를 따라 큰 음성으로 이르되 만일 누구든지 짐승과 그의 우상에게 경배하고 이마에나 손에 표를 받으면 10그도 하나님의 진노의 포도주를 마시리니 그 진노의 잔에 섞인 것이 없이 부은 포도주라 거룩한 천사들 앞과 어린 양 앞에서 불과 유황으로 고난을 받으리니 11그 고난의 연기가 세세토록 올라가리로다 짐승과 그의 우상에게 경배하고 그의 이름 표를 받는 자는 누구든지 밤낮 쉼을 얻지 못하리라 하더라 12성도들의 인내가 여기 있나니 그들은 하나님의 계명과 예수에 대한 믿음을 지키는 자니라 13또 내가 들으니

하늘에서 음성이 나서 이르되 기록하라 지금 이후로 주 안에서 죽는 자들은 복이 있도다 하시매 성령이 이르시되 그러하다 그들이 수고를 그치고 쉬리니 이는 그들의 행한 일이 따름이라 하시더라 ¹⁴또 내가 보니 흰 구름이 있고 구름 위에 인자와 같은 이가 앉으셨는데 그 머리에는 금 면류관이 있고 그 손에는 예리한 낫을 가졌더라 ¹⁵또 다른 천사가 성전으로부터 나와 구름 위에 앉은 이를 향하여 큰 음성으로 외쳐 이르되 당신의 낫을 휘둘러 거두소서 땅의 곡식이 다 익어 거둘 때가 이르렀음이니이다 하니 ¹⁶구름 위에 앉으신 이가 낫을 땅에 휘두르매 땅의 곡식이 거두어지니라 ¹⁷또 다른 천사가 하늘에 있는 성전에서 나오는데 역시 예리한 낫을 가졌더라 ¹⁸또 불을 다스리는 다른 천사가 제단으로부터 나와 예리한 낫 가진 자를 향하여 큰 음성으로 불러 이르되 네 예리한 낫을 휘둘러 땅의 포도송이를 거두라 그 포도가 익었느니라 하더라 ¹⁹천사가 낫을 땅에 휘둘러 땅의 포도를 거두어 하나님의 진노의 큰 포도주 틀에 던지매 ²⁰성 밖에서 그 틀이 밟히니 틀에서 피가 나서 말 굴레에까지 닿았고 천육백 스다디온에 퍼졌더라

¹⁵:¹또 하늘에 크고 이상한 다른 이적을 보매 일곱 천사가 일곱 재앙을 가졌으니 곧 마지막 재앙이라 하나님의 진노가 이것으로 마치리로다 ²또 내가 보니 불이 섞인 유리 바다 같은 것이 있고 짐승과 그의 우상과 그의 이름의 수를 이기고 벗어난 자들이 유리 바다 가에 서서 하나님의 거문고를 가지고 ³하나님의 종 모세의 노래, 어린 양의 노래를 불러 이르되 주 하나님 곧 전능하신 이시여 하시는 일이 크고 놀라우시도다 만국의 왕이시여 주의 길이 의롭고 참되시도다 ⁴주여 누가 주의 이름을 두려워하지 아니하며 영화롭게 하지 아니하오리이까 오직 주만 거룩하시니이다 주의 의로우신 일이 나타났으매 만국이 와서 주께 경배하리이다 하더라

이마에 쓰인 성부 성자의 이름

앞서 살펴본 내용을 다시 한 번 정리해보면 먼저 우리는 일곱 교회를 향한 주님의 메시지를 들었습니다. 그리고 핍박 가운데 있더라도 구원의 계획은 끝까지 실행될 것이라는 점과 일곱 인봉, 일곱 나팔을 통해 마지막의 승리는 교회의 것임을 알아보았습니다. 지난 17장에서는 여자가 낳은 아들로 상징되는 그리스도를 핍박하는 붉은 용, 바다와 땅에서 나오는 짐승에 대해 나누며 짝퉁 삼위일체를 경계할 것을 경고받았습니다. 그리고 육.육.육이 모조품이라는 것과 모조품 삼위일체를 이기는 방법을 배웠습니다.

이번 장의 본문에는 요한계시록 7장에도 나왔던 144,000명이 다시 등장합니다. 144,000명의 이마에 어린 양의 이름과 아버지의 이름이 쓰여 있다고 합니다. 이름이 이마에 쓰여 있는 것이 상징하는 바는 우리가 아버지와 더불어 한 가족이라는 것입니다. 우리는 아버지를 닮은 가족입니다. 가족마다 비슷한 점이 있는데, 저의 경우 베개 밑에 손을 넣고 자는 버릇이 있습니다. 그런데 어느 날 제 아이들 세 명 모두 베개 밑에 손을 넣고 자는 것을 보았습니다. 하나님의 가족들도 유사점이 있습니다.

하나님 가족의 공통점(1) - 단호한 헌신

이 사람들은 여자와 더불어 더럽히지 아니하고 순결한 자라 어린 양이 어디로 인도하든지 따라가는 자며 사람 가운데에서 속량함을 받아 처음 익은 열매로 하나님과 어린 양에게 속한 자들이니 [요한계시록 14:4]

여자와 더불어 더럽히지 않은 것이 하나님 가족의 공통점입니다. 음행(adultery)하지 않은 자들이라는 의미입니다. 이 세상이 창녀촌이라면 하나님의 백성은 처녀성을 지키는 깨끗한 자라고 이야기하고 있습니다. 이는 단순히 성적 순결만을 의미하지 않습니다.

"여자와 더불어 더럽히지 아니하고"라는 내용을 문자 그대로 받으면 남자에게만 해당하고 여자는 해당하지 않습니다. 그러나 144,000명이 신구약의 하나님의 백성을 총망라한 상징수인 것처럼 '여자와 더불어 더럽히지 않은 순결한 자'도 상징적인 언어입니다.

다윗왕의 신하 우리아 장군은 왕이 대놓고 기회를 주었음에도 불구하고 아내 밧세바와 잠을 자지 않고 다른 부하들과 왕궁문에서 잠을 잤습니다. 이는 단순한 성적 순결이 아닙니다. 성적인 의미 그 이상입니다.

이스라엘 군인들은 전쟁이 날 때 아내와 동침하지 않았습니다. 이것에 대해 성결하다고 하는 것은 어떤 성적인 면을 넘어서는 것입니다. 다시 말해 하나님을 향한 헌신을 상징하는 의미에서의 순결이라고 할 수 있습니다.

요한계시록의 144,000명 역시 여자와 더불어 더럽혀지지 않은 자들인데 여기서도 단순한 성적 순결을 넘어서는 하나님을 향한 단호한 헌신을 이야기합니다. 하나님의 백성은 하나님을 향해 헌신하는 단호함이 있습니다. 여러분도 이처럼 단호한 결심을 한 적이 있으십니까? 하나님의 가족은 헌신이라는 공통점이 있습니다.

미국 해병대 모집 광고를 본 적이 있었는데 이런 말이 쓰여 있었습니다.

"우리는 지원서를 받지 않고 헌신서를 받습니다(We don't accept application, but commitment)."

이 문구가 얼마나 감동이 되던지 가슴이 뛰고 미국 해병대에 가고 싶은 마음마저 들었습니다. 저는 이 내용을 읽고 이것을 우리 교회 제자훈련의 핵심 문구로 써야겠다고 생각했습니다.

하나님의 가족은 흐리멍덩한 자들이 아닙니다. 하나님의 가족은 예배에 와서 꾸벅꾸벅 졸지 않습니다. 하나님의 가족, 즉 성도들은 하나님을 향한 날카로운 헌신이 있습니다. 대충대충 하는 게 아니라 칼날을 세운 헌신이 있는 자라야 어린 양의 이름이 이마에 새겨진 하나님의 백성입니다.

하나님의 가족은 헌신의 삶이 뒷받침되어야 합니다. 하나님께 지원서를 내는 사람이 아닌 헌신서를 내는 사람이 하나님의 가족입니다. 순결한 헌신이 있는 자가 하나님의 가족입니다.

하나님 가족의 공통점(2) - 새 노래를 부름

요한계시록 14장의 144,000명을 보니 시온을 향해 행군하는 거대한 군대 같기도 합니다. 그들이 일사불란하게 움직이는 모습을 한 번 상상해 보십시오. 군인들은 이동할 때 군가를 부릅니다. 하나님의 군대가 부르는 군가, 즉 새 노래가 있습니다. 이 새 노래는 누구도 흉내낼 수 없는 노래입니다. 하나님의 백성만 부를 수 있습니다.

거문고와 견줄 수 있는 악기가 서양의 하프(harp)입니다. 다윗이 하프를 연주했던 모습을 떠올려 봅니다. 많은 물소리와 큰 우렛소리가 찬양의 소리인지 반주인지 확실하지 않지만 마치 144,000명의 성가대가 부르는 하나님의 군가가 이렇지 않을까 생각해 봅니다. 문득 사도 요한이 들었던 소리는 정확히 어떤 것이었을지 궁금해집니다. 많은 물 소리, 큰 우렛소리로 표현된 그 소리는 어떤 소리였을까요?

많은 물 소리는 '고밀도 소리'라는 의미인 것 같습니다. 공간 안에 들어가는 밀도가 있습니다. 500명 중 100명만 찬양을 부르면 찬양의 밀도는 100입니다. 500명이 모두 찬양하면 찬양의 밀도가 500입니다. 단순히 소리가 크다는 말이 아닙니다. 모든 사람이 한마음으로 동참하는 찬양이 바로 많은 물 소리 같은 찬양입니다.

이 찬양을 불러본다고 상상해봅시다. 이 글을 읽는 분들 중에 마음에 흥얼거리며 부르는 분이 있지 않겠습니까? 만약 이 찬양을 안 부른 사람이 없다면 고밀도 찬양입니다. 144,000명 안에 포함된 것입니다. 하나님의 가족이라면 찬양을 부르지 않을 수 없습니다. 찬양은 음악 그 이상입니다.

어느 날 예배당 뒤쪽에 앉아서 예배를 드린 적이 있었는데 찬양을 전혀 안 하는 분이 있었습니다. 예배 중에 어떻게 입을 다물고 있을 수 있을까 궁금했습니다. 가만히 보니 뒷자리에 있는 분들이 찬양을 잘 부르지 않는 경향이 있습니다. 저는 개인적으로 그분들이 과연 하나님의 가족인지 궁금했습니다. 144,000명은 구원받은 백성의 상징수라고 했습니다. 이들은 하나님의 가족으로서 헌신하며 주님을 찬양하는 자들입니다.

하나님 가족의 공통점(3) - 목숨 걸고 복음을 전함

또 보니 다른 천사가 공중에 날아가는데 땅에 거주하는 자들 곧 모든 민족과 종족과 방언과 백성에게 전할 영원한 복음을 가졌더라 그가 큰 음성으로 이르되 하나님을 두려워하며 그에게 영광을 돌리라 이는 그의 심판의 시간이 이르렀음이니 하늘과 땅과 바다와 물들의 근원을 만드신 이를 경배하라 하더라
[요한계시록 14:6-7]

영원한 복음을 가진 천사가 경배하라고 외칩니다. 저는 하나님의 복음을 전하는 자들 뒤에 이 천사가 있다고 생각합니다. 하나님 앞에 영광을 돌리라고 외치는 목회자 뒤에 천사가 있다고 봅니다.

몇 년 전, 중국의 처소 교회를 방문한 적이 있습니다. 첫 방문 때는 교회가 한 개뿐이었는데 2년 후에 9개 교회로 부흥하게 되었습니다. 9개 교회가 연합하면 무려 900명의 성도가 되는 교회로 성장했습니다. 그래서 담당 목사님께 여쭤보았습니다.

"지난 한 해 동안 세례를 준 자가 몇 명입니까?"

"100명이 넘습니다."

100명 이상이 세례를 받았다니 정말 놀라운 일이었습니다. 어떻게 이런 일이 일어났는지 여쭤보았습니다. 목사님은 이렇게 말씀하셨습니다.

"죽기를 각오하고 복음을 전하면 됩니다!"

우리가 죽기를 각오하지 않으니까 이런 일이 벌어지지 않는 것입니다. 죽기를 각오하지 않으면 세례받는 자가 별로 없습니다.

또 다른 천사 곧 둘째가 그 뒤를 따라 말하되 무너졌도다 무너졌도다 큰 성 바벨론이여 모든 나라에게 그의 음행으로 말미암아 진노의 포도주를 먹이던 자로다 하더라[요한계시록 14:8]

세상의 권력을 상징하는 바벨론이 무너졌다고 합니다. 복음을 핍박하고 진노의 포도주를 모든 나라에게 먹이던 자가 무너졌습니다. 짝퉁 삼위일체가 여기에도 등장합니다. 성찬식을 진노의 포도주로 만들어 복음을 모욕하고, 그리스도의 십자가를 모욕하고, 진노의 포도주를 마시게 했던 세력이 바벨론인데 그들의 모든 것이 무너졌다고 합니다.

위 말씀에는 우상숭배자를 심판하는 내용이 나옵니다. 불, 유황이 나오니 유치하다고 생각하는 분이 있을지 모르겠습니다. 요한계시록은 과학책이나 신문 칼럼이 아닙니다. 요한계시록은 그림책과 같습니다. 실제 심판의 모습은 불과 유황이 아닐지 모르지만 제 생각에는 심판은 여기서 묘사되는 것보다 훨씬 더 심각한 모습으로 임할 것입니다. 하나님 가족이 아니면 이런 심판을 모면할 수 없습니다.

하나님 가족의 공통점(4) - 안식이 있음

성도들의 인내가 여기 있나니 그들은 하나님의 계명과 예수에 대한 믿음을 지키는 자니라 또 내가 들으니 하늘에서 음성이 나서 이르되 기록하라 지금 이후로 주 안에서 죽는 자들은 복이 있도다 하시매 성령이 이르시되 그러하다 그들이 수고를 그치고 쉬리니 이는 그들의 행한 일이 따름이라 하시더라[요한계시록 14:12-13]

저주를 받은 자는 쉼이 없지만, 이마에 하나님의 인침을 받은 자들은 수고를 그치고 쉬게 됩니다. 그런 의미에서 하나님 가족의 유사성은 안식입니다. 순결, 찬양, 복음, 안식은 인침을 받은 백성들에게 중요한 의미입니다. 13절에 보면 "그들이 수고를 그치고 쉬리니 이는 그들의 행한 일이 따름이라."고 말씀합니다. 쉼은 천국을 의미합니다. 천국에 갔다는 것은 안식에 들어갔다는 뜻입니다. 성도들에게 죽음은 안식이고 축복입니다. 안식으로의 입성입니다. 사람이 쉬지 못하는 이유는 아직 일이 끝나지 않아서입니다.

천국에 가기 위해서 열 가지 일을 완수해야 한다고 가정해 봅시다. 그런데 열 가지 일만으로 완전히 끝나는 것이 아니라 열 가지 일을 마치면 다시 1부터 반복해야 합니다. 쉴 수가 없습니다. 반대로 천국 가는 은혜를 받아서 '할렐루야!'를 기뻐 외치며 일하는 것은 어떨까요? 둘 중 어느 것이 좋을까요? 일을 해야 천국에 갈 수 있다면 그것은 무거운 짐일 것입니다. 하나님의 가족은 아무리 힘든 일이라 할지라도 짐으로 여기지 않습니다. 여러분이 무슨 일을 하든 그 일이 은혜로부터 비롯된 사역이 되어야 합니다. 은혜를 받은 후의 사역이 되어야 행복하고 신나게 즐기면서 할 수 있습니다. 성도들이 직장, 사업터에 나갈 때도 그것이 은혜를 받은 후의 사역이 된다면 신나게 일할 수 있습니다.

무슨 일을 하든지 주의 일을 하듯이 해야 합니다. 천국 가는 은혜를 입었으니 맡겨주신 일 모두가 은혜입니다.

심판이 못 미치는 곳은 없다

또 내가 보니 흰 구름이 있고 구름 위에 인자와 같은 이가 앉으셨는데 그 머리에는 금 면류관이 있고 그 손에는 예리한 낫을 가졌더라 또 다른 천사가 성전으로부터 나와 구름 위에 앉은 이를 향하여 큰 음성으로 외쳐 이르되 당신의 낫을 휘둘러 거두소서 땅의 곡식이 다 익어 거둘 때가 이르렀음이니이다 하니 구름 위에 앉으신 이가 낫을 땅에 휘두르매 땅의 곡식이 거두어지니라 또 다른 천사가 하늘에 있는 성전에서 나오는데 역시 예리한 낫을 가졌더라 또 불을 다스리는 다른 천사가 제단으로부터 나와 예리한 낫 가진 자를 향하여 큰 음성으로 불러 이르되 네 예리한 낫을 휘둘러 땅의 포도송이를 거두라 그 포도가 익었느니라 하더라 천사가 낫을 땅에 휘둘러 땅의 포도를 거두어 하나님의 진노의 큰 포도주 틀에 던지매 성 밖에서 그 틀이 밟히니 틀에서 피가 나서 말 굴레에까지 닿았고 천육백 스다디온에 퍼졌더라[요한계시록 14:14-20]

20절에 "스다디온"이라는 단어가 나옵니다. 이는 오늘날로 말하면 스타디움(Stadium)입니다. 스타디움을 한 바퀴 돌면 200미터쯤 됩니다. 따라서 한 스다디온은 200미터쯤 될 것입니다. 그렇다면 1,600 스다디온은 엄청난 크기이고 거리입니다. 따라서 이 말씀은 땅끝까지 하나님의 심판이 못 미치는 곳이 없다는 의미입니다. 하나님의 심판에 누구도 제외되지 않는다는 말입니다. 심판에서 건짐을 받은(을) 자는 다음과 같이 예배합니다.

또 내가 보니 불이 섞인 유리 바다 같은 것이 있고 짐승과 그의 우상과 그의 이름의 수를 이기고 벗어난 자들이 유리 바다 가에 서서 하나님의 거문고를 가지고 하나님의 종 모세의 노래, 어린 양의 노래를 불러 이르되 주 하나님 곧 전능하신 이시여 하시는 일이 크고 놀라우시도다 만국의 왕이시여 주의 길이 의롭고 참되시도다 주여 누가 주의 이름을 두려워하지 아니하며 영화롭게 하지 아니하오리이까 사탄의 속임수 6.6.6을 이긴 144,000명(상징수)의 하나님의 자녀들이 유리 바다에서 예배한다고 합니다. 요한계시록 4장의 내용이 다시 재현되는 것입니다. 유리 바다에서 선포되는 찬양은 '모세의 노래', '어린 양의 노래'입니다. 모세의 노래는 출애굽, 즉 구원을 감사하는 노래입니다. 어린 양의 노래는 어린 양되신 예수 그리스도의 피로 우리의 죄를 용서받고 구원 얻는 것을 찬양하는 노래입니다. 이는 모두 구원에 관한 것입니다. 지금 우리의 찬양도 유리 바다에서 부르는 찬양이 되기를 원합니다.

이 땅에서 찬양을 부르지 않는다면 천국에서도 부를 수 없게 됩니다. 지금 찬양하지 않으면 144,000명(상징수)에 들어가서 같이 찬양할 수 없습니다. 하나님 가족의 유사성은 찬양, 즉 '밀도 있는 찬양'입니다. 찬양은 아무나 부르는 것이 아닙니다. 144,000명(상징수) 외에는 새 예루살렘에서 불릴 새 노래를 부를 자가 없습니다.

밀도 있는 찬양을 드리는 예배가 늘 그립습니다. 순결과 찬양과 안식의 모습으로 마지막 때를 사는 우리 모두가 되기를 소원합니다.

19 아마겟돈

요한계시록 15장 5절–16장 21절

15:5또 이 일 후에 내가 보니 하늘에 증거 장막의 성전이 열리며 6일곱 재앙을 가진 일곱 천사가 성전으로부터 나와 맑고 빛난 세마포 옷을 입고 가슴에 금 띠를 띠고 7네 생물 중의 하나가 영원토록 살아 계신 하나님의 진노를 가득히 담은 금 대접 일곱을 그 일곱 천사들에게 주니 8하나님의 영광과 능력으로 말미암아 성전에 연기가 가득 차매 일곱 천사의 일곱 재앙이 마치기까지는 성전에 능히 들어갈 자가 없더라

16:1또 내가 들으니 성전에서 큰 음성이 나서 일곱 천사에게 말하되 너희는 가서 하나님의 진노의 일곱 대접을 땅에 쏟으라 하더라 2첫째 천사가 가서 그 대접을 땅에 쏟으매 짐승의 표를 받은 사람들과 그 우상에게 경배하는 자들에게 악하고 독한 종기가 나더라 3둘째 천사가 그 대접을 바다에 쏟으매 바다가 곧 죽은 자의 피같이 되니 바다 가운데 모든 생물이 죽더라 4셋째 천사가 그 대접을 강과 물 근원에 쏟으매 피가 되더라 5내가 들으니 물을 차지한 천사가 이르되 전에도 계셨고 지금도 계신 거룩하신 이여 이렇게 심판하시니 의로우시도다 6그들이 성도들과 선지자들의 피를 흘렸으므로 그들에게 피를 마시게 하신 것이 합당하니이다 하더라 7또 내가 들으니 제단이 말하기를 그러하다 주 하나님 곧 전능하신 이시여 심판하시는 것이 참되시고 의로우시도다 하더라 8넷째 천사가 그 대접을 해에 쏟으매 해가 권세를 받아 불로 사람들을 태우니 9사람들이 크게 태움에 태워진지라 이 재앙들을 행하는 권세를 가지신 하나님의 이름을 비방하며 또 회개하지 아니하고 주께 영광을 돌리지 아니하더라 10또 다섯째 천사가 그 대접을 짐승의 왕좌에 쏟으니 그 나라가 곧 어두워지며 사람들이 아파서 자기 혀를 깨물고 11아픈 것과 종기로 말미암아 하늘의 하나님을 비방하고 그들의 행위를 회

개하지 아니하더라 [12]또 여섯째 천사가 그 대접을 큰 강 유브라데에 쏟으매 강물이 말라서 동방에서 오는 왕들의 길이 예비되었더라 [13]또 내가 보매 개구리 같은 세 더러운 영이 용의 입과 짐승의 입과 거짓 선지자의 입에서 나오니 [14]그들은 귀신의 영이라 이적을 행하여 온 천하 왕들에게 가서 하나님 곧 전능하신 이의 큰 날에 있을 전쟁을 위하여 그들을 모으더라 [15]보라 내가 도둑같이 오리니 누구든지 깨어 자기 옷을 지켜 벌거벗고 다니지 아니하며 자기의 부끄러움을 보이지 아니하는 자는 복이 있도다 [16]세 영이 히브리어로 아마겟돈이라 하는 곳으로 왕들을 모으더라 [17]일곱째 천사가 그 대접을 공중에 쏟으매 큰 음성이 성전에서 보좌로부터 나서 이르되 되었다 하시니 [18]번개와 음성들과 우렛소리가 있고 또 큰 지진이 있어 얼마나 큰지 사람이 땅에 있어 온 이래로 이같이 큰 지진이 없었더라 [19]큰 성이 세 갈래로 갈라지고 만국의 성들도 무너지니 큰 성 바벨론이 하나님 앞에 기억하신 바 되어 그의 맹렬한 진노의 포도주 잔을 받으매 [20]각 섬도 없어지고 산악도 간 데 없더라 [21]또 무게가 한 달란트나 되는 큰 우박이 하늘로부터 사람들에게 내리매 사람들이 그 우박의 재앙 때문에 하나님을 비방하니 그 재앙이 심히 큼이러라

일곱 사이클의 마지막: 일곱 대접

앞선 장을 정독하신 분들은 요한계시록을 이해하는데 있어서 구조가 중요하다는 것을 충분히 인식하셨을 것입니다. 일곱이라는 사이클은 단순한 숫자로 보지 않습니다. 일곱 사이클이 반복되면서 하나님의 이야기가 강조되고 심화하며 대단원을 내립니다. 하나님의 역사가 그렇게 사이클처럼 돌아가고 있습니다. 이 사이클의 마지막이 요한계시록이고 그 마지막의 마지막이 이 장의 내용입니다.

요한계시록 16장에는 일곱째 대접이 쏟아지는 장면이 나옵니다. 일곱 대접은 일곱 나팔과 구조가 닮아 있습니다.

먼저, 첫째 대접과 첫째 나팔은 땅의 재앙입니다. 둘째 대접과 둘째 나팔은 바다가 피가 되는 재앙입니다. 셋째 대접과 셋째 나팔은 강과 물이 피가 되어 물의 근원이 끊기는 재앙입니다. 넷째 대접과 넷째 나팔은 태양에 대한 재앙입니다. 다섯째 대접과 다섯째 나팔은 어둠의 재앙을 말하고 있습니다. 여섯째 대접과 여섯째 나팔은 유브라데강에 대해 언급하고 있습니다. 일곱째 대접과 일곱째 나팔은 지진의 재앙입니다.

일곱 대접의 심판은 일곱 나팔의 심판보다 더 강력합니다. 일곱 나팔의 재앙은 전체 3분의 1에 미치지만 일곱 대접의 재앙은 온 땅과 바다와 사람에게 미칩니다. 하나님의 마지막 심판에서 벗어날 사람이 없게 되는 것입니다.

일곱 대접의 재앙은 이전보다 강력해진 마지막 재앙입니다. 마지막 재앙에서 붙들어야 할 세 가지의 교훈이 있습니다.

마지막 재앙의 교훈(1) - 하나님의 심판은 의롭다

또 내가 들으니 성전에서 큰 음성이 나서 일곱 천사에게 말하되 너희는 가서 하나님의 진노의 일곱 대접을 땅에 쏟으라 하더라[요한계시록 16:1]

내가 들으니 물을 차지한 천사가 이르되 전에도 계셨고 지금도 계신 거룩하신 이여 이렇게 심판하시니 의로우시도다[요한계시록 16:5]

하나님의 심판은 의롭고 거룩합니다. 거룩하다는 것은 하나님의 심판이 하나님의 도덕성을 드러내고 있음을 의미합니다. 우리는 세상에서 이뤄지는 심판(재판)을 보면서 그것이 과연 의로울까 하는 생각을 하게 됩니다. 또한 하나님의 진노의 심판을 보며 끔찍하다는 생각이 들기도 합니다. '하나님께서 뭐 이렇게까지 하실까?'라는 질문을 하게 됩니다. 하나님의 심판을 이야기하면 "너무 끔찍하다. 이런 날이 안 오면 좋겠다."라고 생각하는 분들도 많습니다.

옛날 미국의 O.J. 심슨 재판 과정이 미국 공중파 방송에서 연일 중계되었습니다. 이는 전세계적인 관심을 끈 세기의 재판이었습니다. 당시 O.J. 심슨이 아내를 살해했다는 심증은 확실했지만, 물증이 없어서 무죄 판결이 내려졌습니다. 모든 사람이 O.J. 심슨이 아내를 죽인 살인자라고 생각했습니다. 살해당한 아내 니콜 심슨의 가족들은 무죄 판결에 대해 너무나 괴로워했습니다. 과연 이 재판의 결과가 의롭다고 할 수 있을까요?

사람의 재판은 아무리 신중하게 행해져도 의롭지 않아 보입니다. 미국의 배심원 제도는 사실 의로운 판정을 내리기 어렵습니다. 법과 사건에 문외한인 사람들이 결론을 내는 것이 과연 옳은 것일까요? 이 럴 때는 재판장이 너무 중요합니다. 재판장이 전체 분위기를 이끌고 가 기 때문입니다.

그런데 신적 재판의 대단원인 하나님의 심판은 피고나 원고, 그 누 가 보더라도 의롭습니다. 누구도 억울해하지 않는 공의가 그대로 이뤄 지는 심판이기 때문입니다. 인간의 재판은 나에게 좋은 결과가 나올지 라도 의롭다고 할 수 없을 때도 있지만, 하나님의 심판은 어떤 결과가 나오든지 의롭습니다.

피를 흘린 만큼 피를 마시게 한다는 것은 불공평이 없이 당한 대로 심판하시는 하나님의 의지를 보여줍니다. 하나님은 공평하시며 공의 로우십니다. 공의로우신 하나님께서 하시는 재판은 의롭습니다. 절대 치우치지 않습니다. 이것을 보면 하나님의 거룩하심과 도덕성이 드러 납니다.

여러분들 중에 지금 억울한 일을 당한 분이 있습니까? 초대 교회 성 도들은 불이익을 받는 자들의 대명사였습니다. 당시의 성도들이 이 말 씀을 들었을 때 얼마나 위로가 되었겠습니까? 하나님의 심판은 의롭고 거룩하며 '참'과 '진실'이라는 말이 여러분에게도 위로가 되기를 바랍니다.

마지막 재앙의 교훈(2) - 심판 대상은 회개하지 않는 자

마지막 재앙이 주는 두 번째 교훈은 하나님이 심판하시는 대상이 회개하지 않는 자라는 것입니다.

첫째 천사가 가서 그 대접을 땅에 쏟으매 짐승의 표를 받은 사람들과 그 우상에게 경배하는 자들에게 악하고 독한 종기가 나더라[요한계시록 16:2]

사람들이 크게 태움에 태워진지라 이 재앙들을 행하는 권세를 가지신 하나님의 이름을 비방하며 또 회개하지 아니하고 주께 영광을 돌리지 아니하더라
[요한계시록 16:9]

아픈 것과 종기로 말미암아 하늘의 하나님을 비방하고 그들의 행위를 회개하지 아니하더라[요한계시록 16:11]

다시 말씀드립니다. 하나님의 심판을 받는 자는 회개하지 않는 자입니다. 회개하지 않는 자를 영어로 번역하면 'They refused to repent' 입니다. 이것은 단순히 회개하지 않는 자가 아니라 '때려죽여도 회개하지 않는 자'라고 의역할 수 있습니다. 제가 이렇게 강한 표현을 쓰는 이유는 '긍휼히 여기시는 하나님인데 왜 심판하시는가?'라고 묻는 지식인들의 질문에 답을 하기 위해서입니다. 회개하라고 촉구함에도 불구하고 끝까지 회개하지 않고 버티는 사람들에게 심판이 임할 것입니다. 그것이 하나님의 공의이고 공의로운 심판입니다.

다음으로 나오는 심판 대상자는 우상을 섬기는 자입니다. 우상을 섬기는 자들은 우상을 진짜 신으로 믿습니다. 우상은 재미난 표현입니다. 우상이라는 표현을 쓰는 이유는 헛것이라는 뜻을 전하기 위해서입니다. 속이 없는 껍질만 있는 허상임을 표현하기 위해서입니다.

하나님의 마지막 심판은 정말 과한 것일까요? 철학자들이 하는 말이 있습니다.

"신이 뭐 그렇게 잔인한가?"

그들은 하나님의 심판이 의롭다는 것을 모르기 때문에 그런 말을 하는 것입니다. 하나님께서 심판 전에 얼마나 애끓는 심정으로 회개를 강조하시는지 모르기 때문에 그런 말을 합니다.

신데렐라가 황금 마차를 타고 갔다가 자정을 알리는 종소리에 마차가 호박으로 변하는 것을 보게 됩니다. 황금 마차가 쓰레기에 지나지 않는 호박 덩어리라는 것을 깨닫게 되는 최후의 순간이 바로 멸망의 순간입니다.

도박하는 사람의 허상은 저택을 사고, 고급 자동차를 사고, 돈 벌어서 아이들에게 등록금을 대주고, 아내에게 진주 목걸이를 사주는 것입니다. 그런데 돈을 잃고 나서도 그 헛된 꿈에서 벗어나지 못하고 결국엔 자녀가 아르바이트하면서 모아둔 학자금을 도박 자금으로 씁니다.

모 일간지에서 재미난 기사를 읽은 기억이 납니다. LA 한인타운의 어느 길에 관광버스들이 매일 줄 서 있는데, 한 30대 한인이 그 관광버스를 타고 라스베이거스를 향해 도박 여행길에 올랐다고 합니다. 이 관광버스는 매일 한국인을 가득 채우고 떠나는데 버스비는 공짜입니다 (이 말에 라스베이거스에 한번 가봐야겠다고 생각하는 분들이 없기를 바랍니다). 어떤 할아버지가 이 신문의 기자와 인터뷰를 하는데 라스베이거스에 일주일에 서너 번을 간다고 했습니다. 그는 다녀오고 나면 마음이 설렌다고 했습니다.

우상은 우상을 숭배하는 자에게 환상과 설렘을 줍니다. 거짓된 환상에 빠지게 하는 것이 우상입니다. 우상 숭배자는 최후의 심판을 받게 될 것입니다. 여러분 중에도 우상을 숭배하는 자들이 있다면 회개함으로 돌이켜야 합니다. 지금도 늦지 않았습니다.

마지막 재앙의 교훈(3) - 재앙에서 건지시는 예수님

또 여섯째 천사가 그 대접을 큰 강 유브라데에 쏟으매 강물이 말라서 동방에서 오는 왕들의 길이 예비되었더라 또 내가 보매 개구리 같은 세 더러운 영이 용의 입과 짐승의 입과 거짓 선지자의 입에서 나오니 그들은 귀신의 영이라 이적을 행하여 온 천하 왕들에게 가서 하나님 곧 전능하신 이의 큰 날에 있을 전쟁을 위하여 그들을 모으더라[요한계시록 16:12-14]

개구리 같은 세 더러운 영이 용의 입과 짐승의 입과 거짓 선지자의 입에서 나오는 것을 보게 됩니다. 그들은 귀신의 영, 속이는 영이었습니다. 왕들이 전쟁을 준비하는데 속이는 영에게 넘어가서 이 일을 벌이고 있다는 것입니다. 여섯째 천사가 대접을 유브라데강에 쏟아서 강이 말라버린 까닭에 동방에서 온 왕들이 마른 강 위를 쉽게 건널 수 있었고 전쟁을 준비하게 됩니다. 동방박사 하면 페르시아 박사를 의미하는데 동방에서 전쟁을 위해 오는 왕들에 대한 내용은 이사야서에도 나와 있습니다.

페르시아와 바벨론의 국경이 유브라데라고 할 수 있는데 이 강이 말랐습니다. 이것은 침투할 기회가 생겼다는 것을 의미합니다.

페르시아의 고레스왕이 전쟁을 하기 위해 유브라데강을 건너 벨사살왕을 칩니다. 이 전쟁에 항상 등장하는 이미지는 강이 마르는 것입니다. 강이 마른 장면을 볼 때마다 생각나는 사건이 요단강과 홍해 사건입니다. 특히 홍해 사건은 바다가 갈라져 마른 땅이 된 이적으로써 강이 마름의 대표적인 사건입니다.

당시 이스라엘 백성은 패닉에 빠졌을 것입니다. 구약 시대 홍해를 가르시고 마른 땅이 되게 하신 하나님이 다시 유브라데강을 마르게 하심으로 심판하십니다. 이것이 바로 아마겟돈이라는 최후의 전쟁의 배경입니다.

동방에서 일어나는 왕들이 거짓 영에 속아서 전쟁을 일으킵니다. 유브라데강마저 말랐으니 전쟁의 기회입니다. 이것이 인류 종말의 전쟁이라고 할 수 있는 아마겟돈 전쟁입니다.

비전성경사전에 따르면 아마겟돈은 므깃도 지역을 가리키는 것으로 '하르 므깃돈'을 말하는데 이는 '므깃도의 언덕'이라는 뜻입니다. 지리적으로 볼 때 므깃도는 예루살렘 서북쪽에 있는 갈멜산 아래쪽에 위치하고 있습니다.

유다 왕 요시야는 므깃도에서 애굽을 맞아 싸우다가 죽음을 맞이했습니다. 당시 므깃도를 통과해야 대륙을 향해 나갈 수 있었기 때문에 이곳은 지정학적으로 중요한 지역이었습니다.

옛날에 동서 냉전 시대에는 많은 사람들이 3차 대전을 최후의 전쟁이라고 생각했습니다. 하지만 최후의 전쟁은 나라 대 나라의 싸움이 아니라 악한 영과 하나님의 백성과의 싸움입니다. 악의 영과 그리스도와 주님의 몸 된 교회가 대항하는 영적 전쟁이 바로 아마겟돈 전쟁입니다. 저는 우리가 이미 그 전쟁에 참여해 있다고 생각합니다. 아마겟돈 전쟁은 이미 시작되었습니다. 이 전쟁에 임하는 우리에게 필요한 질문이 있습니다.

"어떻게 하면 이 전쟁에서 승리할 수 있을까?"

다음의 말씀이 이 질문에 대한 열쇠라고 할 수 있습니다.

영광 중에 나타나서 장차 예수께서 예루살렘에서 별세(죽음)하실 것을 말할새
[누가복음 9:31]

여기서 별세한다는 말이 중요합니다. 별세라는 말의 원어는 '엑소돈(ἔξοδον)'입니다. 이 단어는 엑소도스, 즉 '출애굽'을 연상시킵니다.

예수님이 예루살렘에서 출애굽 하심은 무엇을 의미하는 걸까요? 우리는 바로왕 시대 애굽에 엄청난 재앙이 쏟아진 것을 알고 있습니다. 출애굽은 그 재앙에서의 구원을 의미합니다.

모든 열방이 한판의 전쟁을 벌이는 아마겟돈에서, 주님은 주님의 백성들을 구원해내실 것입니다. 즉 골고다 언덕에서 십자가를 대신 짊어지시고 죄인된 자신의 백성들을 구해내셨던 것처럼 마지막 때에도 자신의 백성들을 구원하실 것입니다.

그렇기에 우리는 전쟁이 와도, 심판이 와도, 겁낼 필요가 없습니다. '휴거'와 같은 영화를 보면서 무서워할 필요도 없습니다. 요한계시록을 읽으면서 무서워할 필요도 없습니다. 오히려 요한계시록을 읽으면 읽을수록 힘이 나야 합니다. 하나님의 놀라운 역사가 예수 그리스도의 십자가에서 시작되어 그 능력으로 최후의 구원을 이루시기 때문입니다.

성도의 최후의 승리는 주님께서 이미 보장해 놓으셨습니다. 우리는 믿음을 지키기만 하면 됩니다.

어둠의 세력에 속지 마십시오.

오히려 담대하게 나아가십시오. 어려움과 환란과 핍박에도 주눅 들지 않기를 바랍니다. 현재의 삶에 일어난 질병의 고통, 절망의 사건들로 인해 넘어지지 않고 구원의 소망을 붙들고 절망의 한가운데서 일어설 수 있기를 기도합니다.

20 바벨론의 정체를 밝혀라

요한계시록 17장 1절-19장 10절

[17:1]또 일곱 대접을 가진 일곱 천사 중 하나가 와서 내게 말하여 이르되 이리로 오라 많은 물 위에 앉은 큰 음녀가 받을 심판을 네게 보이리라 [2]땅의 임금들도 그와 더불어 음행하였고 땅에 사는 자들도 그 음행의 포도주에 취하였다 하고 [3]곧 성령으로 나를 데리고 광야로 가니라 내가 보니 여자가 붉은 빛 짐승을 탔는데 그 짐승의 몸에 하나님을 모독하는 이름들이 가득하고 일곱 머리와 열 뿔이 있으며 [4]그 여자는 자주 빛과 붉은 빛 옷을 입고 금과 보석과 진주로 꾸미고 손에 금 잔을 가졌는데 가증한 물건과 그의 음행의 더러운 것들이 가득하더라 [5]그의 이마에 이름이 기록되었으니 비밀이라, 큰 바벨론이라, 땅의 음녀들과 가증한 것들의 어미라 하였더라 [6]또 내가 보매 이 여자가 성도들의 피와 예수의 증인들의 피에 취한지라 내가 그 여자를 보고 놀랍게 여기고 크게 놀랍게 여기니 [7]천사가 이르되 왜 놀랍게 여기느냐 내가 여자와 그가 탄 일곱 머리와 열 뿔 가진 짐승의 비밀을 네게 이르리라 [8]네가 본 짐승은 전에 있었다가 지금은 없으나 장차 무저갱으로부터 올라와 멸망으로 들어갈 자니 땅에 사는 자들로서 창세 이후로 그 이름이 생명책에 기록되지 못한 자들이 이전에 있었다가 지금은 없으나 장차 나올 짐승을 보고 놀랍게 여기리라 [9]지혜 있는 뜻이 여기 있으니 그 일곱 머리는 여자가 앉은 일곱 산이요 [10]또 일곱 왕이라 다섯은 망하였고 하나는 있고 다른 하나는 아직 이르지 아니하였으나 이르면 반드시 잠시 동안 머무르리라 [11]전에 있었다가 지금 없어진 짐승은 여덟째 왕이니 일곱 중에 속한 자라 그가 멸망으로 들어가리라 [12]네가 보던 열 뿔은 열 왕이니 아직 나라를 얻지 못하였으나 다만 짐승과 더불어 임금처럼 한동안 권세를 받으리라 [13]그들이 한 뜻을 가지고 자기의 능력과 권세를 짐승에게 주더라 [14]그들이 어린 양과 더불어 싸우려니와 어린 양은 만주의 주시요 만왕의 왕이

시므로 그들을 이기실 터이요 또 그와 함께 있는 자들 곧 부르심을 받고 택하심을 받은 진실한 자들도 이기리로다 ¹⁵또 천사가 내게 말하되 네가 본 바 음녀가 앉아 있는 물은 백성과 무리와 열국과 방언들이니라 ¹⁶네가 본 바 이 열 뿔과 짐승은 음녀를 미워하여 망하게 하고 벌거벗게 하고 그의 살을 먹고 불로 아주 사르리라 ¹⁷이는 하나님이 자기 뜻대로 할 마음을 그들에게 주사 한 뜻을 이루게 하시고 그들의 나라를 그 짐승에게 주게 하시되 하나님의 말씀이 응하기까지 하심이라 ¹⁸또 네가 본 그 여자는 땅의 왕들을 다스리는 큰 성이라 하더라

¹⁸:¹이 일 후에 다른 천사가 하늘에서 내려 오는 것을 보니 큰 권세를 가졌는데 그의 영광으로 땅이 환하여지더라 ²힘찬 음성으로 외쳐 이르되 무너졌도다 무너졌도다 큰 성 바벨론이여 귀신의 처소와 각종 더러운 영이 모이는 곳과 각종 더럽고 가증한 새들이 모이는 곳이 되었도다 ³그 음행의 진노의 포도주로 말미암아 만국이 무너졌으며 또 땅의 왕들이 그와 더불어 음행하였으며 땅의 상인들도 그 사치의 세력으로 치부하였도다 하더라 ⁴또 내가 들으니 하늘로부터 다른 음성이 나서 이르되 내 백성아, 거기서 나와 그의 죄에 참여하지 말고 그가 받을 재앙들을 받지 말라 ⁵그의 죄는 하늘에 사무쳤으며 하나님은 그의 불의한 일을 기억하신지라 ⁶그가 준 그대로 그에게 주고 그의 행위대로 갑절을 갚아 주고 그가 섞은 잔에도 갑절이나 섞어 그에게 주라 ⁷그가 얼마나 자기를 영화롭게 하였으며 사치하였든지 그만큼 고통과 애통함으로 갚아 주라 그가 마음에 말하기를 나는 여왕으로 앉은 자요 과부가 아니라 결단코 애통함을 당하지 아니하리라 하니 ⁸그러므로 하루 동안에 그 재앙들이 이르리니 곧 사망과 애통함과 흉년이라 그가 또한 불에 살라지리니 그를 심판하시는 주 하나님은 강하신 자이심이라

⁹그와 함께 음행하고 사치하던 땅의 왕들이 그가 불타는 연기를 보고 위하여 울고 가슴을 치며 ¹⁰그의 고통을 무서워하여 멀리 서서 이르되 화 있도다 화 있도다 큰 성, 견고한 성 바벨론이여 한 시간에 네 심판이 이르렀다 하리로다 ¹¹땅의 상인들이 그를 위하여 울고 애통하는 것은 다시 그들의 상품을 사는 자가 없음이라 ¹²그 상품은 금과 은과 보석과 진주와 세마포와 자주 옷감과 비단과 붉은 옷감이요 각종 향목과 각종 상아 그릇이요 값진 나무와 구리와 철과 대리석으로 만든 각종 그릇이요 ¹³계피와 향료와 향과 향유와 유향과 포도주와 감람유와 고운 밀가루와 밀이요 소와 양과 말과 수레와 종들과 사람의 영혼들이라 ¹⁴바벨론아 네 영혼이 탐하던 과일이 네게서 떠났으며 맛있는 것들과 빛난 것들이 다 없어졌으니 사람들이 결코 이것들을 다시 보지 못하리로다 ¹⁵바벨론으로 말미암아 치부한 이 상품의 상인들이 그의 고통을 무서워하여 멀리 서서 울고 애통하여 ¹⁶이르되 화 있도다 화 있도다 큰 성이여 세마포 옷과 자주 옷과 붉은 옷을 입고 금과 보석과 진주로 꾸민 것인데 ¹⁷그러한 부가 한 시간에 망하였도다 모든 선장과 각처를 다니는 선객들과 선원들과 바다에서 일하는 자들이 멀리 서서 ¹⁸그가 불타는 연기를 보고 외쳐 이르되 이 큰 성과 같은 성이 어디 있느냐 하며 ¹⁹티끌을 자기 머리에 뿌리고 울며 애통하여 외쳐 이르되 화 있도다 화 있도다 이 큰 성이여 바다에서 배 부리는 모든 자들이 너의 보배로운 상품으로 치부하였더니 한 시간에 망하였도다 ²⁰하늘과 성도들과 사도들과 선지자들아, 그로 말미암아 즐거워하라 하나님이 너희를 위하여 그에게 심판을 행하셨음이라 하더라 ²¹이에 한 힘 센 천사가 큰 맷돌 같은 돌을 들어 바다에 던져 이르되 큰 성 바벨론이 이같이 비참하게 던져져 결코 다시 보이지 아니하리로다 ²²또 거문고 타는 자와 풍류하는 자와 퉁소 부는 자와 나팔 부는 자들의 소리가 결코 다시 네 안에서 들리지 아니하고 어떠한 세공업자든지 결코

다시 네 안에서 보이지 아니하고 또 맷돌 소리가 결코 다시 네 안에서 들리지 아니하고 23등불 빛이 결코 다시 네 안에서 비치지 아니하고 신랑과 신부의 음성이 결코 다시 네 안에서 들리지 아니하리로다 너의 상인들은 땅의 왕족들이라 네 복술로 말미암아 만국이 미혹되었도다 24선지자들과 성도들과 및 땅 위에서 죽임을 당한 모든 자의 피가 그 성 중에서 발견되었느니라 하더라

19:1이 일 후에 내가 들으니 하늘에 허다한 무리의 큰 음성 같은 것이 있어 이르되 할렐루야 구원과 영광과 능력이 우리 하나님께 있도다 2그의 심판은 참되고 의로운지라 음행으로 땅을 더럽게 한 큰 음녀를 심판하사 자기 종들의 피를 그 음녀의 손에 갚으셨도다 하고 3두 번째로 할렐루야 하니 그 연기가 세세토록 올라가더라 4또 이십사 장로와 네 생물이 엎드려 보좌에 앉으신 하나님께 경배하여 이르되 아멘 할렐루야 하니 5보좌에서 음성이 나서 이르시되 하나님의 종들 곧 그를 경외하는 너희들아 작은 자나 큰 자나 다 우리 하나님께 찬송하라 하더라 6또 내가 들으니 허다한 무리의 음성과도 같고 많은 물 소리와도 같고 큰 우렛소리와도 같은 소리로 이르되 할렐루야 주 우리 하나님 곧 전능하신 이가 통치하시도다 7우리가 즐거워하고 크게 기뻐하며 그에게 영광을 돌리세 어린 양의 혼인 기약이 이르렀고 그의 아내가 자신을 준비하였으므로 8그에게 빛나고 깨끗한 세마포 옷을 입도록 허락하셨으니 이 세마포 옷은 성도들의 옳은 행실이로다 하더라 9천사가 내게 말하기를 기록하라 어린 양의 혼인 잔치에 청함을 받은 자들은 복이 있도다 하고 또 내게 말하되 이것은 하나님의 참되신 말씀이라 하기로 10내가 그 발 앞에 엎드려 경배하려 하니 그가 나에게 말하기를 나는 너와 및 예수의 증언을 받은 네 형제들과 같이 된 종이니 삼가 그리하지 말고 오직 하나님께 경배하라 예수의 증언은 예언의 영이라 하더라

지난 장에서 다룬 내용을 다시 한 번 간략히 돌아보면, 아마겟돈 전쟁은 하나님의 도성과 악의 도성의 한판 승부였다고 할 수 있습니다. 그리고 결국에는 하나님의 도성이 승리한다는 말씀이었습니다.

이제 그 전쟁의 실체를 17장, 18장, 19장에 걸쳐 살펴보게 될 것입니다. 악의 도성, 거짓된 도성은 바벨론이라고 성경은 밝히고 있습니다. 요한계시록 17장에서는 바벨론의 정체를 밝히고 있고, 18장에서는 바벨론의 멸망이 전해지고 있고, 19장에서는 바벨론이 멸망하고 하나님 나라로 대체되는 내용이 나옵니다.

바벨론의 정체를 밝히다

바벨론의 정체를 밝히는 17장에는 큰 음녀가 등장합니다. 영어로는 'The great prostitute.'입니다. 다음에 나오는 말씀은 음녀가 어떤 여자인지에 대한 내용입니다.

> 땅의 임금들도 그와 더불어 음행(adultery)하였고 땅에 사는 자들도 그 음행(adultery)의 포도주에 취하였다 하고 곧 성령으로 나를 데리고 광야로 가니라 내가 보니 여자가 붉은 빛 짐승을 탔는데 그 짐승의 몸에 하나님을 모독하는 이름들이 가득하고 일곱 머리와 열 뿔이 있으며 그 여자는 자주 빛과 붉은 빛 옷을 입고 금과 보석과 진주로 꾸미고 손에 금 잔을 가졌는데 가증한 물건과 그의 음행의 더러운 것들이 가득하더라 또 내가 보매 이 여자가 성도들의 피와 예수의 증인들의 피에 취한지라 내가 그 여자를 보고 놀랍게 여기고 크게 놀랍게 여기니
>
> [요한계시록 17:2-6]

붉은빛 짐승을 타고 다니는 음녀에 대한 묘사는 화려한 수식어로 가득합니다. 우리는 6절에 집중할 필요가 있습니다. 여기에 보면 음녀가

성도들의 피를 즐기는 모습이 나옵니다. 이 여자는 무고히 흘리는 성도들의 피를 즐깁니다.

사도 요한은 이 여자를 보고 놀랍게 여기고 또 놀랍게 여깁니다. 두 번 반복하는 것은 정말로 놀랐다는 의미입니다. 영어로 표현하면 'astonishing'입니다. 이 말에는 '매력적'이라는 의미도 포함됩니다. 마녀가 흡입력이 강한 매력을 가졌다는 겁니다. 사도 요한이 볼 때 어떤 놀랄 만한 매력이 있었을까요?

이는 여인이 타고 다니는 짐승과 연관이 있습니다. 성경에는 그 짐승에 대해 일곱 머리와 열 뿔이 있다고 묘사되어 있습니다. 이전 장을 열심히 읽은 분들은 기억나실 것입니다. 삼위일체를 모방하는 거짓 삼위일체인 붉은 용, 바다에서 나온 짐승, 땅에서 나온 짐승도 짝퉁이었지만 매력이 있었음을 배운 바 있습니다.

짐승이 나오는데 놀랍게 여길 것이라고 합니다. 짐승을 타고 다니는 것은 음녀지만 이 여자를 배후에서 조종하는 것은 이 짐승입니다. 그렇다면 이 여자는 무엇을 상징할까요?

이 여자는 바벨론입니다.

이 여자는 또한 큰 성입니다. 종합해 보면 여자는 바벨론과 큰 성을 말합니다. 이 음녀가 타고 다니는 짐승에 대해서도 다음과 같이 그 정체가 드러나 있습니다.

이 짐승이 여자, 곧 바벨론을 조종하고 있습니다. 그렇다면 일곱 머리, 일곱 산, 일곱 왕은 무엇일까요? 초대 교회 성도들은 이 표현을 듣는 즉시 로마를 떠올렸을 것입니다. 당시 로마의 별명이 '일곱 산맥 위에 세워진 도시'였기 때문입니다. 그런데 여기서 일곱 왕을 로마 왕으로 견주면 딱 맞아떨어지지 않습니다. 그래서 많은 학자들은 일곱 왕을 왕이 아닌 일곱 제국으로 생각하기도 합니다. 지나간 다섯 제국을 먼저 생각해 보면 이집트, 앗시리아, 바벨론, 페르시아, 헬라제국이 있습니다. 이 제국들은 모두 흥망성쇠의 역사를 갖고 있습니다. 당시 이 편지를 읽은 사람들은 여섯 번째 제국으로 로마를 예측해볼 수 있었겠지만 그 다음인 일곱 번째 제국은 알 수가 없습니다.

그런데 21세기를 사는 우리의 입장에서 뒤돌아볼 때 일곱 번째 제국이 어떤 제국일지 유추해 볼 수는 있습니다. 많은 사람들이 EC(유럽 공동체)를 일곱 번째 제국으로 말하기도 합니다. 한때 EC의 총재가 적그리스도라고 주장했던 사람들이 있었습니다. EC의 본부가 벨기에에 있는데, 위성에서 이 본부를 찍으면 십자가가 꺾여서 보인다는 것입니다. 그래서 EC의 본질이 적그리스도라고 주장한 사람들이 있었습니다. 그런데 EC도 아닙니다.

우리는 요한계시록을 보는 눈을 다시 가져야 합니다. 요한계시록은 상징으로 가득합니다. 바벨론으로 상징된 여자가 로마 제국이라고 할 수 없습니다. 로마는 인간이 세운 최고의 도시, 최고의 메트로폴리탄이었습니다. 모든 길은 로마로 통한다는 말까지 나올 정도였습니다. 로마는 하나님의 도성과 맞서 인간이 세운 바벨탑과 같은 것이었습니다. 어두운 세계의 모든 세력을 총집합하는 상징이 로마였기에 일곱 번째 제국은 로마라고 생각하는 사람들이 많습니다.

매력적인 여자의 상징인 바벨론은 그런 제국보다는 하나님과 대적하는 그 무엇들이라고 할 수 있습니다. 그런 바벨론은 우리 주변에 셀 수 없이 많습니다. 우리 가정 안에 바벨론이 있고, 우리 자녀들의 웹검색에도 바벨론이 있고, 잡지에도 바벨론이 있습니다.

이는 세상에 있는 모든 것이 육신의 정욕과 안목의 정욕과 이생의 자랑이니 다 아버지께로부터 온 것이 아니요 세상으로부터 온 것이라 이 세상도, 그 정욕도 지나가되 오직 하나님의 뜻을 행하는 자는 영원히 거하느니라[요한일서 2:16-17]

놀랄 정도로 매력 있고 흡입하는 능력 있는 바벨론은 바로 육신의 정욕, 안목의 정욕, 이생의 자랑입니다. 이런 것에 넘어가지 말아야 한다는 것을 요한일서도 말하고 있습니다. 이런 것을 우리 안에서 몰아내야 합니다. 이것이 요한계시록에서 말하는 흉측한 음녀이기 때문입니다.

삶 속에서 여러분의 눈길이 머무는 곳은 어디입니까? 잡지 속에서 혹은 백화점에서 여러분의 눈을 사로잡는 것은 무엇입니까? 왜 여러분의 눈길은 거기에 집중되어 있습니까? 저도 잡지를 보다가 눈길이 머무는 데가 있습니다. 시계 광고에 제 눈길이 멈춥니다.

혹시 골프 클럽에 눈이 머물고 있지는 않습니까? 반라의 사진이 있는 인터넷 웹사이트에 여러분의 눈길이 머물지 않습니까? 여러분 삶 속에서 바벨론은 무엇입니까? 음녀인 바벨론은 우리 삶의 곳곳에 숨어 있습니다.

바벨론은 멸망한다

힘찬 음성으로 외쳐 이르되 무너졌도다 무너졌도다 큰 성 바벨론이여 귀신의 처소와 각종 더러운 영이 모이는 곳과 각종 더럽고 가증한 새들이 모이는 곳이 되었도다 [요한계시록 18:2]

요한계시록은 마치 한 편의 오페라를 쓴 것 같은 감흥을 줍니다. 저는 개인적으로 요한계시록을 나누면서 다음과 같은 내용으로 오페라를 쓰면 좋겠다고 생각했습니다. 테너나 소프라노가 나와서 장엄한 음악 속에서 "무너졌도다~ 무너졌도다~"라고 노래합니다.

장엄한 오페라의 한 장면처럼 바벨론의 멸망하는 모습이 다음과 같이 묘사되고 있습니다.

그와 함께 음행하고 사치하던 땅의 왕들이 그가 불타는 연기를 보고 위하여 울고 가슴을 치며 그의 고통을 무서워하여 멀리 서서 이르되 화 있도다 화 있도다 큰 성, 견고한 성 바벨론이여 한 시간에 네 심판이 이르렀다 하리로다
[요한계시록 18:9-10]

바벨론의 가치는 사치였습니다. 그런데 모든 것이 다 불타버립니다. 바벨론과 함께 사치하던 땅의 왕들은 그것을 보며 애통해합니다.

바벨론아 네 영혼이 탐하던 과일이 네게서 떠났으며 맛있는 것들과 빛난 것들이 다 없어졌으니 사람들이 결코 이것들을 다시 보지 못하리로다[요한계시록 18:14]

바벨론이 누렸던 쾌락이 무의미하게 끝나버립니다.

이르되 화 있도다 화 있도다 큰 성이여 세마포 옷과 자주 옷과 붉은 옷을 입고 금과 보석과 진주로 꾸민 것인데 그러한 부가 한 시간에 망하였도다 모든 선장과 각처를 다니는 선객들과 선원들과 바다에서 일하는 자들이 멀리 서서
[요한계시록 18:16-17]

화려한 명품들로 장식된 바벨론의 부가 허망하게 무너지는 모습을 볼 수 있습니다. 여러분의 탁월함과 부유함을 드러내려고 하지 마십시오. 자신의 탁월함과 부유함을 드러내려고 하는 것은 다 바벨론의 시스템입니다.

또 거문고 타는 자와 풍류하는 자와 퉁소 부는 자와 나팔 부는 자들의 소리가 결코 다시 네 안에서 들리지 아니하고 어떠한 세공업자든지 결코 다시 네 안에서 보이지 아니하고 또 맷돌 소리가 결코 다시 네 안에서 들리지 아니하고 등불 빛이 결코 다시 네 안에서 비치지 아니하고 신랑과 신부의 음성이 결코 다시 네 안에서 들리

지 아니하리로다 너의 상인들은 땅의 왕족들이라 네 복술로 말미암아 만국이 미혹되었도다[요한계시록 18:22-23]

바벨론의 마지막은 사망입니다. 아무리 화려하고 멋져도 하나님을 대항하는 모든 적그리스도적인 행위는 망하게 되어 있습니다.

바벨론의 퇴장

요한계시록 19장에서 바벨론은 퇴장합니다. 바벨론 음녀를 보며 놀라고 또 놀랐던 사도 요한은 다시 예배의 자리로 나아갑니다. 그리고 다시 우리는 황홀경에 넋이 빠진 요한을 보게 됩니다. 감격에 빠진 요한은 천사 앞에 엎드립니다. 그때 천사가 이렇게 말합니다.

천사가 내게 말하기를 기록하라 어린 양의 혼인 잔치에 청함을 받은 자들은 복이 있도다 하고 또 내게 말하되 이것은 하나님의 참되신 말씀이라 하기로 내가 그 발 앞에 엎드려 경배하려 하니 그가 나에게 말하기를 나는 너와 및 예수의 증언을 받은 네 형제들과 같이 된 종이니 삼가 그리하지 말고 오직 하나님께 경배하라 예수의 증언은 예언의 영이라 하더라[요한계시록 19:9-10]

천사는 자신을 경배하지 말고 오직 하나님만 경배하라고 말합니다. 흉칙한 모습을 계속 본 사도 요한이 어린양 혼인잔치를 보며 감격한 나머지 천사를 예배하는 어리석은 모습을 보였던 것입니다. 천사는 그자리에서 "나는 너와 더불어 피조물이다. 오직 하나님께만 영광을 돌리라."고 가르칩니다. 사도 요한이 그랬다면 지금의 우리도 그와 같은 어리석음을 범할 수 있으니 주의해야 합니다.

바벨론과의 싸움에서 이기는 법

저와 여러분이 바벨론의 실체와 싸운다면 어떻게 해야 이길 수 있을까요?

첫 번째 방법은 하나님께만 경배하고 하나님께만 영광을 돌려야 합니다.

우상숭배를 하지 말아야 합니다. 세속적인 것을 쫓지 말아야 합니다. 영적인 일이라고 안심해서는 안 됩니다. 우리는 자칫 천사에게 무릎을 꿇을 수 있습니다. 천사가 얼마나 거룩하고 아름다운 존재입니까? 그런데 그 천사에게도 무릎 꿇지 말라는 것입니다.

거룩하고 은혜로운 예배의 자리에서 우리는 천사를 경배하는 것과 같은 우를 범할 수 있습니다. 예를 들어 설교자, 찬양대, 성가대, 솔리스트가 하나님의 영광을 가로챌 수 있습니다. 사도 요한의 어리석은 모습이 우리에게도 나타날 수 있습니다. 천사의 탁월함에 우리는 매료될 수 있습니다. 그러나 피조물은 아무리 탁월해도 경배받을 수 없습니다. 우리가 무엇을 하든지 하나님께만 영광을 돌려야 합니다. 처음과 끝이 오직 예수 그리스도께만 영광으로 드려져야 합니다. 그것이 바로 진정한 예배입니다.

제가 신학교에 다녔을 때 구약학 교수님이 그때로부터 50년 전 필라델피아에 대한 이야기를 들려주셨던 적이 있습니다. 당시에는 그 지역 대부분의 사람들이 교회를 다녔다고 합니다. 당시 전차가 있었는데 전차의 한쪽 끝에서 누군가가 '나 같은 죄인 살리신(Amazing Grace)' 찬양을 부르기 시작하면 전차에 있던 사람들 모두가 따라 부르며 예배당에 갔다고 합니다. 그 교수님이 말했습니다.

"우리가 이렇게 예배를 드리면 전도집회를 따로 할 필요가 없다."

모든 성도들이 주일에 향하는 곳이 교회이고, 모든 성도들이 찬송을 부른다면 더는 전도집회가 필요 없다는 말입니다. 세상 사람들이 그 현상을 보고 '도대체 무슨 일인가?' 하고 교회를 나온다는 것입니다. 휴가를 가도, 출장을 가도 예배를 타협하지 않겠다고 하는 성도들만 있다면 전도집회는 더 이상 필요 없습니다.

내 실력을 우상화하지 마십시오. 오직 하나님께 영광 돌리는 일에만 그 실력을 사용하십시오. 음악, 비즈지스, 운동으로 예수 그리스도께 영광을 돌리십시오. 이전 장에서 나눈 내용을 다시 소개합니다. 몇 년 전 축구 K리그의 MVP 김신욱 선수는 수상 소감에서 이렇게 말했습니다.

"저는 예수님께 속해 있는 축구선수입니다. 하나님께 감사와 영광을 돌립니다."

수상소감이 끝나고 아나운서가 "지금 이 순간 가장 떠오르는 사람이 누군가요?"라고 묻자 김신욱은 "하나님"이라고 답했습니다. 김신욱 선수의 시작은 예수님이었고 마무리는 하나님이었습니다. 어색함을 깨고 당당하게 "나는 예수 믿는 사람입니다."라고 말하는 그의 모습은 참으로 감동적입니다. 앞 장에서 그가 안디바와 같은 사람이 아니었을까 하고 생각해본 바 있습니다. 목숨을 잃을지라도 하나님에 대해 말할 수 있는 당당함에 우리는 참으로 감사했습니다. 하나님께만 영광을 돌리는 것, 이게 바로 마지막 때에 바벨론의 성과 싸우는 우리 성도들의 가장 중요한 비법입니다.

바벨론과의 싸움에서 이기는 두 번째 방법은 바벨론에서 빠져나오는 것입니다.

바벨론에서 빠져나오라는 말은 바벨론의 시스템 속에서 살지 말라는 것입니다. 바벨론에 살고 있다 해도 바벨론의 시스템에 영향을 받지 말라는 것입니다. 앞서 나눈 바 있지만 다시 한 번 여러분께 강조합니다.

"우리가 세상 안에 있지만, 세상에 속한 자는 아니다(We are in the world, but not of the world)."

이것이 성도들의 정체성입니다.

죄인이었던 우리들의 죄를 씻어주시고 세마포 정결한 의의 옷을 입혀 주셨는데 바벨론에 살면서 세마포를 더럽힐 수 있겠습니까? 주님이 주신 세마포를 더럽히지 마십시오. 그것이 마지막 전투에서 이기는 비결입니다. 새 예루살렘을 기억하며 거룩한 신앙의 길을 가십시오. 끝까지 타협하지 말고 가십시오. 모두가 바벨론을 쫓아가려는 이 시대에,

성도들은 하나님의 도성에 들어가 어린 양의 혼인 잔치에 참여할 것을
기대하며 오늘을 살아가기 바랍니다.

다가올 세상을 향한 열정으로 소모된 자

C.S. 루이스가 말했습니다.

"이 세상에서 제일 영향력을 끼치는 사람은 다가올 세상을 향한 열
정 때문에 소모된 사람들이다."

다가올 세상(완전한 하나님 나라)을 향한 열정 때문에 소모된 사람들을
말하라면 손양원, 조나단 에드워즈, 코리 텐 붐과 같은 사람들입니다.

이런 찬양이 있습니다.

세상 흔들리고 사람들은 변하여도 나는 주를 섬기리
주님의 사랑은 영원히 변하지 않네 나는 주를 신뢰해
믿음 흔들리고 사람들 주를 떠나도 나는 주를 섬기리
주님의 나라는 영원히 쇠하지 않네 나는 주를 신뢰해
오직 믿음으로 믿음으로 내가 살리라
오직 믿음으로 믿음으로 내가 살리라

찬양 가사를 마음에 품고 다음과 같이 기도하면 좋겠습니다.

"우리 안에 들어와 있는 바벨론 시스템, 우리 가정 안에 들어와 있는
바벨론 시스템, 그것을 하나님 앞에 내려놓고 나아가길 원합니다. 바벨
론 시스템에서 떠나 주님의 도성을 향한 열정으로 하나님 나라가 이 땅
에 영향을 미치길 원합니다. 믿음으로 결단하고 예배를 타협하지 않기
를 원합니다. 하나님의 영광을 가로채지 않기를 원합니다."

예수님의
러.브.레.터

21 그리스도와 더불어 천 년

요한계시록 19장 11절-20장 15절

19:11또 내가 하늘이 열린 것을 보니 보라 백마와 그것을 탄 자가 있으니 그 이름은 충신과 진실이라 그가 공의로 심판하며 싸우더라 12그 눈은 불꽃 같고 그 머리에는 많은 관들이 있고 또 이름 쓴 것 하나가 있으니 자기밖에 아는 자가 없고 13또 그가 피 뿌린 옷을 입었는데 그 이름은 하나님의 말씀이라 칭하더라 14하늘에 있는 군대들이 희고 깨끗한 세마포 옷을 입고 백마를 타고 그를 따르더라 15그의 입에서 예리한 검이 나오니 그것으로 만국을 치겠고 친히 그들을 철장으로 다스리며 또 친히 하나님 곧 전능하신 이의 맹렬한 진노의 포도주 틀을 밟겠고 16그 옷과 그 다리에 이름을 쓴 것이 있으니 만왕의 왕이요 만주의 주라 하였더라 17또 내가 보니 한 천사가 태양 안에 서서 공중에 나는 모든 새를 향하여 큰 음성으로 외쳐 이르되 와서 하나님의 큰 잔치에 모여 18왕들의 살과 장군들의 살과 장사들의 살과 말들과 그것을 탄 자들의 살과 자유인들이나 종들이나 작은 자나 큰 자나 모든 자의 살을 먹으라 하더라 19또 내가 보매 그 짐승과 땅의 임금들과 그들의 군대들이 모여 그 말 탄 자와 그의 군대와 더불어 전쟁을 일으키다가 20짐승이 잡히고 그 앞에서 표적을 행하던 거짓 선지자도 함께 잡혔으니 이는 짐승의 표를 받고 그의 우상에게 경배하던 자들을 표적으로 미혹하던 자라 이 둘이 산 채로 유황불 붙는 못에 던져지고 21그 나머지는 말 탄 자의 입으로부터 나오는 검에 죽으매 모든 새가 그들의 살로 배불리더라

20:1또 내가 보매 천사가 무저갱의 열쇠와 큰 쇠사슬을 그의 손에 가지고 하늘로부터 내려와서 2용을 잡으니 곧 옛 뱀이요 마귀요 사탄이라 잡아서 천 년 동안 결박하여 3무저갱에 던져 넣어 잠그고 그 위에 인봉하여 천 년이 차도록 다시는 만국을 미혹하지 못

하게 하였는데 그 후에는 반드시 잠깐 놓이리라 ⁴또 내가 보좌들을 보니 거기에 앉은 자들이 있어 심판하는 권세를 받았더라 또 내가 보니 예수를 증언함과 하나님의 말씀 때문에 목 베임을 당한 자들의 영혼들과 또 짐승과 그의 우상에게 경배하지 아니하고 그들의 이마와 손에 그의 표를 받지 아니한 자들이 살아서 그리스도와 더불어 천 년 동안 왕 노릇 하니 ⁵(그 나머지 죽은 자들은 그 천 년이 차기까지 살지 못하더라) 이는 첫째 부활이라 ⁶이 첫째 부활에 참여하는 자들은 복이 있고 거룩하도다 둘째 사망이 그들을 다스리는 권세가 없고 도리어 그들이 하나님과 그리스도의 제사장이 되어 천 년 동안 그리스도와 더불어 왕 노릇 하리라 ⁷천 년이 차매 사탄이 그 옥에서 놓여 ⁸나와서 땅의 사방 백성 곧 곡과 마곡을 미혹하고 모아 싸움을 붙이리니 그 수가 바다의 모래 같으리라 ⁹그들이 지면에 널리 퍼져 성도들의 진과 사랑하시는 성을 두르매 하늘에서 불이 내려와 그들을 태워버리고 ¹⁰또 그들을 미혹하는 마귀가 불과 유황 못에 던져지니 거기는 그 짐승과 거짓 선지자도 있어 세세토록 밤낮 괴로움을 받으리라 ¹¹또 내가 크고 흰 보좌와 그 위에 앉으신 이를 보니 땅과 하늘이 그 앞에서 피하여 간 데 없더라 ¹²또 내가 보니 죽은 자들이 큰 자나 작은 자나 그 보좌 앞에 서 있는데 책들이 펴 있고 또 다른 책이 펴졌으니 곧 생명책이라 죽은 자들이 자기 행위를 따라 책들에 기록된 대로 심판을 받으니 ¹³바다가 그 가운데에서 죽은 자들을 내주고 또 사망과 음 부도 그 가운데에서 죽은 자들을 내주매 각 사람이 자기의 행위대로 심판을 받고 ¹⁴사 망과 음부도 불못에 던져지니 이것은 둘째 사망 곧 불못이라 ¹⁵누구든지 생명책에 기 록되지 못한 자는 불못에 던져지더라

마지막 때의 예수님

왼쪽 그림을 자세히 보시면 입에서 검이 레이저처럼 나오는 흰말을 타신 분이 보입니다. 이는 입에서 검이 나오는 예수님의 모습을 그린 것입니다. 사도 바울은 마지막 때에 대해 다음과 같이 설명합니다.

그때에 불법한 자가 나타나리니 주 예수께서 그 입의 기운으로 그를 죽이시고 강림하여 나타나심으로 폐하시리라 [데살로니가후서 2:8]

예수께서 그 입의 기운으로 어둠의 세력을 무찌르는 것을 보고 혹시 이상하다고 생각하는 분이 있습니까? 데살로니가후서는 예수께서 그의 입의 기운으로 한 번에 불법한 자를 폐하는 모습을 설명하고 있습니다. 이것이 바로 마지막 때의 모습입니다. 세상 사람 모두가 다 알도록 오시는 예수님께서 악한 자를 그 입의 기운으로 죽이시는 것과 비슷한 묘사가 복음서에서도 나옵니다.

이 무익한 종을 바깥 어두운 데로 내쫓으라 거기서 슬피 울며 이를 갈리라 하니라
[마태복음 25:30]

위의 말씀을 요한계시록에서는 오른쪽 그림처럼 보여주고 있습니다. 요한계

시록에 나오는 내용은 그림보다 분명 더 끔찍할 것입니다.

사탄의 속임수에도 오랜 시간 지켜내신 예수님

또 내가 보매 천사가 무저갱의 열쇠와 큰 쇠사슬을 그의 손에 가지고 하늘로부터 내려와서 용을 잡으니 곧 옛 뱀이요 마귀요 사탄이라 잡아서 천 년 동안 결박하여 [요한계시록 20:1-2]

천 년 동안 결박했다는 것은 무슨 의미일까요? 천 년 동안 결박했다는 표현은 요한계시록에서 유일하게 나오는 말씀입니다. 영어에 이런 표현이 있습니다.

"There are thousands of thousands of people out there(수천 수만 명의 사람들이 거기에 있습니다)."

이 말은 실제 숫자를 말한다기보다 정말 많다는 표현을 하는 것입니다. '천 년 동안 결박했다'에서 '천 년'이란 말 역시 실제 기간이 아니라 상징적인 숫자라는 생각이 듭니다. 앞서 나눴던 144,000이라는 숫자가 상징적이었던 것처럼 말입니다. 저는 개인적으로 천 년 왕국의 기간은 예수님의 초림부터 시작해서 재림까지의 기간이라고 생각합니다. 그리고 천년왕국에서 천 년은 숫자상의 천 년이라기보다는 아주 긴 시간, 연장된 기간(Extended Period)을 의미한다고 생각합니다.

잘 알려진 찬양 중에 '천 번을 불러도 내 눈에는 눈물이…' 라는 찬양이 있는데 여기서 '천 번은' 아주 많은 수이지 실제 '천 번'은 아닙니다. 마찬가지로 '천 년'은 아주 오랜 시간을 의미합니다.

다시 말씀드리지만, 요한계시록은 연대기적으로 보시면 매우 혼란스럽습니다. 천 년의 결박 기간도 연대기의 흐름 속에서 이해하면 헷갈립니다. 오히려 다시 한 번 보여주는 것이라고 하면 이해하기가 쉬울 것입니다.

예수님이 재림하시고 나서 천 년 동안 사탄을 묶는다는 말은 만국을 미혹하지 못하게 한다는 말씀과 연결되는데 이것은 예수님이 재림하고 나서도 만국이 존재함을 보여주는 대목입니다. 예수님이 재림하면 새 하늘, 새 땅, 새 예루살렘이 있고 이 세상은 끝인데, 왜 만국을 미혹하지 못하게 한다는 말이 나올까요? 이는 신학적으로 심각하게 논의해야 하는 부분입니다. 만국을 미혹하지 않도록 사탄을 결박했다는 것은 속임의 거적을 벗어낸다는 의미입니다. 사탄은 별명 자체가 거짓말쟁이이고 거짓의 아비입니다. 거짓말의 천재이자 거짓말 나라의 총재입니다. 우리는 이 거짓말쟁이에게 속지 않을 수 없습니다. 구약의 성도들은 철저하게 속았다고 할 수 있습니다. 하나님이 유대인만을 구원하려고 하지 않았다는 것을 우리는 잘 압니다. 이방인들도 구원의 대상입니다. 이스라엘이 받았던 복을 이방 민족도 받을 것인데 구약의 사람들은 자신들만 그 복을 받을 것처럼 생각했습니다. 그래서 복음이 이스라엘 안에 갇혀 있었습니다. 다른 나라로 가지 못했습니다. 그런데 예수님이 오심으로 복음이 이방을 향해 나아가게 됩니다. 이는 오랜 시간 사탄이 속인 결과입니다.

예수님이 하신 일 중에 가장 중요한 것 하나는 귀신을 쫓는 것이었습니다. 우리가 속임수에 놓였는데 악령의 세계에 복음이 도래하고 어둠의 세력이 물러가는 귀한 사역이 시작되었던 것입니다.

복음이 우리에게 미친 것은 사탄을 결박한 예수 그리스도의 은혜 때문입니다. 하나님이 복음을 이야기하실 때 그렇게 말씀하셨습니다.

그 안에는 지혜와 지식의 모든 보화가 감추어져 있느니라 내가 이것을 말함은 아무도 교묘한 말로 너희를 속이지 못하게 하려 함이니[골로새서 2:3-4]

나는 빛으로 세상에 왔나니 무릇 나를 믿는 자로 어둠에 거하지 않게 하려 함이로라[요한복음 12:46]

전도는 사탄에게 속임을 당한 사람에게 진실을 알려주는 것이라고 합니다. 기독교 신학 중에 변증학이 있습니다. 변증학은 영어로는 'Apologetics(어팔러제틱)'인데 기독교 신학을 변호하는 것이라고 할 수 있습니다. 그 학문에 깊이 들어가면 사탄의 속임수에 들어가 있는 구조적인 악을 벗겨낼 수 있습니다.

우리는 참 많이 속고 있습니다. "돈이면 다 된다.", "늙어서 다른 것은 몰라도 돈을 놓으면 안 된다." 이런 말들이 진실이라고 생각하는 분들은 속고 있는 것입니다. 이 말이 맞다면 돈 없는 인생은 끝난 인생인 걸까요? 이것은 하나님 나라의 원칙이 아닙니다. 속지 마십시오. 돈이 전부인 것처럼 포장하는 거짓 진리에 속지 마시길 바랍니다.

수년 전 워싱턴 DC에서 북한 인권과 관련된 행사에 참여한 적이 있습니다. 당시 한 인권 운동가가 강연을 하는데 그는 대한민국의 탈북자 학교에서 경험했던 것을 이야기했습니다. 당시 그는 탈북 학생에게 서로 질문하는 시간을 갖자고 제안했습니다. 그가 한 탈북 학생에게 몇 가지 질문을 던졌습니다.

"여기 온 지 얼마나 됐니?"

"1년쯤 됐습니다."

"크리스천이 된 지는 얼마나 됐니?"

"3년 전이요."

그 말인즉슨 북한에서부터 예수님을 영접했다는 겁니다. 그 인권 운동가는 이렇게 말했습니다.

"북한이 열리면 선교사들을 보낸다는 말을 하는데 사실은 북한에 있는 사람들이 오히려 우리를 선교할 것입니다."

북한 선교를 할 때, 또는 다른 가난한 나라에 가서 선교활동을 할 때 우리가 가서 무언가를 주고 오는 것으로 착각할 때가 있습니다. 우리의 경제적인 형편이 더 좋기 때문에 마치 우리가 우위에 있는 것처럼 착각합니다. 이것 또한 속고 있는 것입니다. 워싱턴 D.C.에서 이 인권 운동가의 말을 들으며 우리는 속았다는 생각을 하게 되었습니다. 선교지를 다녀온 온 분들은 뭔가를 주고 왔다고 생각하십니까, 아니면 받고 왔다고 생각하십니까? 우리는 그들에게 많은 것을 받고 배우고 옵니다. 그 인권운동가의 말처럼 북한이 열리면 지하교회 성도들이 한국과 미국에 선교사로 와야 할지 모릅니다. 사탄에게 속고 있으면서도, 그것이 신앙생활인 양 착각하며 사는 우리에게 어쩌면 그들이 우리를 깨우치는 하나님의 나팔 소리가 될지 모릅니다.

고통과 핍박이 있는 천년왕국과 천국 보좌

요한계시록 20장에는 보좌에 대한 내용이 나옵니다. 다음의 본문은 천년왕국과 보좌를 마치 TV 속의 두 화면처럼 보여주고 있습니다.

또 내가 보좌들을 보니 거기에 앉은 자들이 있어 심판하는 권세를 받았더라 또 내가 보니 예수를 증언함과 하나님의 말씀 때문에 목 베임을 당한 자들의 영혼들과 또 짐승과 그의 우상에게 경배하지 아니하고 그들의 이마와 손에 그의 표를 받지 아니한 자들이 살아서 그리스도와 더불어 천 년 동안 왕 노릇 하니 (그 나머지 죽은 자들은 그 천 년이 차기까지 살지 못하더라) 이는 첫째 부활이라
[요한계시록 20:4-5]

보좌는 심판하는 권세, 즉 통치를 의미합니다. 보좌에 앉은 사람들은 순교자들부터 짐승의 표를 받지 않은 자들입니다. 성경은 보좌에 성도가 이미 앉아 있다고 말합니다. 이것은 예수님의 초림과 더불어 복음 선포가 이루어지고 이방 땅을 향해 복음이 전파되면서 하늘나라의 시대가 도래하는 천년왕국을 의미하고 있습니다. 그런데 복음과 하나님

나라의 확장을 위해 헌신한 자들이 고난을 당합니다. 예수 믿는 일 때문에 핍박과 어려움을 당하는 자들이 있다는 겁니다.

천년왕국 기간에 그 고난의 일이 벌어지겠지만 성경은 "기억해라. 너희는 하나님 보좌에 앉아 있는 자들이다."라고 말씀합니다. 절망할 때마다 두 화면, 즉 천년왕국과 천국 보좌가 보여주는 하나님의 나라를 보라는 것입니다. 우리는 거짓의 왕 노릇 하는 사탄과의 치열한 싸움에서 좌절하지 말고 보좌를 바라보며 계속 믿음의 행진을 하라는 놀라운 격려의 말씀을 듣습니다.

천년왕국을 누리며 살고 있지만 때로 우리에게도 어려움이 있습니다. 하지만 주님이 재림하시는 그날까지 우리는 보좌에 앉아 있음을 확인받고 있음을 기억해야 합니다.

첫째 부활은 예수 그리스도의 부활입니다. 진정한 부활은 그리스도의 부활 외에는 없습니다. 십자가에서 죽으심으로 우리의 죗값을 치르신 후의 부활에 참여하는 하나님의 백성들은 둘째 사망을 두려워할 필요가 없다고 성경은 말합니다.

부활에는 일반 부활이 있는데 이는 모든 자의 부활입니다. 심판 때에는 모두가 부활합니다. 사자의 밥이 된 성도들도 부활하고 믿지 않는 자들도 부활합니다. 일반 부활은 둘째 사망을 향한 부활입니다. 둘째 사망은 믿지 않은 자들을 향한 심판입니다. 우리가 둘째 사망의 심판을 두려워하지 않는 이유는 그리스도와 더불어 첫 번째 부활에 참예한 자이기 때문입니다.

저는 이 메시지를 일찍 깨닫고 공동묘지를 두려워하지 않게 되었습니다. 저는 괴기영화, 공포영화도 무섭지 않습니다. 드라큘라가 나와도 두렵지 않습니다. 귀신이 있지만 하나도 두렵지 않습니다. "사탄아 물러갈지어다!"라고 속으로 말하면 사탄은 물러갈 수밖에 없습니다.

마지막 때에 고난받은(을) 성도들의 모습이 생각납니다. 초대 교회의 수많은 성도들이 고난과 핍박으로 목숨을 잃었습니다. 야고보는 목베임을 당했습니다. 사도 요한처럼 끝까지 자연사한 사도들도 있는데 자연사도 순교의 일부입니다. 저는 사도 요한이 편하게 살았다고 생각하지 않습니다. 요한처럼 매일 자신이 있는 곳에서 영적 전쟁을 하는 자들도 순교자입니다. 바벨론의 시스템에 넘어가는 이 세상에서 믿음의 정도를 걸어가는 자들 모두가 순교의 길을 걷는 것입니다. 믿음과 예배를 놓지 않는 삶, 그것이 승리하는 것입니다. 주의 나라와 영광을 위해 모든 것을 내려놓고 희생할 수 있으면 그것이 곧 순교의 길을 걷는 것입니다.

만일 이 메시지가 위로가 되지 않는다면 가짜 믿음일 가능성이 큽니다. 예수 믿는 것 때문에 한 번도 희생하지 않고, 주머니 한 번 비워 보지 않고, 피곤해 보지 않고, 편하게만 살려고 하는 자들은 이런 메시지에 위로를 얻을 수 없습니다.

　주님을 위해 양보해 보지 않고 땀 흘려 기도하지 않는 자들은 기독교에 관해 이야기하지 말아 주십시오. 요한계시록을 읽으며 위로를 받지 못하면 가짜 성도일 가능성이 큽니다. 요한계시록을 읽으며 힘을 얻는 자들이 진짜 성도입니다.

　"누구든지 생명책에 기록되지 못한 자는 불 못에 던지어지리라(계 20:15)"라고 성경은 말합니다. 이 말씀에는 타협이 없습니다. 생명책에 이름이 없으면 끝입니다. 이것이 우리가 붙들고 고민해야 할 중요한 삶의 이슈입니다. 정치, 경제, 사회, 스포츠가 우리의 주요 이슈가 아닙니다. 우리와 우리 자녀들이 생명책에 기록되느냐 안 되느냐가 핫이슈입니다. 이것이 우리가 정말로 씨름해야 할 이슈입니다. 사탄의 거짓말에 속지 마십시오. 주님의 말씀을 부여잡고 믿음의 길을 정진하는 진짜 주의 백성이 되시길 바랍니다.

예수님의
러.브.레.터

22 새 하늘과 새 땅

요한계시록 21장 1절-22장 5절

²¹:¹또 내가 새 하늘과 새 땅을 보니 처음 하늘과 처음 땅이 없어졌고 바다도 다시 있지 않더라 ²또 내가 보매 거룩한 성 새 예루살렘이 하나님께로부터 하늘에서 내려오니 그 준비한 것이 신부가 남편을 위하여 단장한 것 같더라 ³내가 들으니 보좌에서 큰 음성이 나서 이르되 보라 하나님의 장막이 사람들과 함께 있으매 하나님이 그들과 함께 계시리니 그들은 하나님의 백성이 되고 하나님은 친히 그들과 함께 계셔서 ⁴모든 눈물을 그 눈에서 닦아 주시니 다시는 사망이 없고 애통하는 것이나 곡하는 것이나 아픈 것이 다시 있지 아니하리니 처음 것들이 다 지나갔음이러라 ⁵보좌에 앉으신 이가 이르시되 보라 내가 만물을 새롭게(καινός) 하노라 하시고 또 이르시되 이 말은 신실하고 참되니 기록하라 하시고 ⁶또 내게 말씀하시되 이루었도다 나는 알파와 오메가요 처음과 마지막이라 내가 생명수 샘물을 목마른 자에게 값없이 주리니 ⁷이기는 자는 이것들을 상속으로 받으리라 나는 그의 하나님이 되고 그는 내 아들이 되리라 ⁸그러나 두려워하는 자들과 믿지 아니하는 자들과 흉악한 자들과 살인자들과 음행하는 자들과 점술가들과 우상 숭배자들과 거짓말하는 모든 자들은 불과 유황으로 타는 못에 던져지리니 이것이 둘째 사망이라 ⁹일곱 대접을 가지고 마지막 일곱 재앙을 담은 일곱 천사 중 하나가 나아와서 내게 말하여 이르되 이리 오라 내가 신부 곧 어린 양의 아내를 네게 보이리라 하고 ¹⁰성령으로 나를 데리고 크고 높은 산으로 올라가 하나님께로부터 하늘에서 내려오는 거룩한 성 예루살렘을 보이니 ¹¹하나님의 영광이 있어 그 성의 빛이 지극히 귀한 보석 같고 벽옥과 수정 같이 맑더라 ¹²크고 높은 성곽이 있고 열두 문이 있는데 문에 열두 천사가 있고 그 문들 위에 이름을 썼으니 이스라엘 자손 열두 지파의 이름들이라 ¹³동쪽에 세 문, 북쪽에 세 문, 남쪽에 세 문, 서쪽에 세 문이니 ¹⁴그 성의 성곽에는 열두 기초석이 있고 그 위에는 어린 양의 열두 사도의 열두 이름이 있더라 ¹⁵내게 말하는 자가 그 성과 그 문들과 성곽을 측량하려고 금 갈대 자를 가졌더라 ¹⁶

그 성은 네모가 반듯하여 길이와 너비가 같은지라 그 갈대 자로 그 성을 측량하니 만 이천 스다디온이요 길이와 너비와 높이가 같더라 ¹⁷그 성곽을 측량하매 백사십사 규빗이니 사람의 측량 곧 천사의 측량이라 ¹⁸그 성곽은 벽옥으로 쌓였고 그 성은 정금인데 맑은 유리 같더라 ¹⁹그 성의 성곽의 기초석은 각색 보석으로 꾸몄는데 첫째 기초석은 벽옥이요 둘째는 남보석이요 셋째는 옥수요 넷째는 녹보석이요 ²⁰다섯째는 홍마노요 여섯째는 홍보석이요 일곱째는 황옥이요 여덟째는 녹옥이요 아홉째는 담황옥이요 열째는 비취옥이요 열한째는 청옥이요 열두째는 자수정이라 ²¹그 열두 문은 열두 진주니 각 문마다 한 개의 진주로 되어 있고 성의 길은 맑은 유리 같은 정금이더라 ²²성 안에서 내가 성전을 보지 못하였으니 이는 주 하나님 곧 전능하신 이와 및 어린 양이 그 성전이심이라 ²³그 성은 해나 달의 비침이 쓸 데 없으니 이는 하나님의 영광이 비치고 어린 양이 그 등불이 되심이라 ²⁴만국이 그 빛 가운데로 다니고 땅의 왕들이 자기 영광을 가지고 그리로 들어가리라 ²⁵낮에 성문들을 도무지 닫지 아니하리니 거기에는 밤이 없음이라 ²⁶사람들이 만국의 영광과 존귀를 가지고 그리로 들어가겠고 ²⁷무엇이든지 속된 것이나 가증한 일 또는 거짓말하는 자는 결코 그리로 들어가지 못하되 오직 어린 양의 생명책에 기록된 자들만 들어가리라

²²:¹또 그가 수정같이 맑은 생명수의 강을 내게 보이니 하나님과 및 어린 양의 보좌로부터 나와서 ²길 가운데로 흐르더라 강 좌우에 생명나무가 있어 열두 가지 열매를 맺되 달마다 그 열매를 맺고 그 나무 잎사귀들은 만국을 치료하기 위하여 있더라 ³다시 저주가 없으며 하나님과 그 어린 양의 보좌가 그 가운데에 있으리니 그의 종들이 그를 섬기며 ⁴그의 얼굴을 볼 터이요 그의 이름도 그들의 이마에 있으리라 ⁵다시 밤이 없겠고 등불과 햇빛이 쓸 데 없으니 이는 주 하나님이 그들에게 비치심이라 그들이 세세토록 왕 노릇 하리로다

새 하늘과 새 땅의 진정한 의미

마태복음 16장 18절에서 예수님은 베드로라는 반석 위에 교회를 세우시겠다고 말씀하셨습니다. 그 말씀을 영화로 만든다면 바로 요한계시록과 같은 그림이 나올 것입니다. '예수님이 어떻게 교회를 세우시는가?'라는 질문에 대한 답이 요한계시록이기 때문입니다.

교회는 핍박과 악의 도성에 세워집니다. 하지만 악한 바벨론의 성은 무너집니다. 그리스도께서 십자가 상에서 죗값을 완전히 지불하셨기 때문에 하나님은 사탄을 천 년(상징수) 동안 무저갱에 닫아놓게 됩니다. 교회가 이 기간 동안 잠시 핍박을 받기는 하지만 마지막 승리는 그리스도와 그분의 몸 된 교회의 것이 될 것입니다. 하나님은 마지막까지 주님을 놓지 않는 교회에 새 하늘과 새 땅을 주십니다. 어떤 이단은 새 하늘과 새 땅을 빗대어 '신천지'라는 말을 쓰지만, 이단들이 말하는 새 하늘과 새 땅은 성경이 말하는 것이 아닙니다.

복음이 땅끝까지 증거되는 기간이, 교회가 그리스도와 더불어 왕 노릇 하는 천 년(상징수)이라고 할 수 있습니다. 이전 장에서도 설명해 드렸지만 저는 개인적으로 천년 왕국의 기간은 예수님의 초림부터 시작해서 재림까지의 기간이라고 생각합니다. 저는 천 년이라는 것은 숫자 그대로의 천 년이라기보다는 아주 긴 시간, 연장된 기간(Extended Period)을 의미한다고 봅니다. 천 년의 연장된 시간 동안 성도들이 어려움을 당해도 마지막 때에는 승리한다는 것이 요한계시록의 메시지라고 믿습니다. 하지만 다른 견해를 가진 분에 대해 틀렸다고 말하고 싶지는 않습니다.

하지만 이단들은 새 하늘과 새 땅을 이상하게 해석해서 본뜻에 먹칠을 했는데 새 하늘과 새 땅이란 어떤 의미인지 살펴보겠습니다.

새 하늘과 새 땅은 아픔이 없고 고통이 없는 곳입니다. 아픔과 고통이 다 지나간 곳입니다.

여자가 인생에서 가장 예쁠 때는 신랑의 신부가 되어 웨딩드레스를 입을 때입니다. 예수 그리스도의 신부가 바로 새 하늘과 새 땅입니다. 신부와 신랑은 얼굴과 얼굴을 맞대고 보는 사이입니다. 신부와 신랑이 긴밀한 것처럼 그리스도와 교회는 긴밀한 관계입니다. 완벽한 관계입니다. 그 관계에는 누구도 끼어들지 못합니다. 신부와 신랑 사이에 어떤 잡념도 끼어들 수 없는 것과 같은 관계입니다. 삼위일체를 부부 일심동체로 비유하는 것처럼 부부는 아주 긴밀한 관계입니다. 어린 양의 신부는 그런 의미입니다. 우리가 끝까지 믿음을 지키며 살아갈 때 그 어떤 애곡함과 답답함과 죄도 끼어들 수 없게 됩니다. 믿음을 지킨 자는 신랑의 나라에 들어가는 신부와 같습니다.

새 하늘, 새 땅 = 새 예루살렘 = 신부

또 내가 보매 거룩한 성 새 예루살렘이 하나님께로부터 하늘에서 내려오니 그 준비한 것이 신부가 남편을 위하여 단장한 것 같더라[요한계시록21:2]

새 예루살렘에 대해 성경은 남편을 위해 단장한 신부와 같다고 표현합니다. 신부와 같은 새 예루살렘, 새 하늘과 새 땅이 어떤 존재인지 다음과 같이 소개되어 있습니다.

하나님의 영광이 있어 그 성의 빛이 지극히 귀한 보석 같고 벽옥과 수정 같이 맑더라 크고 높은 성곽이 있고 열두 문이 있는데 문에 열두 천사가 있고 그 문들 위에 이름을 썼으니 이스라엘 자손 열두 지파의 이름들이라 동쪽에 세 문, 북쪽에 세 문, 남쪽에 세 문, 서쪽에 세 문이니 그 성의 성곽에는 열두 기초석이 있고 그 위에는 어린 양의 열두 사도의 열두 이름이 있더라 내게 말하는 자가 그 성과 그 문들과 성곽을 측량하려고 금 갈대 자를 가졌더라 그 성은 네모가 반듯하여 길이와 너비가 같은지라 그 갈대 자로 그 성을 측량하니 만 이천 스다디온이요 길이와 너비와 높이가 같더라 그 성곽을 측량하매 백사십사 규빗이니 사람의 측량 곧 천사의 측량이라 그 성곽은 벽옥으로 쌓였고 그 성은 정금인데 맑은 유리 같더라 그 성의 성곽의 기초석은 각색 보석으로 꾸몄는데 첫째 기초석은 벽옥이요 둘째는 남보석이요 셋째는 옥수요 넷째는 녹보석이요 다섯째는 홍마노요 여섯째는 홍보석이요 일곱째는 황옥이요 여덟째는 녹옥이요 아홉째는 담황옥이요 열째는 비취옥이요 열한째는 청옥이요 열두째는 자수정이라 그 열두 문은 열두 진주니 각 문마다 한 개의 진주로 되어 있고 성의 길은 맑은 유리 같은 정금이더라[요한계시록 21:11-21]

새 하늘과 새 땅, 신부와 새 예루살렘을 이미지화한다면 다음과 같은 이미지가 아닐까요? 아마 화가의 상상력으로는 도저히 담을 수 없는 모습일 것입니다.

미적으로 완벽한 도성이 새 예루살렘인데 그것은 바로 성도의 모습입니다.

그 성곽을 측량하매 백사십사 규빗이니 사람의 측량 곧 천사의 측량이라
[요한계시록 21:17]

이 땅에서 인간이 하는 일들에는 반드시 오차가 있습니다. 그런데 천국에서는 하나님의 형상이 회복된 인간이 측량하나, 천사가 측량하나 오차가 없다고 말합니다. 이것이 바로 천국에서 누리는 새 하늘과 새 땅, 즉 새로움의 의미입니다. 요한계시록에 나오는 새 예루살렘에서 '새(New)'라는 단어는 헬라어로 '네오스(νέος)' 또는 '카이노스(καινός)'라고 씁니다. 네오스는 연속성이 있는 '갱신된 것'이고 카이노스는 비연속성

의 '새 것'인데 새 예루살렘에서 '새'는 비연속성을 의미합니다. 비연속성은 이전 것은 없고(근원은 사라지고) 완전 새 것이 되었다는 의미입니다. 리바이스 청바지를 사서 그것을 빨아 입으면 '네오스'지만 청바지를 사서 '트루 릴리전'이란 것으로 새롭게 바꾸면 '카이노스'인 것입니다. 새 예루살렘의 '새'는 카이노스, 즉 이전 것은 없고 새 것이 된 모습입니다.

이전 것은 지나갔고 새것이 된 모습: 카이노스

하나님의 날이 임하기를 바라보고 간절히 사모하라 그날에 하늘이 불에 타서 풀어지고 물질이 뜨거운 불에 녹아지려니와 우리는 그의 약속대로 의가 있는 곳인 새(카이노스) 하늘과 새(카이노스) 땅을 바라보도다[베드로후서 3:12-13]

베드로후서에 등장하는 새 하늘과 새 땅의 '새' 역시 '카이노스'를 씁니다. 비연속적인 새 하늘이고, 비연속적인 새 땅입니다. 즉 이전 것은 없는 새 땅과 새 하늘이라는 의미입니다. 이쯤에서 질문이 하나 생깁니다. 천국에서 우리가 서로를 볼 때 우리는 완전히 새로운 비연속성의 '카이노스'일까요, 아니면 연속성의 '네오스'일까요?

여러분의 지인들이 천국에서 여러분을 본다면 알아볼까요, 몰라볼까요? 부부가 천국에 갔을 경우 천국에서, 새 예루살렘(카이노스 예루살렘)에서 서로를 알아볼까요, 몰라볼까요? 당연히 알아봅니다. 같이 신앙 생활을 했던 사람들, 소모임 구성원들, 가족들을 알아봅니다. 그런데 아마 이렇게 알아볼 것입니다.

"완전 몰라보게 바뀌었네~!"

완벽한 존재로서 서로를 알아보게 되는 것입니다. 천국에서 우리는 네오스와 카이노스의 합작품이 됩니다. 지금의 나, 혹은 다른 누군가의 모습이 답답하고, 쥐어 박고 싶고, 그래서 골칫덩어리, 염려 덩어리일 수 있지만 우리는 서로가 천국에서 몰라보게 바뀐 것을 보게 될 것입니다.

보라 내가 너희에게 비밀을 말하노니 우리가 다 잠 잘 것이 아니요 마지막 나팔에 순식간에 홀연히 다 변화되리니[고린도전서 15:51]

고린도전서 말씀처럼 우리는 순식간에 다 변하게 됩니다.

인간관계에서 우리는 힘들어할 때가 많습니다. 여러분은 어떻게 극복하십니까? 우리와 껄끄러운 관계에 있던 자들도 천국에서 다시 만나게 될 것입니다. 천국에서 다 알아보게 됩니다. 천국은 그런 곳입니다. 못마땅한 남편, 마음에 안 드는 아내, 정말 괴로운 시부모님, 철 없는 며느리를 어떻게 극복할까요? 소그룹 모임에 가면 보기 싫은 사람을 어떻게 해야 할까요? 바로 그런 상황에서 이렇게 생각해 보십시오.

'그날에는 몰라보게 바뀔 것을 믿습니다.'

새 예루살렘을 묘사한 내용을 보면 수많은 보석들이 나옵니다. 보석 가게를 하는 분도 무슨 보석인지 다 모를 것 같습니다. 계속 읽으면서 이는 성막의 모습이 아닌가 생각이 들었습니다. 마치 성전을 이야기하는 것 같습니다.

태양과 달도 이제는 필요 없다는 말입니다. 예수 그리스도가 우리의 태양이시기에 그렇습니다. 빛이 있으니 따로 빛이 필요 없는 것입니다. 우리 주 예수 그리스도가 우리의 빛 되십니다.

요한은 왜 성전을 보지 못했을까요? 성 안에 왜 성전이 없었을까요? 새 예루살렘 전체가 다 성전이기 때문에 그렇습니다. 오차가 없는 그곳에서는 성전이 따로 있을 필요가 없습니다. 모든 곳이 성전입니다. 골프장마다 '시그니처 홀(Signature hole. 골프코스 중 가장 상징적이고 아름다운 홀)'이 있습니다. 그곳에서 골프를 하는 것이 그렇게 기분이 좋다고 골퍼들은 말합니다. 18개 홀 중에서 한두 개가 시그니처 홀입니다. 천국에 골프 장이 있을 리 없지만, 있다면 18개 홀 모두가 시그니처 홀일 것입니다.

그런 의미에서 성전이 없는 겁니다. 새 예루살렘 모든 곳이 다 성전 이기 때문에 성전이 따로 없습니다. 하나님의 영광과 임재가 가득한 곳 이 이 도성이기 때문입니다.

또 그가 수정같이 맑은 생명수의 강을 내게 보이니 하나님과 및 어린 양의 보좌로 부터 나와서 길 가운데로 흐르더라 강 좌우에 생명나무가 있어 열두 가지 열매를 맺되 달마다 그 열매를 맺고 그 나무 잎사귀들은 만국을 치료하기 위하여 있더라
[요한계시록 22:1-2]

위 말씀에 등장하는 생명나무를 보니 창세기의 에덴동산이 떠오릅 니다.

여호와 하나님이 그 땅에서 보기에 아름답고 먹기에 좋은 나무가 나게 하시니 동 산 가운데에는 생명나무와 선악을 알게 하는 나무도 있더라[창세기 2:9]

여호와 하나님이 에덴 동산에서 그를 내보내어 그의 근원이 된 땅을 갈게 하시니 라 이같이 하나님이 그 사람을 쫓아내시고 에덴 동산 동쪽에 그룹들과 두루 도는 불 칼을 두어 생명나무의 길을 지키게 하시니라[창세기 3:23-24]

생명나무를 만드신 하나님이 생명나무로 가는 길을 막으셨습니다. 에덴동산에서 쫓겨난 자들이 생명나무로 오지 못하도록 막았다는 말 씀입니다. 하나님은 동산 동쪽에 두루 도는 불칼을 두어 생명나무의 길 을 지키게 하셨습니다.

어린 양이 새 하늘, 새 땅, 새 예루살렘으로 인도

어떻게 그 불칼을 피해 지나갈 수 있을까요? 어린 양이 있어야 합니다. 요한계시록 21장부터 22장 5절까지의 본문에서 예수 그리스도라는 단어는 한 번도 나오지 않았지만 그리스도를 나타내는 단어가 반복적으로 나옵니다. 바로 '어린 양'입니다. '어린 양(The Lamb of God)'이란 말이 7번이나 나옵니다. 하나님의 명령에 의해 불칼이 지키고 있는, 생명나무로 가는 그 길을 통과하게 하신 존재가 바로 '어린 양'입니다. 죽임을 당한 어린 양이 당신의 교회, 당신의 사람을 이끌고 생명나무를 향해 돌아왔고 불칼이 건드릴 수 없습니다. 우리 죄를 대신 담당하신 어린 양이 우리를 인도하시기 때문에 생명나무 강가로 인도함을 받을 수 있는 것입니다. 그분이 우리를 인도해 가시는 한 누구도 막을 수 없습니다. 이 천국에 그분과 함께 우리가 들어갈 것입니다.

아름다운 천국의 모습을 그려보면서 한 장례식을 떠올려 봅니다. 발병한 지 두 달 만에 하나님의 부르심을 받은 우리 교회 집사님이 있습니다. 제가 부임했을 당시 처음으로 밥을 사주신 분이기도 해서 그분을 잊지 못합니다. 제가 어느 날 설교 중에 '만두를 좋아한다.'는 말을 했더니 얼마 후 집사님이 만두를 사 들고 오셨습니다. 첫정이 든 그분의 장례식을 집례하는데 그분이 돌아가셨다는 게 믿겨지지 않았습니다.

그러나 그분이 가신 천국이 어떤 곳인지 알게 되니 위로가 됩니다. 그 집사님께서 가신 곳은 완벽한 곳이고 오차가 없으며 생명나무의 열매를 먹는 곳입니다. 제가 천국에 가 있는 모습도 상상해 보았습니다.

천국은 단순히 슬픔당한 사람을 위로하고자 말하는 관념적인 무엇인가가 아닙니다. 이 땅을 살게 하는 실제적인 힘이 천국입니다. 이상하고 괴상하고 광적인 사람들이 생각하는 게 천국이 아니라, 가장 건강하고 능력 있고 크리스천다운 사람이 마음에 품는 곳이 바로 천국입니다. 새 예루살렘(카이노스 예루살렘)은 바로 우리의 자랑입니다. 그런 놀라운 천국에 내가 들어간다고 생각하면 '더 열심히 목회할 걸' 하고 회개하게 될 것 같습니다. '그때 좀 더 인내할 걸', '좀 더 사랑하며 살 걸', '예배를 더 열심히 드릴 걸', '이웃을 좀 더 잘 섬길 걸' 그렇게 생각할 것 같습니다. 천국을 마음에 품지 않으면 막살게 됩니다. 그러나 천국을 생각하는 사람은 인내할 힘이 생기고 감사의 제목이 생깁니다.

성도 = 새 하늘과 새 땅 = 새 예루살렘 = 성전

요한계시록의 마지막 큰 비전은 우리가 바로 천국의 모습이고 우리가 새 하늘과 새 땅이며 우리가 새 예루살렘이요 우리가 완벽한 성전이라는 것입니다.

천국에서 기쁨과 감격으로 주님을 예배할 그날을 생각하며 오늘 하루 담대하게 믿음으로 살아가는 우리 모두가 되기를 원합니다.

내일 휴가를 받아놓고 오늘 모든 것을 해야 하는 직장인을 생각해 보십시오. 그 직장인은 내일 휴가를 가기 위해 오늘 정말 열심히 일할 것입니다. 천국을 붙들고 사는 자들이 그와 같습니다. 믿음을 따라 사느라 24시간이 모자라도 행복합니다. 그런 사람이 천국을 바라보며 사는 자들입니다.

우리는 '어린 양' 되신 예수 그리스도 덕분에 천국에 갈 수 있습니다. 우리는 예수 그리스도와 동행하며 천국에 가는 사람들입니다. 이 소망을 가지고 계속해서 천국을 바라보며 사는 우리가 되길 소원합니다.

예수님의
러.브.레.터

23 아멘, 주 예수여 오시옵소서

요한계시록 22장 6-21절

[6]또 그가 내게 말하기를 이 말은 신실하고 참된지라 주 곧 선지자들의 영의 하나님이 그의 종들에게 반드시 속히 되어질 일을 보이시려고 그의 천사를 보내셨도다 [7]보라 내가 속히 오리니 이 두루마리의 예언의 말씀을 지키는 자는 복이 있으리라 하더라 [8]이것들을 보고 들은 자는 나 요한이니 내가 듣고 볼 때에 이 일을 내게 보이던 천사의 발 앞에 경배하려고 엎드렸더니 [9]그가 내게 말하기를 나는 너와 네 형제 선지자들과 또 이 두루마리의 말을 지키는 자들과 함께 된 종이니 그리하지 말고 하나님께 경배하라 하더라 [10]또 내게 말하되 이 두루마리의 예언의 말씀을 인봉하지 말라 때가 가까우니라 [11]불의를 행하는 자는 그대로 불의를 행하고 더러운 자는 그대로 더럽고 의로운 자는 그대로 의를 행하고 거룩한 자는 그대로 거룩하게 하라 [12]보라 내가 속히 오리니 내가 줄 상이 내게 있어 각 사람에게 그가 행한 대로 갚아 주리라 [13]나는 알파와 오메가요 처음과 마지막이요 시작과 마침이라 [14]자기 두루마기를 빠는 자들은 복이 있으니 이는 그들이 생명나무에 나아가며 문들을 통하여 성에 들어갈 권세를 받으려 함이로다 [15]개들과 점술가들과 음행하는 자들과 살인자들과 우상 숭배자들과 및 거짓말을 좋아하며 지어내는 자는 다 성 밖에 있으리라 [16]나 예수는 교회들을 위하여 내 사자를 보내어 이것들을 너희에게 증언하게 하였노라 나는 다윗의 뿌리요 자손이니 곧 광명한 새벽 별이라 하시더라 [17]성령과 신부가 말씀하시기를 오라 하시는도다 듣는 자도 오라 할 것이요 목마른 자도 올 것이요 또 원하는 자는 값 없이 생명수를 받으라 하시더라

¹⁸내가 이 두루마리의 예언의 말씀을 듣는 모든 사람에게 증언하노니 만일 누구든지 이것들 외에 더하면 하나님이 이 두루마리에 기록된 재앙들을 그에게 더하실 것이요 ¹⁹만일 누구든지 이 두루마리의 예언의 말씀에서 제하여 버리면 하나님이 이 두루마리에 기록된 생명나무와 및 거룩한 성에 참여함을 제하여 버리시리라 ²⁰이것들을 증언하신 이가 이르시되 내가 진실로 속히 오리라 하시거늘 아멘 주 예수여 오시옵소서 ²¹주 예수의 은혜가 모든 자들에게 있을지어다 아멘

여러 분의 삶 속에서 놓기 싫은 책을 만나신 적이 있으신가요? 늘 책꽂이에 꽂아두고 두세 번씩 읽어본 책을 만난 적이 있으신가요? 저는 요한계시록을 읽으면서 그런 생각이 들었습니다. 계속 이 말씀을 읽었으면 하는 예수님의 마음도 느껴졌습니다.

예수님은 요한계시록 22장 7절, 12절, 20절 이렇게 세 번에 걸쳐 "보라 내가 속히 오리니(I am coming back soon) …"라고 말씀하십니다. 이런 반복을 통해 예수님의 마음을 느끼게 됩니다. 요한계시록의 말씀을 서둘러 봉하지 말고 지금 열어서 보고 듣고 행동의 지침으로 삼으라고 말씀하시는 것 같습니다. 요한계시록 말씀이 여러분에게 오늘을 사는 힘이 되기를 바랍니다.

마지막을 보여주는 요한계시록

여러분의 시야에는 항상 마지막이 보여야 합니다. 요한계시록의 말씀은 우리로 하여금 그것을 보게 합니다. 또한 말씀을 지키게 하고 우리를 복으로 인도합니다. 말씀을 '지킨다'는 표현은 영어로 보면 'Keep the words'입니다. 여기서의 'Keep'은 '지킨다'는 순종의 차원을 넘어선, '말씀을 사랑한다.'는 의미입니다. 말씀을 소중하게 아끼는 것입니다. 영어로 'cherish(소중하게 여김)'라는 표현이 있는데 "Cherish the Words"는 말씀을 소중하게 생각하라는 말입니다. 말씀을 소중하게 여기면 그 말씀이 내 삶의 변화를 이끌어줍니다. 이것이 말씀을 지키는 것(keep the words)의 진정한 의미입니다.

요한계시록 22장에서 사도 요한은 두 번째 같은 실수를 저지릅니다. 사도 요한이 또 천사 앞에서 경배하려고 합니다. 그런데 저는 이 두 번째 실수가 새로운 의미로 경험되어졌습니다.

제가 존경하는 조나단 에드워즈 목사님의 글에 "하나님의 말씀이 선포될 때 하나님의 영광이 나타나고 하나님의 능력이 임한다. 그때 우리는 하나님을 예배하고 싶은 마음으로 충만하게 된다."는 내용이 있습니다. 사도 요한의 마음도 아마 그런 것이 아니었을까 생각해 봅니다.

사도 요한은 말씀 가운데 임하는 하늘의 영광으로 가득한 상황에 놓였습니다. 하나님의 영광이 나타나고 능력이 임하는 현장에서 마음속에서 일어나는 예배의 충만함을 주체할 수 없었던 것입니다. 사도 요한은 하나님을 예배하는 마음으로 가득 차게 됐던 것 같습니다. 사도 요한의 이런 모습은 우리에게도 필요합니다. 물론 예배를 받을 존재는 천사가 아니라 하나님이심을 말씀에서 분명히 알려주고 있습니다.

영광 중에 우리의 모든 것들이 하나님을 예배하고 싶어하는 충만한 상태는 너무나 중요합니다. 저또한 그것을 너무나 사모합니다. 성도들이 감격으로 예배를 드리고, 하나님을 경배하고 싶은 마음이 충만해지는 것, 그러나 오늘날 현대 교회에서는 부족한 부분이기도 합니다. 그분만이 우리의 구원자이시고 우리의 하나님이시며 우리를 긍휼히 여기시는 분이라는 인식이 우리 안에 충만하면 우리는 저절로 주님을 예배하고 싶어집니다.

학생들에게 '가장 원하는 것'이 무엇인지 물어본 적이 있습니다. 그들이 가장 원하는 것은 무엇이었을까요? 돈을 예상했던 분들이 많았을 테지만 답은 돈이 아니라 '감동'이었습니다. 감동의 예배가 그들에게 있다면 얼마나 좋겠습니까? 그런 예배가 이 시대를 살려낼 수 있습니다. 사도 요한이 하나님의 영광 속에 있었던 것처럼, 그런 감격을 경험할 수 있다면 좋겠습니다. 그렇더라도 천사를 예배해서는 안 됩니다. 오직 주님을 향한 예배에만 집중하시길 바랍니다.

마지막 심판에 민감하라

요한계시록을 통해 주님이 우리에게 주시는 또 다른 말씀은 하나님의 마지막 심판에 대해 민감해지라는 것입니다.

> 보라 내가 속히 오리니 내가 줄 상이 내게 있어 각 사람에게 그가 행한 대로 갚아주리라 나는 알파와 오메가요 처음과 마지막이요 시작과 마침이라
> [요한계시록 22:12-13]

우리는 예외없이 모두 죽습니다. 그리고 그 후에는 반드시 심판이 기다리고 있습니다. 우리가 일한 대로, 행한 대로 반드시 갚아주시는 날이 반드시 올 것입니다.

> 불의를 행하는 자는 그대로 불의를 행하고 더러운 자는 그대로 더럽고 의로운 자는 그대로 의를 행하고 거룩한 자는 그대로 거룩하게 하라[요한계시록 22:11]

이 말씀은 어떤 의미일까요? 이 말씀을 묵상하다 부모의 말을 잘 안 듣는 자녀를 훈계할 때가 생각났습니다. 가출해서 집에 들어오지 않는 자식이 있다면 우리는 훈계하지 않을 수 없습니다. 1년을 기다려도, 2년을 기다려도 돌아오지 않는 자녀들 때문에 지친 부모님들이 이런 말을 합니다.

"네 마음대로 해라!"

선생님이 제자들을 가르치면서 당근과 채찍을 쓰는데 일탈이 반복되거나 말을 잘 듣지 않을 경우 "네 마음대로 해라!" 하고 말할 때가 있습니다. 솔직히 이것은 저주에 가까운 말입니다. 심판이나 다름없습니다. 내버려 둠이 하나님의 심판의 한 방법이기 때문입니다. 그러나 이것은 가장 무서운 심판입니다. 동성애를 보고 주님은 그냥 놔두라고 합니다. 불의한 자는 불의한 그대로 놔두라고 하는 것이 그분의 심판이었습니다. 그렇다면 불의한 자는 누구입니까? 심판의 대상이 되는 사람은 누구입니까?

심판의 대상인 개들은 영적으로 죽어 있는, 멸망으로 가는 자들을 상징합니다. 점술가, 음행하는 자, 살인자, 우상 숭배자들은 불의합니다. 그들은 말씀대로 심판을 받고 지옥에 갈 것입니다. 그런데 '거짓말을 좋아하는 자'에서 왠지 뭔가 걸립니다.

거짓말을 좋아하면 불의한 것일까요?

'이런 것으로 지옥 심판을 말할 필요가 있을까'라고 생각할 것입니다. 사실 '하얀 거짓말(white lie)'이라는 말이 있습니다. 우리는 그것을 이해합니다. 아이가 칼을 갖고 놀 때 엄마가 그 칼을 뒤로 숨기며 "칼 없어!"라고 하면 그것은 하얀 거짓말입니다. 그렇지만 하얀 거짓말도 거짓말입니다. 하얀 거짓말을 괜찮다고 생각하면 다른 거짓말도 괜찮다는 생각을 사탄이 줍니다. 그것이 지혜라고 속삭입니다. "그런 거짓말은 다 한다."라고 우리를 꾀어냅니다. 그러나 우리는 최대한 진실된 말을 해야 합니다. 지옥은 거짓말을 즐기는 자들이 간다고 성경은 분명히 말하고 있습니다. 아이에게 "칼 없다."라고 하지 말고 "칼 갖고 놀면 다친다."라고 말해야 합니다.

예수를 인정하지 않는 자를 향한 심판

예수를 인정하고 믿지 않는 자들은 거짓말을 하는 자들입니다. "나는 대속자가 필요 없는 사람이야.", "나 스스로 끝까지 살아갈 거야."라고 말하는 자가 바로 심판의 자리에 가게 될 것입니다.

영국 왕실에서 있었던 일입니다. 어느 날 국교의 최고 지도자들이 모였을 때 여왕이 물었습니다.

"기독교인들은 마지막에 심판과 지옥이 있다고 하는데 맞는 말입니까?" 지도자들이 맞다고 답하자 여왕이 다시 물었습니다.

"그렇다면 왜 하나님의 이름을 걸고 백성들에게 그것을 알리지 않습니까?"

마지막에 심판과 지옥이 있는 게 분명하다면 왜 이 소식을 전하지 않는 것일까요? 분명히 말씀드리지만 우리는 모두 죽고 그 후에는 심판이 있을 것이며 그 후에는 천국과 지옥으로 갈리게 될 것입니다. 하나님의 심판이 있음을 기억하라고 요한계시록은 말씀하고 있습니다.

교회는 왔다 갔다 하는데 예수님 앞으로 나오지 않는 분들이 있습니까? 그런 분들에게 확실하게 말씀드립니다. 심판이 반드시 있으며 천국과 지옥도 반드시 있습니다.

하나님의 말씀을 소홀히 대하지 마십시오.

말씀을 마음대로 제하면 하나님도 그런 사람을 제해 버리겠다는 말입니다. J.I. 패커의 「경건을 추구함(A Quest for Godliness)」 이라는 책에 다음과 내용이 있습니다. 청교도 토마스 굿윈이 어렸을 때, 존 로저스 목사님의 집회에 가서 강의를 듣던 이야기가 패커의 책에 소개되어 있습니다.

성도들이 성경을 무시하는 것에 대하여 로저스 목사님은 다음과 같이 훈계했습니다.

부모님이 친필로 남긴 서신이 있는데 그 편지를 몇 년 동안 읽지 않는다면 그것은 부모님을 향한 모독입니다. 성경은 우리의 신앙과 행위의 유일한 법칙입니다. 그래서 이 말씀을 소중히 간직하라고 말씀하시는 것입니다. 말씀을 지키는 것이 복 받는 길이고 천국으로 들어가는 길이며 승리하는 길입니다. 주님은 이것을 안타까운 심정으로 우리에게 가르치시고 있습니다.

말씀이 꿀보다 달지 않다면…

존 파이퍼 목사님은 「하나님을 기뻐하라(Desiring God)」 에서 "크리스천이야말로 최고의 쾌락주의자다."라고 말했습니다. 영어로 번역하면 "We are the hedonists."입니다. 우리를 행복하게 하는 것이 무엇인지 알기에 '최고의 쾌락주의자'라는 겁니다. 꿀보다 단 말씀을 아는 자들이기에 더욱 그렇습니다.

우리 성도들은 잠이 안 오면 말씀을 읽으라고 하는데 이것은 비극입니다. 우리 믿음의 선배들은 하나님의 말씀에 대해 "어찌 그리 단지 내 입의 꿀보다 달다."라고 고백했습니다. 기독교를 의무, 결단, 결심, 의지력으로 접근하기보다 꿀보다 단 말씀으로 다가서야 합니다.

하나님의 말씀은 내 입의 꿀보다도 단데 왜 억지로 읽어야 합니까? 우리는 자연인입니다. 자연인은 하나님의 것, 영광스러운 것을 좋아하지 않습니다. 자연인들에게는 하나님 말씀이 달다는 미각이 일어나지 않습니다. 여러분도 그렇다면 기도해야 합니다. 하나님의 말씀이 얼마나 귀합니까? 말씀의 달콤함을 모르면 천국에서 예수님의 달콤함을 모른다는 뜻입니다. 말씀을 사랑하지 않으면 주님을 어떻게 사랑하겠습니까? 예배로 달려 나오지 않는데 어찌 영원한 예배의 영광에 참여하겠습니까? 한 시간의 예배도 지루한데 어떻게 영원한 천국에서 영원한 예배에 참예하겠습니까? 예배의 영광을 모르면 천국도 모를 것이며 예수님을 만날 수도 없을 것입니다. 우리는 "주님의 나라에 가기 전에 하나님의 말씀이 꿀송이보다 더 달도록 영적 미각을 회복시켜 주시옵소서.”라고 기도해야 합니다.

주 예수여 오시옵소서

요한계시록의 마지막 말씀은 “아멘, 주 예수여 오시옵소서.”입니다. 공부를 잘한 학생은 시험을 보고 난 후 자신의 결과를 기다립니다. 시험을 잘 본 학생은 상장받을 날을 기다립니다. 공부를 못하고 시험을 망친 사람은 그날이 기다려지지 않습니다. “아멘, 주 예수여 오시옵소서.”라는 말은 천국에 가는 자들이 당연히 하는 말입니다.

영원한 나라에 동참하는 것이 얼마나 기쁜 일인지 경험한 자는 “아멘, 주 예수여 오시옵소서.”라는 말이 자연스럽습니다. 시험 공부를 하지 않은 사람은 학교가 불타는 꿈을 꿉니다. 학교가 불타서 시험을 안 보면 좋겠다고 생각합니다.

주님 앞에 서는 것을 아는 성도들은 “아멘, 주 예수여 오시옵소서.”라고 외칩니다.

초대 교회 성도들은 ‘마라나타’를 외쳤습니다. 주님의 말씀을 펴놓고 붙들고 승리하는 우리 모두가 되기를 원합니다. 우리 모두 말씀을 지켜 행하는 자가 되기를 원합니다.

예수님의
러.브.레.터